ZUIGAORENMINJIANCHAYUAN
XINWENFABUHUI SHILU

最高人民检察院
新闻发布会实录

（2018）

中国检察出版社

图书在版编目（CIP）数据

最高人民检察院新闻发布会实录 . 2018 / 最高人民检察院编 .
—北京：中国检察出版社，2019.1

ISBN 978-7-5102-2255-9

Ⅰ. ①最… Ⅱ. ①最… Ⅲ. ①中华人民共和国最高人民检察院—新闻公报—2018 Ⅳ. ①D926.31

中国版本图书馆 CIP 数据核字（2019）第 011035 号

最高人民检察院新闻发布会实录
（2018）

出版发行： 中国检察出版社
社　　址： 北京市石景山区香山南路 109 号（100144）
网　　址： 中国检察出版社（www.zgjccbs.com）
编辑电话：（010）86423751
发行电话：（010）86423726　86423727　86423728
（010）86423730　68650016
经　　销： 新华书店
印　　刷： 北京玺诚印务有限公司
开　　本： 710 mm × 960 mm　16开
印　　张： 21.75　插页4
字　　数： 313千字
版　　次： 2019 年 1 月第一版　　2019 年 1 月第一次印刷
书　　号： ISBN 978-7-5102-2255-9
定　　价： 89.00 元

目录 Contents

加强涉产权刑事申诉检察工作

最高人民检察院通报涉产权刑事申诉检察工作情况

发布时间： 2018年1月30日 10:00

发布内容： 通报涉产权刑事申诉检察工作情况，发布涉产权刑事申诉、国家赔偿和赔偿监督典型案例

发布地点： 最高人民检察院

主 持 人： 最高人民检察院新闻发言人　王松苗

出席嘉宾： 最高人民检察院检察委员会委员、刑事申诉检察厅厅长　尹伊君①

最高人民检察院刑事申诉检察厅副厅长　罗庆东②

---

① 现任最高人民检察院检察委员会委员、第三检察厅厅长。
② 现任最高人民检察院第一检察厅副厅长。

主题发布

王松苗

各位记者朋友们，大家上午好！欢迎参加最高人民检察院新闻发布会。这是我们今年举行的第一场新闻发布会，主题是“加强涉产权刑事申诉检察工作”，共有三项议程：一是通报检察机关加强涉产权刑事申诉检察工作情况；二是发布检察机关办理的涉产权刑事申诉典型案例；三是回答记者朋友的提问。

出席今天发布会的是最高人民检察院刑事申诉检察厅尹伊君厅长和罗庆东副厅长。

有恒产者有恒心。现代产权制度是社会主义市场经济的基石，保护产权是坚持社会主义基本经济制度的必然要求。

党的十八大以来，以习近平同志为核心的党中央高度重视产权保护工作。2016年11月，中共中央、国务院发布关于完善产权保护制度依法保护产权的意见。党的十九大报告指出，“经济体制改革必须以完善产权制度和要素市场化配置为重点”，强调“激发和保护企业家精神”。

2017年底的中央经济工作会议上，习近平总书记进一步指出，产权激励是最大的激励，要求用行动体现我们保护产权的政策，解决产权保护方面的突出问题。产权能否得到有效保护，直接关系着人民群众的财产财富安全感。

加强产权保护，最根本的还是要依靠法治。上周召开的中央政法工作会议提出，要更加注重完善产权保护机制，促进市场主体立恒心、增信心。要加强对各类企业自主经营权和财产所有权的保护，切实维护企业家人身权、财产权、人格权，让他们感到安全、安定、安心。

检察机关坚决贯彻中央部署要求，积极履行法律监督职责，细化各项司法举措，把产权司法保护要求落到实处。

2016 年 2 月，最高人民检察院出台《关于依法保障和促进非公有制经济健康发展的意见》（亦称“18 条意见”）；2017 年 1 月，出台《关于充分履行检察职能加强产权司法保护的意见》（共“22 条意见”）；2017 年 12 月，印发《关于充分发挥职能作用营造保护企业家合法权益的法治环境支持企业家创新创业的通知》（强调从“5 个方面”营造企业家创业发展的法治环境）。

这些文件明确要求各级检察机关强化政治站位，强化大局意识，不断提升服务大局维护大局保障大局能力，加大对涉产权案件的办理力度，确保取得良好政治效果、法律效果、社会效果。

一些地方检察机关也先后出台文件，加强产权司法保护。1 月 29 日下午，全国工商联领导特意来最高人民检察院机关座谈，研究与检察机关加强联系协作，共同做好依法保护企业家合法权益工作。座谈中，曹建明检察长发表重要讲话，就加强产权司法保护提出了明确意见。

推动涉产权刑事申诉检察工作，坚决监督纠正相关冤错案件，妥善处理历史形成的产权案件，是加强产权司法保护的重要内容。最高人民检察院对 13 件涉产权刑事申诉、国家赔偿案件挂牌督办，目前已纠正 7 件；各省级检察院挂牌督办 71 件，已纠正 14 件。

1 月 29 日，我们对外发布了《最高人民检察院成立专门办案组对张文中案、顾雏军案同步审查监督》的消息，受到在座各家媒体广泛关注和推送，在此，向大家表示感谢。这条消息里提到最高人民检察院成立的两个办案组的组长，就是今天在座的刑事申诉检察厅尹伊君厅长和罗庆东副厅长。

下面首先请最高人民检察院刑事申诉检察厅尹伊君厅长向大家介绍检察机关加强涉产权刑事申诉检察工作情况。

尹伊君

各位记者朋友们，大家上午好。现在由我给大家介绍一下检察机关加强涉产权刑事申诉检察工作的有关情况。

产权制度是社会主义市场经济制度的基石，依法保护产权是司法机关义不容辞的责任。检察机关刑事申诉检察部门承担着办理不服人民检察院诉讼终结性刑事处理决定和不服人民法院生效刑事裁判的申诉、国家赔偿和国家司法救助等重要职责，在产权司法保护中发挥着不可或缺的作用。

近年来，全国各级检察机关在刑事申诉检察工作中高度重视对各种所有制组织和自然人财产权的司法保护，坚持平等保护、全面保护、依法保护原则，坚持以事实为依据、以法律为准绳，依法公正办理涉产权相关案件，积极促进矛盾纠纷化解，努力服务经济社会平稳健康快速发展，取得积极成效。

一、认真贯彻中央精神，切实提高产权司法保护意识

2016 年 11 月，党中央国务院发布了《关于完善产权保护制度依法保护产权的意见》，最高人民检察院高度重视，及时研究出台了《关于充分履行检察职能加强产权司法保护的意见》，对加强产权司法保护作出全面部署，其中明确提出要妥善处理历史形成的产权案件，坚持有错必纠，抓紧甄别纠正一批社会反映强烈的产权纠纷申诉案件，剖析一批侵害产权的案例。

刚刚闭幕的中央经济工作会议，再次要求落实保护产权政策，依法甄别纠正社会反映强烈的产权纠纷案件。

2017 年 2 月 13 日，最高人民检察院发出《关于在刑事申诉检察工作中加强产权司法保护进一步加大办案力度的通知》，强调指出，依法保护产权是完善中国特色社会主义市场经济体制的内在要求，是坚持以

人民为中心，满足人民群众获得感、幸福感、安全感的客观需要。明确要求各级检察机关刑事申诉检察部门，认真学习领会加强产权司法保护的重要意义，切实增强产权司法保护意识，将坚持平等保护、全面保护、依法保护等原则贯穿到司法办案的各个环节。

二、突出办案重点，依法办理涉产权刑事申诉、国家赔偿和赔偿监督案件

为增强涉产权司法保护的针对性、实效性，最高人民检察院明确了当前和今后一个时期涉产权刑事申诉、国家赔偿案件重点：

一是与国有资产产权相关的案件，包括国有资产监督管理和交易处置过程中涉及的贪污、贿赂、挪用公款、私分国有资产等刑事申诉、国家赔偿和赔偿监督案件。

二是与自然资源资产产权相关的案件，包括自然资源资产产权监管、有偿使用涉及的受贿、滥用职权、玩忽职守、污染环境、非法采矿、盗伐滥伐林木等刑事申诉、国家赔偿和赔偿监督案件。

三是与农村集体产权相关的案件，包括农村集体产权管理、处置方面涉及的贪污、职务侵占、非法占用农用地等刑事申诉、国家赔偿和赔偿监督案件。

四是与民营企业产权相关的案件，包括民营企业经营发展中涉及的职务侵占、合同诈骗、侵犯知识产权以及利用公权力严重侵害私有产权、在特定经济领域形成非法控制的涉黑案件等刑事申诉、国家赔偿和赔偿监督案件。

五是与公民个人财产相关的案件，包括诈骗、集资诈骗、敲诈勒索等非法侵占公民个人财产的刑事申诉、国家赔偿和赔偿监督案件。

六是与涉案财产相关的案件，包括不服没收、追缴决定的申诉案件和因违法对财产采取查封、扣押、冻结、追缴等措施而提出的国家赔偿和赔偿监督案件。

同时要求各地检察机关结合本地实际和工作情况，进一步细化对产权司法保护的措施，明确本地区刑事申诉、国家赔偿重点案件类型和范围。

三、以挂牌督办为抓手，集中办理一批有影响的涉产权刑事申诉、国家赔偿和赔偿监督案件

为切实强化产权司法保护工作，彰显检察机关强化产权保护职能及成效，以挂牌督办为抓手，最高人民检察院明确提出了“三个一批”的工作要求：

一是抓紧筛选一批重点案件。要求各省级检察机关要根据确定的重点案件范围，对本地区正在办理的案件进行一次全面梳理，抓紧筛选出一批符合条件的案件，集中力量重点研究，认真审查，符合立案条件的及时立案，确有错误的依法坚决提出监督纠正意见，充分发挥示范带动作用。

二是挂牌督办一批重点案件。要求各省级检察院要从筛查确定的重点案件中，认真甄别选出3—5件涉及产权保护的有冤错可能的重大案件，以省级检察院名义挂牌督办，并及时将挂牌督办案件及省级检察院自办涉产权重点案件情况书面报送最高人民检察院，由最高人民检察院在汇总各地情况基础上选出重点案件进行挂牌督办。

三是着力纠正一批典型冤错案件。要求各地检察机关要加大办案力度，对督办案件和其他确定的重点案件认真审查、按时办结。对其中确属事实不清、证据不足、适用法律错误的冤错案件，依法坚决予以纠正，并努力使当事人损失得到合理赔偿。

2017 年 5 月 8 日，最高人民检察院下发通知对 13 件涉产权案件挂牌督办。截至目前最高人民检察院督办案件已办结 12 件、纠正 7 件。未结一件系因当事人原因中止审查。各省级检察院挂牌督办案件 71 件，截至目前已办结 64 件、纠正 14 件。

这些案件中既有不服检察机关不批捕、不起诉的申诉案件，也有不服法院生效刑事裁判的申诉案件，还有对人民法院国家赔偿决定不服申请检察监督的案件；既有犯罪嫌疑人、被告人不服提出的申诉，也有被害人不服提出的申诉；既有司法机关对侵害产权犯罪打击不力的，也有公权力运用不当以至于侵害公民法人合法财产权的，还有司法机关对冤错的产权主体依法履行国家赔偿责任的，涉及产权司法保护各个方面，

具有一定的典型性和代表性，彰显了检察机关切实强化产权司法保护的决心和成效。

四、健全工作机制，确保涉产权刑事申诉检察工作的公正和效率

检察机关在大力抓好办案的同时，高度注重产权司法保护有关规范化建设，着力健全涉产权司法保护长效工作机制。

一是建立涉产权案件快速办理机制，加快受理审批移送节奏，确保符合条件的涉产权申诉案件得到及时受理、及时审查、及时监督。

二是充分发挥检察一体化机制优势，借力刑事申诉检察专家人才库优势，及时抽调精干力量投入重大案件办理之中，确保案件能够得到公正处理。最高人民检察院专门设立涉产权重大刑事申诉案件主任检察官办案组，集中负责涉产权重大刑事申诉案件的办理、督导与协调。

三是积极推动律师代理涉产权刑事申诉案件工作机制，充分发挥律师在涉产权案件办理各个环节中的重要作用，确保办案过程当事人各项诉讼权利得到切实维护。

四是建立健全刑事申诉案件异地审查机制，最高人民检察院及时出台《人民检察院刑事申诉案件异地审查规定（试行）》，明确对重大冤错可能的案件可以实行异地审查，有效去除办案中遇到的各种干扰和阻力，努力整合全系统监督力量，扎实推进刑事申诉检察环节产权纠纷矛盾化解制度体系不断完善。

五、强化反向审视，注重从源头上防范涉产权领域冤错案件的发生

结合办案开展反向审视，找出原办案过程中存在的问题和瑕疵，及时反馈并督促原办案部门加以改进，共同推进司法规范化不断提升，是近年来检察机关在刑事申诉案件办理中总结推行的一大工作亮点。各地在强化涉产权案件办理过程中，充分发挥刑事申诉案件办理回看全程、末端检视的优势，对重点案件和已经纠正的冤错案件，逐案进行深度分析，查找原因，提出对策建议，努力防止冤错案件再次发生。

同时，对办案中发现的问题比较突出的某一类型涉及产权的申诉和赔偿案件，特别是对滥用司法权插手经济纠纷、将一般经济纠纷当作合同诈骗犯罪处理、严重影响市场经济秩序的典型案件，重视加强反向审视，集中剖析侵害产权的典型案例，并及时将发现的突出问题向原办案机关和部门反馈，切实从源头上防范和减少产权保护中不规范司法行为。

检察机关将进一步加大对涉产权案件的办案力度，加强督办指导，强化反向审视，建立健全涉产权司法保护工作长效机制，更好地服务经济健康发展，维护社会公平正义。

王松苗

第二项议程是发布涉产权刑事申诉典型案例。

习近平总书记强调，一个案例胜过一打文件，要甄别纠正一批社会反映强烈的产权纠纷案件。为深入学习贯彻总书记重要指示精神，展现检察机关办理涉产权刑事申诉案件取得的成效，我们分别精选了赛格集团有限公司申诉案、赵守帅申诉案、月亮湾装饰设计有限公司申诉案、长康实业有限公司申诉案 4 个典型案例，希望通过基本案情、诉讼经过、监督情况及典型意义的介绍，能让大家对检察机关依法办理涉产权刑事申诉案件工作有更深入的了解。

这些案例既有实体的，也有程序的；既有依法追诉的，也有依法不予追诉的；既有数额巨大的，也有数额较大的；既有全国知名企业，也有一般公司、法人和公民个人；既有最高人民检察院直接交办的，也有地方检察机关依法办理的。办理这些刑事申诉案件，目的就是要充分体现检察机关坚持平等保护、全面保护、依法保护原则，将产权司法保护理念贯穿到司法办案各个环节的努力与担当。

现场答问

南方都市报记者 刘 嫚

就公众普遍关心的涉企业家刑事申诉案件，检察机关采取了挂牌督办、重大案件异地审查等措施，请问效果如何？

罗庆东

企业家是经济活动的重要主体。2016年11月，党中央、国务院出台《关于完善产权制度依法保护产权的意见》，要求妥善处理历史形成的产权案件，坚持有错必纠，抓紧甄别纠正申诉案件，剖析一批侵害产权的案例。2017年9月，党中央、国务院出台《关于营造企业家健康成长环境弘扬优秀企业家精神更好发挥企业家作用的意见》，再次强调要认真解决产权保护方面的突出问题，及时甄别纠正社会反映强烈的产权纠纷申诉案件。党的十九大报告明确提出“激发和保护企业家精神，鼓励更多主体投身创新创业”。检察机关坚决贯彻中央部署要求，依法履行法律监督职责，积极营造依法保护企业家合法权益的法治环境。最高人民检察院先后出台《关于依法保障和促进非公有制经济健康发展的意见》《关于充分履行检察职能加强产权司法保护的意见》《关于充分发挥职能作用营造保护企业家合法权益的法治环境支持企业家创新创业的通知》。

2017 年，在全国检察机关开展了对涉产权重大刑事申诉、国家赔偿案件挂牌督办的活动，取得了明显成效：

一是产权司法保护意识进一步强化。随着涉产权刑事申诉和赔偿案件督办工作不断推进，各级检察人员进一步充分认识产权保护的重要性和紧迫性，自觉增强做好涉产权刑事申诉检察工作的自觉性和主动性，产权司法保护意识得到大大增强。

二是产权司法保护的重点进一步明确。各地按照最高人民检察院明确的重点案件范围，结合本地实际情况，进一步细化对产权司法保护的措施，刑事申诉检察涉产权保护工作中的重点案件类型、重点工作范围进一步聚焦。

三是集中纠正了一批涉产权案件。最高人民检察院挂牌督办 13 件案件，目前已办结 12 件，纠正 7 件；各省级检察院挂牌督办案件 71 件，目前已办结 64 件，纠正 14 件。彰显了检察机关依法加强产权保护工作的决心和初步成效。

四是产权司法保护制度进一步完善。各地着眼于强化产权司法保护，针对督办工作中发现的突出问题，积极建立完善相关机制制度，并狠抓制度的执行实施，促进涉产权刑事申诉检察机制制度进一步完善。

五是办理涉产权案件能力进一步提升。最高人民检察院专门设立涉产权重大刑事申诉案件检察官办案组。各地在办理督办案件中，选派专家和骨干人才集中办理或直接指导办理，充分发挥拔尖人才的引领和带动作用，并认真总结办案经验，积极开展反向审视，检察队伍办理涉产权刑事申诉和国家赔偿案件的能力，得到了有效锻炼和明显提升。

北京青年报记者　孟亚旭

作为一个专门的规范性文件，此次下发意见为何采取最高人民检察院和中国残联共同发文的形式？其意义何在？

罗庆东

近年来检察机关涉产权刑事申诉案件办理工作取得了一定成绩，但仍然存在一些问题和不足：一是工作开展不够平衡，比如目前督办涉产权案件工作开展得较好的，相对集中在几个省份；二是有的地方对涉产权刑事申诉检察工作重视不够，对产权涉及的利益纠葛和不当干扰存在畏难心理，有效推动工作的手段不足；三是刑事申诉检察队伍素质和能力与产权司法保护的新要求相比，还存在一些不适应的地方。

下一步，我们将在以下几个方面采取措施：

一是持续加大办案工作力度，最高人民检察院决定在2018年开展为期一年的涉产权刑事申诉、国家赔偿案件专项督察活动，督导各地进一步强化刑事申诉检察环节产权司法保护工作，持续加大涉产权刑事申诉、国家赔偿办案力度，形成声势，发现、甄别、监督纠正一批典型案例，对重大案件实行异地审查，确保取得更加良好成效。

二是继续加大对挂牌督办的刑事申诉和国家赔偿案件的跟踪督导。对在办案件加强实地督促、跟踪指导，保证办案质量、提升办案效率。

三是进一步完善办理涉产权刑事申诉和国家赔偿案件办理机制。探索在一些地方设立专门负责办理涉产权刑事申诉和国家赔偿案件的检察官办案组或者明确办理该类案件的检察官，强化对一体化办案、异地审查办案机制灵活适用，加强有针对性的业务培训，不断提升涉产权申诉专业化司法水平。

经济日报记者　李万祥

有的企业家的案件申诉了很多年，却是阻力重重，造成企业家人身、财产的损害。请问，针对这种情况，检察机关如何畅通渠道，让依法该受理的申诉得到妥善处理，彰显公平正义？

罗庆东

这个问题实际上不仅仅在企业家申诉的案件中存在，在其他一些刑事申诉案件中也有发生，可以说是刑事冤错案件监督纠正工作中的一个突出特点。其主要原因在于刑事申诉案件办理工作是对原案的再次审查，必须坚持更高的标准和更严谨的程序。

刑事冤错案件的审查、认定、甄别和纠正是一个细致、复杂、涉及方方面面的工作，很多案件办案机关之间也存在较大争议；很多案件需要核实复查大量证据，需要依法按程序办理。有的时候，涉企业家重大申诉案件还会涉及地方利益纠葛，难免存在各种阻力，需要在党委领导下依法排除各种干扰。这些都需要一个过程。

对于你说的依法受理、畅通渠道问题，要求各级检察机关对公民和法人依法提出的申诉，该受理的必须受理。公民和法人还可以到上一级检察机关反映，由上一级检察机关督促受理。对涉产权申诉案件，我们还在 2017 年与控告检察部门建立了“直通车”，确保刑事申诉检察部门能够及时受理、依法办理。

新华社记者 白 阳

涉产权刑事案件的办理一旦产生冤错案，可能给企业带来的损失是无法估量的，检察机关对此有哪些考虑和建议？

罗庆东

的确如你所言，从目前掌握的情况看，涉产权刑事案件多数都涉及较大财产利益，一旦造成冤错，给企业带来的损失难以估量。按照目前的法律制度，即使启动国家赔偿程序，依法作出足额赔偿，也难以弥补给企业带来的巨大损失。一些冤错案造成企业破产或名存实亡，有的企业即使财产得到赔偿也已很难再回归瞬息万变的市场，这些我们都需要认真思考。最高人民检察院将继续加强对地方检察机关的指导督导，不断加大刑事申诉和国家赔偿领域产权保护力度，最大限度避免、减少和挽回企业损失。

上海电视台法治天地频道记者 程文韬

检察机关在涉产权刑事申诉检察工作中，是如何开展反向审视，发挥“反光镜”和“显微镜”职能作用的？

罗庆东

结合办案开展反向审视，是刑事申诉检察工作的独特优势和工作亮点。在涉产权案件办理过程中，我们充分运用回看全程、末端检视的工作优势，积极发挥“反光镜”和“显微镜”的职能作用，对重点案件和已经纠正的冤错案件，逐案进行深度分析，找出原办案过程中存在的问题和瑕疵，及时反馈并督促原办案部门加以改进，共同推进司法规范化不断提升，切实做好防止和纠正冤错案件工作。

在今年即将开展的涉产权刑事申诉专项督察活动中，我们也将再次对这项工作进行强调和部署，对一些好的反向审视案例及时总结并加以推广。

王松苗

通过刚才的情况介绍和回答记者朋友们的提问，相信大家能够看到检察机关加大涉产权案件办案力度，更好地服务经济社会健康发展的积极举措和成效。加强产权司法保护，是检察机关服务党中央工作大局的重要内容，是检察机关义不容辞的政治责任和法律责任。按照曹建明检察长昨天下午与全国工商联领导座谈时的重要讲话精神，下一步检察机关将持之以恒抓好党中央决策部署和中央《关于完善产权保护制度依法保护产权的意见》的贯彻落实，重点做好五个方面工作：

一是进一步牢固树立产权保护理念，对各类产权主体的诉讼地位和法律适用坚持一视同仁，依法保护各种所有制经济产权和合法权益。

二是加大清理涉产权刑事申诉案件力度，特别是依法妥善处理历史形成的产权案件。对于没有犯罪事实或者具有刑事诉讼法第十五条规定的情形之一的，或者犯罪情节轻微不需要判处刑罚的，或者经过补充侦查仍达不到起诉证据标准的，依法不起诉。对于构成犯罪但认罪认罚的，依法从宽处理。对于历史形成的产权案件，社会反映强烈、当事人长期申诉的，抓紧组织力量进行甄别，对确属错案的，坚决依法纠正并赔偿当事人的损失。

三是准确把握处理产权和经济纠纷的司法政策，严格区分经济纠纷与经济犯罪、企业正当融资与非法集资等界限，准确把握经济违法行为入刑标准。特别是，对改革开放以来企业因经营不规范引发的问题，要以历史和发展的眼光辩证地看，严格遵循法不溯及既往、罪刑法定、从旧兼从轻等原则公正处理，不盲目翻旧账。对已过追诉时效的，不再追究；罪与非罪不清的，实行疑罪从无。

四是严格规范涉案财产处置的法律程序，规范自身司法行为，最大限度减少办案对企业正常生产经营的不利影响。

五是在强化刑事诉讼监督的同时，更加重视强化对民事诉讼、行政诉讼的法律监督，为当事人提供更多司法救济，维护司法公正。在这里，我们也希望广大新闻媒体更多关心关注涉产权检察工作，为深入推进法律监督、加强产权司法保护、维护社会公平正义提供更加有力的舆论支持。

典型案例

检察机关办理涉产权刑事申诉典型案例

典型案例 1　赛格集团有限公司申诉案

一、基本案情

1997 年至 2007 年期间，李建民、李子民、李健文（三人系原案被不起诉人）经共谋，以非法占有为目的，利用其掌控海南赛格集团有限公司经营管理权的职务之便，未按规定报海南省处置地方金融风险领导小组办公室审批，未经资产评估，未经公司董事会、股东会批准同意，有组织地采取暗箱操作、虚假诉讼、恶意对账、捏造付款假象、股权抵债权等非法手段，侵吞原由海南赛格子公司、控股公司 100% 持有的杭州高尔夫公司股权。经资产评估，被侵吞的杭州高尔夫公司股权共计价值 15 亿余元人民币。

2000 年 11 月至 2001 年 11 月期间，吕小青（原案被不起诉人）作为海南赛格临时经营班子召集人、资产管理和公章管理负责人，未履行监管职责，导致李建民、李健文、李子民等人侵占海南赛格持有的杭州高尔夫巨额股权，收受李子民给予的好处费共计 231 万元，用于个人消费。

二、诉讼经过

海南省公安厅以涉嫌职务侵占罪于 2007 年 12 月 26 日对李建民、李子民、李健文立案侦查，2008 年 6 月 27 日决定对吕小青以涉嫌非国家工作人员受贿罪立案侦查，2008 年 9 月 23 日交由海口市公安局移送海口市人民检察院审查起诉。海口市人民检察院交由该市龙华区人民检察院办理，龙华区院经两次退回补充侦查，以犯罪事实不清、证据不足为由，于 2009

年 11 月 18 日对李建民、李子民、李健文、吕小青作出不起诉决定。海口市公安局不服先后向龙华区人民检察院、海口市人民检察院提请复议、复核，两级检察院均维持原不起诉决定。

三、监督情况

深圳赛格集团有限公司不服向最高人民检察院提出申诉，高检院交海南省人民检察院立案复查。2017 年 11 月 8 日，海南省人民检察院经检委会审议认为，李建民、李子民、李健文构成职务侵占罪、吕小青构成非国家工作人员受贿罪的基本事实清楚，基本证据确实、充分，责令海口市人民检察院依法撤销龙华区人民检察院对李建民、李子民、李健文、吕小青作出的不起诉决定，由海口市人民检察院对李建民、李子民、李健文、吕小青提起公诉。

四、典型意义

此案是管理人员侵吞公司企业产权的典型案例，受到中纪委、中政委、国资委等部门持续关注。海南省检察机关积极工作，组织各部门精干力量认真复查，调取复核大量证据，并充分听取各方意见，敢于依法纠错，充分贯彻和践行了党中央关于依法保护企业产权的精神。

典型案例 2　赵守帅申诉案

一、基本案情

申诉人赵守帅（原审被告人，1969 年 7 月 1 日出生，因本案被判有期徒刑十六年，2010 年 7 月 14 日刑满释放）系甘肃省永昌县农牧机械总公司法定代表人，1997 年 1 月至 10 月期间，该公司与河南省新乡一拖签订合同购买各种型号的拖拉机 142 台，价值 1463530 元，共计拖欠货款 769943 元，新乡一拖多次派人催要货款，赵守帅推托避而不见。

二、诉讼经过

1999年1月15日，河南省获嘉县公安局以涉嫌合同诈骗罪将赵守帅刑事拘留，同年2月14日将其逮捕。2002年8月18日，新乡市人民检察院以犯合同诈骗罪向新乡市中级人民法院提起公诉。2002年11月30日，新乡市中级人民法院判决赵守帅犯合同诈骗罪被判处有期徒刑十三年，并处罚金三万元，与另案故意伤害罪判处有期徒刑三年，合并执行有期徒刑十六年，罚金三万元，犯罪所得的财物予以追缴；对被告单位永昌农牧公司终止审理。

三、监督情况

赵守帅与永昌农牧机械总公司不服提出申诉。河南省人民检察院经审查认为，原审判决认定申诉人构成合同诈骗罪事实不清、证据不足；有新的证据证明原判决、裁定认定的事实确有错误；原审判决违反法律规定的诉讼程序，可能影响公正审判，据此向河南省高级人民法院提出抗诉，河南省高级人民法院经开庭审理后于2017年3月8日裁定撤销原审刑事判决，发回新乡市中级人民法院重新审判。

四、典型意义

办理有关产权刑事案件，必须严格区分经济纠纷与经济犯罪的界限，对于法律界限不明、罪与非罪界限不清的，不作为犯罪处理。河南省人民检察院复查认定原案事实不清、证据不足，原审裁判确有错误，依法提出抗诉，充分发挥了检察机关在产权保护中的法律监督职能。

典型案例3　月亮湾装饰设计有限公司申诉案

一、基本案情

2014年9月2日开始，陈启熬（原案被不起诉人）到广州市月亮湾装饰设计有限公司工作，任公司副总经理职务，后任该公司A组负责人，负责建设工程合同签订、工程结算、业务跟进等。月亮湾公司因业务需要挂靠在深圳市国地建设工程有限公司名下。2015年3月5日，月亮湾公司委托陈启熬以国地公司名义与广东益民城物业管理有限公司签订“广州东站货场仓库装修改造工程”施工合同。2015年9月10日，陈启熬利用职务便利，到国地公司要求将该工程的其中一笔92686.23元款项转入其名下的农业银行账户。后陈启熬将该笔款项占为已有，大部分用于偿还其所拖欠他人的高利贷，并于2015年12月逃匿。另外，陈启熬还多次侵占该工程水电费17193元。

二、诉讼经过

广州市海珠区人民检察院不起诉决定书认定：经退回补充侦查，仍认为现有证据不足以证实被不起诉人陈启熬构成职务侵占罪，决定对陈启熬不起诉。广州市月亮湾装饰设计有限公司不服，七日内向广州市人民检察院申诉。

三、监督情况

广州市人民检察院经审查，认为陈启熬作为月亮湾公司聘请的管理人员，利用职务便利，具有侵占月亮湾公司工程款和虚报水电费的主观故意，并且实施了非法占有的行为，数额较大，其行为已构成职务侵占罪。于2017年11月10日决定撤销广州市海珠区人民检察院穗海检诉刑不诉〔2016〕第167号不起诉决定书，将案件移送广州市海珠区人民检察院提起公诉。

四、典型意义

依法严厉打击民营企业内部管理人员利用职权侵害企业利益，是产权司法保护工作的重要方面，也是民营企业发展过程中迫切需要解决的突出问题。广州市检察机关高度重视办理此类案件，认真听取民营企业申诉意见，及时纠正不当做法，对各地检察机关依法做好民营企业产权保护工作，具有借鉴意义。

典型案例 4　长康实业有限公司申诉案

一、基本案情

彭玉强（原案被不起诉人）非法制造“陶华碧老干妈”牌“风味豆豉油制辣椒”和湖南长康实业有限公司的“长康香芝麻调味油”两种产品的注册商标标识的外包装约 16230 个，非法经营数额达 73035 元。

二、诉讼经过

2015 年 10 月 26 日，湖南省宁乡县公安局以彭玉强涉嫌非法制造注册商标标识罪移送起诉，宁乡县人民检察院经退回补充侦查后，仍然认为该案事实不清、证据不足，于 2016 年 5 月 10 日作出不起诉决定。

三、监督情况

申诉人长康实业有限公司不服不起诉决定，提出申诉。长沙市人民检察院经复查，认定被告人彭玉强非法制造、销售非法制造的注册商标标识数量约 16350 件，非法经营额约 70350 元，依法构成非法制造、销售非法制造的注册商标标识罪。经长沙市人民检察院检察委员会审议，于 2017 年 3 月 24 日作出决定，撤销原办案单位对被告人彭玉强作出的存疑不起诉决定，指令岳麓区人民检察院依法对本案提起公诉。2017 年 7 月 27 日，长沙市岳麓区人民法院作出判决，以彭玉强犯非法制造、销售非法制造的注册商标标识罪判处有期徒刑一年，缓刑二年，并处罚金人民币三万元。

四、典型意义

知识产权是建设创新型国家的驱动力。本案虽然涉案金额并不大，但涉及注册商标标识达上万件。长沙市检察机关态度鲜明地撤销下级检察院的不起诉决定，并指定异地起诉，充分表明了严格依法保护产权的坚决态度。

部分新闻链接

1. 人民日报 2018 年 1 月 30 日报道《最高检发布涉产权刑事申诉、国家赔偿和赔偿监督典型案例　建立“直通车” 纠正冤错案》

2. 新华社 2018 年 1 月 30 日报道《最高检：依法办理涉产权刑事申诉、国家赔偿和赔偿监督案件》

3. 中央电视台综合频道（CCTV-1）2018 年 1 月 30 日报道《两高发布涉产权保护典型案例》

4. 中央电视台新闻频道（CCTV-13）2018 年 1 月 30 日报道《最高检通报涉产权刑事申诉检察工作情况》

5. 经济日报 2018 年 1 月 30 日报道《最高检明确办案重点　依法办理涉产权刑事申诉案件》

6. 北京青年报 2018 年 1 月 30 日报道《今年将开展为期一年的涉产权刑事申诉、国家赔偿案件专项督察活动　最高检：依法坚决纠正涉产权冤错案件》

7. 南方都市报 2018 年 1 月 30 日报道《最高检将开展涉产权刑事申诉专项督查》

12309，检察服务解民忧

最高人民检察院通报12309检察服务中心开通运行情况

发布时间：2018年2月27日10:00

发布内容：通报12309检察服务中心开通运行情况以及该中心电子检务工程平台建设情况

发布地点：最高人民检察院

主 持 人：最高人民检察院新闻发言人　王松苗

出席嘉宾：最高人民检察院检察委员会委员、控告检察厅厅长　许山松①
最高人民检察院检察技术信息研究中心副主任　钟福雄

① 现任中华全国总工会书记处书记、党组成员。

主题发布

王松苗

各位记者朋友们，大家上午好！欢迎参加最高人民检察院新闻发布会。今天发布会的主题是“12309，检察服务解民忧”，共有三项议程：一是通报“12309 检察服务中心”网络平台开通运行情况；二是介绍电子检务工程（中央本级建设部分）“12309 检察服务中心”平台建设情况；三是回答记者提问。出席今天发布会的是：最高人民检察院检委会委员、控告检察厅许山松厅长，检察技术信息研究中心钟福雄副主任。

坚持以人民为中心的发展思想，是贯穿党的十九大报告的一条主线，也是检察工作的根本政治立场。为真正体现人民利益高于一切，近年来，检察机关坚持立检为公，积极探索“人工智能 + 司法为民”新模式，建设统一的检察为民服务大厅，升级改造智能化检察为民综合服务平台，探索构建“网上检察院、掌上检察院、实体检察院”三位一体的新模式。

2017 年 8 月，最高人民检察院印发《12309 检察服务中心建设分工方案》，决定在原 12309 职务犯罪举报网站和电话的基础上，整合、转型、升级、优化服务功能，建立检察机关共享共用的“12309 检察服务中心”，形成集检察服务、检务公开、接受监督等功能于一体的检察服务平台，向公众开放。

建立“12309 检察服务中心”是检察机关全面贯彻落实党的十九大精神，在新时代践行司法为民、司法便民宗旨，不断满足新时代人民群众日益增长的司法新需求的重要举措；是落实中央司法体制改革任务，构建开放动态透明便民阳光司法机制的重要内容；是顺应信息化时代发展趋势，以信息化引领检察工作创新升级发展的重要手段。

“12309 检察服务中心”分为网络平台和实体大厅两部分，网络平台今天正式开通运行，实体大厅正在建设中。网络平台主要有以下功能和优势：

一是整合功能，为群众提供一条龙、一揽子、一站式检察服务。“12309 检察服务中心”网络平台是向社会公众提供“一站式”综合性服务的互联网平台，将检察机关所有服务群众功能进行集中整合，形成全国检察机关统一对外的网上办事大厅。主要包括 3 大模块 13 项具体功能，即：检察服务模块，包括控告、刑事申诉、民行申诉、国家赔偿、其他信访、法律咨询 6 项功能；案件信息公开模块，包括案件程序性信息查询、辩护与代理网上预约、重要案件信息、法律文书公开 4 项功能；接受监督模块，包括人大代表政协委员联络平台、人民监督员监督服务、群众意见建议箱 3 项功能。一句话：百姓想找检察院，输入 12309 就不愁。

“12309 检察服务中心”网络平台按照“统一管理，分级受理，分工负责”的原则，由最高人民检察院统一配置，各级人民检察院分别受理本级平台的诉求事项和办理案件信息公开，控告检察部门统一管理，案件管理、人民监督、技术信息等相关部门依照规定分工负责，各司其职。其中，控告检察部门主要负责“检察服务”模块事项的办理以及热线的接听和处理，案件管理部门主要负责“案件信息公开”模块事项的办理，人民监督部门主要负责“接受监督”模块事项的办理，技术信息部门主要负责技术管理和系统运行维护。各级人民检察院、各相关部门互相配合，各个环节紧密衔接，向群众提供“一站式”检察服务。

二是拓展渠道，为群众提供全方位、全覆盖、立体式检察服务。“12309 检察服务中心”涵盖 12309 门户网站、12309 检察服务热线、12309 移动客户端（App）和 12309 微信公众号等多种形式，群众可以打破时间和空间的限制、随时随地通过上述渠道获得全国检察机关提供的专业服务。

在互联网输入“https：//www.12309.gov.cn”或者搜索“12309”，即

可访问“12309 检察服务中心”门户网站，也可以下载 12309App，或者关注 12309 微信公众号，通过移动端进行访问。用户进行注册、登录后，即可在线提交诉求和申请。根据自己反映的诉求性质，点击进入相应的功能模块，并看到相应的“须知”，其中有明确的检察机关受理范围、程序、需要提供的材料和具体要求等。按照“须知”要求进行在线填写，还可通过附件的形式上传相应材料，点击提交即可。

此外，还可以拨打“12309”检察服务热线，通过人工接听、录音留言、传真等方式反映诉求，获取检察服务。对于人工接听，能够当场处理的，当场予以答复；对于录音留言和传真，以及人工接听不能当场答复的，致电人可以获得系统自动生成的查询密码，通过该查询密码来查询诉求的办理情况。

三是丰富形式，为群众提供开放、动态、阳光检察服务。检察机关通过“12309 检察服务中心”公开法律文书和重要案件信息，为社会公众、辩护人、诉讼代理人提供案件程序性信息查询和预约申请，推进更高层次的阳光司法；在线接受人大代表、政协委员、人民监督员和人民群众的监督，听取社会各界的意见建议，提高司法规范化水平；提供在线控告、申诉、法律咨询等服务，检察机关将根据相关规定，依法审查处理，及时答复反馈，提高检察服务的质量和效率。

检察机关会将审查处理情况以短信的方式回复到用户预留的手机号码，并在网站、移动客户端、微信公众号上同步更新，用户登录后进入“个人中心”，便可自行查询诉求的处理进展和结果，还可以对处理情况进行满意度评价。

四是依托信息科技，为群众提供一体化、系统化、智能化服务。“12309 检察服务中心”坚持“统一规划、统一标准、统一设计、统一实施”原则，采取最高人民检察院一级部署、四级检察机关共同应用模式，构建全国检察机关畅通、共享的“大数据、大平台、大系统”一体化服务中心。今后将进一步推进检察服务工作与大数据、人工智能的深度融合，优化检察信息化建设形态，破除信息壁垒，为群众提供全方位的智慧服务。

目前，“12309 检察服务中心”网络平台已投入试运行，社会公众可以通过网站、移动客户端、微信公众号、电话热线提出控告、申诉、法律咨询等。新一届全国人大代表、政协委员信息完善后，可以在线联络，提出意见建议。

下一步，我们将积极在全国部署应用，不断升级完善，同步推进“12309 检察服务中心”实体大厅建设，打造线上、线下一体化检察服务平台，为群众提供更加便捷高效的检察服务。

下面进行发布会第二项议程。请最高人民检察院检察技术信息研究中心钟福雄副主任介绍电子检务工程（中央本级建设部分）“12309 检察服务中心”平台建设情况，并通过 PPT 演示该平台主要功能。

钟福雄

新春佳节刚过，我们迎来了电子检务工程（中央本级建设部分）“12309 检察服务中心”平台的上线开通运行。近年来，全国检察机关牢固树立“互联网 + 检察工作”理念，贯彻落实“科技强检”战略，强化检察信息化顶层设计，推进电子检务工程建设，检察工作现代化和智能化水平得到大幅提升。下面简要介绍一下有关情况。

一、电子检务工程概况

电子检务工程是实施科技强检战略、推动检察工作科学发展的重大基础性工程。“12309 检察服务中心”平台是电子检务工程的重要组成部分。

电子检务工程自 2013 年 8 月正式立项以来，各级检察机关按照“严”和“实”的精神，强力推动工程建设，经过不懈努力，最高人民检察院本级和各地工程建设工作阶段性任务初步完成，基础网络、数据中心、音视频系统、安全平台、检务云平台等基础设施建设全面增强，覆盖全国四级检察机关的司法办案、检察办公、队伍管理、检务保障、决策支持、公开服务“六大平台”建成并投入应用，信息化应用逐步深入，取得明显成效。截至目前，电子检务工程（中央本级建设部分）已完成整体工程的90%，预计今年上半年全部收官。

二、智慧检务顶层设计情况

为适应信息时代检察工作发展需求，2017年9月，最高人民检察院在苏州召开全国检察机关智慧检务工作会议，全面部署推进智慧检务建设工作，曹建明检察长强调，要深入学习贯彻习近平总书记科技创新思想，主动拥抱大数据、人工智能新时代，全面推进智慧检务建设，以信息化引领检察工作创新升级发展。会议明确，当前和今后一个时期，智慧检务工作的主要目标是加强智慧检务理论体系、规划体系、应用体系“三大体系”建设，形成“全业务智慧办案、全要素智慧管理、全方位智慧服务、全领域智慧支撑”的智慧检务总体架构。

最高人民检察院技术信息中心根据《国家信息化发展战略纲要》《“十三五”国家科技创新规划》等，结合检察工作实际，先后制定印发了《“十三五”时期科技强检规划纲要》《检察大数据行动指南（2017—2020年）》《全国检察机关智能语音云平台建设指导方案》《最高人民检察院关于深化智慧检务建设的意见》等，进一步明确了智慧检务建设的目标、原则和重点任务。

三、“12309检察服务中心”平台功能

“12309检察服务中心”平台坚持“统一规划、统一标准、统一设计、统一实施”原则，整合案件信息公开系统、网上信访信息系统、12309举报电话系统等应用，丰富完善现有的检察服务功能，统一检察服务对外入口，实现“一个访问界面、一个支撑平台、一个数据库、多种应用服务”的格局。

平台包括12309门户网站、12309检察服务热线、12309移动客户端（App）和12309微信公众号四种服务渠道，群众可以打破时间和空间的限制，随时随地通过上述渠道获得全国检察机关提供的检察服务。该平台主要包括检察服务、案件信息公开、接受监督三大模块13项具体功能。

“12309 检察服务中心”网站沿用最高人民检察院原 12309 职务犯罪举报中心网址，设计风格与近期最新改版的最高人民检察院门户网站保持一致，首页的功能主要分为三类：一是咨询动态类。由中心简介、检察新闻、办事指南、检务指南、通知公告等组成。二是办事服务类。分为检察服务、案件信息公开、接受监督三大模块。三是统一的用户登录。社会公众、人民监督员、人大代表政协委员都可以通过此入口进行登录。

社会公众通过手机号即可注册“12309 检察服务中心”账号，通过“手机号 + 验证码”进行登录。个人中心通过登录用户角色的不同，分为社会公众、人民监督员、人大代表政协委员三类用户。个人中心在“我的服务”菜单项中分为“检察服务”“案件信息公开”“接受监督”3 项。

检察服务功能分为控告、刑事申诉、民行申诉、国家赔偿、其他信访、法律咨询、法律法规库查询。以控告功能为例。用户点击“控告”按钮后，弹出控告须知，点击“我已阅读并同意以上条款”后，进入详细的控告案件填写页面。提交完成后，根据用户选择的相关信息，流转到对应的检察机关进行办理，办理完成后，用户可以在个人中心“控告”模块查询办理结果。用户点击“法律咨询”，弹出法律咨询的须知，提示用户本系统只提供与检察工作相关法律法规理解适用、办案标准、程序性规定等方面的咨询。点击“我已阅读并同意以上条款”后，进入详细的法律咨询填写页面。法律法规库查询，可以进行宪法、法律、司法解释、规范文件、内部规章的分类查询。

案件信息公开功能分为案件程序性信息查询、辩护与代理网上预约、重要案件信息、法律文书公开。

接受监督功能分为人大代表政协委员联络平台、人民监督员监督服务、群众意见建议箱。本系统为人大代表政协委员在接受监督模块中提供了监督、联络的服务。代表委员可以通过该模块进行意见建议的提交和参与检察机关举报的相关活动。人民监督员在接受监督模块提交监督诉求，监督诉求中包括 8 种具体的监督情形。用户通过群众意见建议箱可以提意见建议，本意见建议箱只受理对检察工作和队伍建设提出的意见和建议。

12309微信公众号、手机App具有和12309门户网站一样的功能。

四、“12309检察服务中心”平台后期展望

今后检察机关将进一步推进检察服务工作与大数据、人工智能的深度融合，发展检察信息化建设的更高形态，为群众提供全方位的智慧服务。

一是增加访问入口，提高服务的广度和深度。增加短信、邮箱、微博等访问入口，满足社会公众多样化的需求。

二是植入人工智能，打造智慧检务服务。打造集人机对话、智能查询等功能为一体的“12309智能服务机器人”。通过人工智能将司法为民的好经验好做法集成在智能平台上，通过数字再造，实现更加精准的需求分析和定制化的内容推送。打造网上阅卷中心和远程听取律师意见平台，优化辩护人在检察环节的业务网上办理功能，智能分析律师需求变化和趋势，提供更加优质的服务。

现场答问

法制网记者 王 芳

“12309检察服务中心”是在原先的12309职务犯罪举报中心的基础上升级而来的，请问整合、升级的背景是什么？为什么是在12309职务犯罪举报中心的基础上整合而不是其他平台？

许山松

“12309检察服务中心”是全国检察机关统一的检察为民服务平台。最高人民检察院决定建设此平台，主要基于以下考虑：

一是贯彻落实党的十九大精神，践行以人民为中心发展思想的重要举措。党的十九大明确将“坚持以人民为中心”作为新时代中国特色社会主义的基本方略，指出人民在民主、法治、公平、正义等方面的要求日益增长。检察机关作为国家法律监督机关，作为人民利益的坚定维护者，理应坚定不移地贯彻落实中央决策部署，坚持立检为公、司法为民宗旨，坚持群众路线，把服务群众作为检察工作的出发点和归宿，不断拓展服务渠道，不断提升服务质量和水平，着力为群众提供更加高效便捷的服务。

二是主动拥抱科技革命，利用信息化革新检察服务工作的务实之策。

新一轮科技革命正在深刻变革我们的生产、生活和工作。曹建明检察长多次强调，检察机关要探索“人工智能+司法为民”，构建“网上检察院、掌上检察院、实体检察院”三位一体的新模式。建设“12309 检察服务中心”，就是要按照最高人民检察院党组要求，积极顺应信息化发展时代潮流，主动运用互联网、大数据、人工智能等科学技术，对检察服务工作进行一次全面、深刻的信息化改造，为群众提供智能化智慧化服务。

三是对检察机关现有信息化资源的系统性整合、升级，具有较好的物质基础，积累了丰富的实践经验。多年来各级检察机关坚持把信息化建设摆在突出位置，建立了案件信息公开网、网上信访大厅、12309 职务犯罪举报网站和电话等，在为民服务、检务公开等方面取得了明显成效，但存在入口独立、服务分散等问题，现在进行整合和转型升级，建设“12309 检察服务中心”可以说是大势所趋，水到渠成。

12309 职务犯罪举报网站和电话自 2009 年 6 月在全国检察机关统一开通以来，各地检察机关立足举报职能，不断拓展服务功能，得到人民群众广泛接受和普遍认可，具有较高知名度，也为此次功能拓展积累了丰富经验。为了充分利用 12309 的品牌效应，进一步深化检察服务工作，最高人民检察院决定沿用 12309 网址和电话号码，并在此基础上进行转型升级，建成“12309 检察服务中心”。

上海电视台法治天地频道记者　程文韬

“12309 检察服务中心”平台作为检察机关统一的对外服务窗口，在建设、使用和管理上有哪些新的亮点？

钟福雄

大家知道，在原有的对外服务方式中，检察机关主要依托网站、12309举报电话等，存在服务入口不统一、功能方式不便捷等实际问题。我们通过新的“12309检察服务中心”平台建设，将尽力解决这些问题，主要突出三个方面的优化和提高。

一是更加突出集约化的建设理念。“12309检察服务中心”平台由最高人民检察院“统一规划、统一标准、统一设计、统一实施”，在全国四级检察机关实现了横向到边、纵向到底的全面应用。“一点建设、全面应用”的集约化建设优势再次得到充分发挥，避免了重复投资、重复建设，在减少浪费、实现节约的同时，更为开展统一的大数据分析提供了可能。

二是更加突出服务入口的统一设计。按照“外网受理、内网办理、外网答复”的工作思路，“12309检察服务中心”全面整合检察机关现有的对外服务窗口，通过系统集成设计的方式对不同功能进行集中展示，并新建、升级部分检察服务功能，统一的检察服务入口可以为人民群众提供更加便捷、更加直观、更加全面的检察服务。

三是更加突出知识产权的保护。最高人民检察院党组高度重视检察信息化建设，电子检务工程实施以来，司法办案、检察办公、队伍管理、检务保障等平台相继投入应用，有力地服务和保障了各项检察工作的开展。

“12309检察服务中心”平台作为电子检务工程的重要组成部分，我们在项目的设计、工程的组织、方案的实施等方面投入了大量的人力、智力。我们沿用电子检务工程各平台建设的成功经验，已将该项目向国家版权局提交了软件著作权的申请，以此切实强化该项目的知识产权保护。以上三点，可以称为“12309检察服务中心”平台的新亮点。

人民日报记者　魏哲哲

去年9月份，最高人民检察院在苏州召开了“智慧检务”会议，标志着检察机关“智慧检务”建设迈出了新步伐。请问“12309检察服务中心”平台都应用了哪些“智慧元素”开展便民、惠民服务？

钟福雄

大数据和人工智能是信息社会的重要标志，也是“智慧检务”的核心要义。我们始终将开展“智慧检务”建设作为全面贯彻党的十九大精神的重要举措，认真落实国务院《促进大数据发展行动纲要》《新一代人工智能发展规划》等文件要求，发布了《检察大数据行动指南（2017—2020年）》，确立了检察大数据战略的整体框架，完善了大数据收集、使用、管理机制。同时，全国各级检察机关积极探索运用人工智能，研发智能辅助办案系统，成为检察人员办案的“外脑”，促进了司法效率和办案质量的双向提升。

在开展“智慧检务”建设的过程中，我们积极探索大数据、人工智能在检察办案中的应用，将智能语音技术、大数据分析等应用到12309，通过平台自动识别、分析、筛选和评估，提供更加精准的数据分析和个性化的内容推送。例如，我们在接听群众电话来访时，可以通过智能语音技术将语音转化成文字，然后将文字内容与互联网站、微信、移动客户端等收集的信息开展大数据分析，找出有价值的关联性信息，从而为更好地解决群众诉求提供参考数据。同时也可以通过热力地图，找出群众反映某一类热点问题的高发地区，从而为开展有针对性的问题研究及解决提供技术支持，等等。

通过这些“智慧元素”在12309中的深度应用，真正满足了人民群众零距离沟通、即时性互动、无障碍共享等新需求，切实拓展了司法为民的新领域、新渠道、新形式，真正实现了为民、便民、惠民的工作目标。

中国妇女报记者 周 文

“12309检察服务中心”平台一个重要的服务方式就是12309检察服务电话，该服务电话与传统的电话服务有哪些区别和不同？

钟福雄

我们在原12309职务犯罪举报电话的基础上，增加了控告、申诉、国家司法救助、国家赔偿、法律咨询等业务，建立七大功能模块。具体实现三大功能。

一是查询功能。根据工作需要，为不同单位、部门设置不同查看权限，全国四级检察院可同步获取数据库内的数据，可以根据字段查询相关信息。

二是流转功能。确需进入后台处理的，由电话系统导入后台处理系统，向下级院或本院其他部门进行流转。

三是回复反馈功能。具体办理单位或部门进行处理后，可以直接进行答复，也可以反馈“服务中心”，由“服务中心”进行答复。

同时，我们更加重视各渠道数据的综合利用和深度分析，设计了后台处理系统，实现电话系统和门户网站、手机App、微信公众号等系统共用一套后台处理系统，共享同一数据库，实现不同入口数据的全面联通，为各渠道数据提供统一存储和关联分析，为解决不同渠道反映的同一个问题提供了可能。可以说，12309 检察服务电话在穿上了“数字化的外衣”后，展现出区别于传统电话服务更大的伸展空间和灵活自由度。

经济日报记者　李万祥

如何将“12309 检察服务中心”进行有力扩大和推广？下一步有何具体工作规划？

许山松

“12309 检察服务中心”分为网络平台和实体大厅两部分，为群众提供全方位、全覆盖、立体式检察服务。对中心的扩大和推广，我们正在和即将采取以下措施：

一是同步推进网络平台和实体大厅建设、应用。将网络平台向全国检察机关全面部署应用，同步推进实体大厅建设，对最高人民检察院现有接访场所进行升级改造，建设最高人民检察院实体大厅，并统筹推进地方检察机关在原有接访场所基础上进行实体大厅建设。同时，采取集中培训、对下指导、督导检查等措施，加强实际应用。

二是加强规范化、制度化建设。最高人民检察院已下发了《关于 12309 检察服务中心建设的指导意见》，对“12309 检察服务中心”的主要功能、网络平台建设、实体平台建设等提出统一标准，明确了具体要求。下一步，将积极推动各地检察机关结合实际出台相关实施细则，确保“12309 检察服务中心”建设和应用有章可循、有据可依。

三是切实提升服务质量和效果。进一步改进工作作风，提高服务质量和水平，特别要加大审查办理群众诉求力度，让群众感到“12309 检察服务中心”好用、管用，并主动应用，用实际效果引导群众通过“12309 检察服务中心”反映问题、解决问题，着力将 12309 打造为检察机关特色品牌。

检察日报记者　闫晶晶

请举例说明一下“12309 检察服务中心”网络平台的检察服务、检务公开、接受监督等功能在实践中如何发挥服务群众的作用？

许山松

“12309 检察服务中心”网络平台主要有检察服务、检务公开、接受监督等功能模块，我主要给大家简要介绍一下“检察服务”功能模块。

以民事行政申诉为例，申诉人可以选择通过“12309 检察服务中心”网站、移动客户端、微信公众号或热线中任一渠道进行申诉。如选择网站进行申诉，需先通过手机号码注册登录，然后选择“检察服务”栏目中的“民行申诉”，或者“进入个人中心”，在“我的服务”中选择“民行申诉”，点击进入后会自动弹出“民行申诉须知”，申诉人按照须知的要求在线填写有关信息，选择接收的检察院，也可以上传相关法律文书和材料，点击提交即完成在线申诉。被选择的检察院会根据相关规定依法审查处理，审查处理情况会以短信的方式回复到申诉人注册时预留的手机号码。申诉人也可以登录进入“个人中心”，点击“控告申诉”，在“民行申诉”中查看处理进展和结果。

还可以下载“12309检察服务中心”的手机App或者关注12309的微信公众号，通过手机进行申诉。12309手机App和微信公众号的功能设计与网站一致，且提供一站式注册使用，即在网站上注册过的用户可以在手机APP、微信公众号直接登录，按照上述网站的操作方式进行申诉和查询结果。

还可以拨打12309检察服务热线进行申诉。根据语音提示选择“民事行政申诉”相对应的按键，并可以选择人工接听、录音留言、传真等方式。选择人工接听的，一般当场予以答复；对于不能当场答复的，以及录音留言和传真，申诉人可以获得系统自动生成的查询密码，当再次拨打12309检察服务热线，根据语音提示选择“结果查询”相对应的按键，输入查询密码，就可以查询该申诉的办理情况。

中国国际广播电台记者　吴　倩

深化检务公开、加强与人民群众的良性互动，是近年来检察机关一直倡导的工作理念。请问此次“12309检察服务中心”开通运行对于促进形成检察机关与人民群众良性互动关系方面有什么重要意义？

王松苗

深化检务公开是党的十八届三中、四中全会确定的重要司法体制改革内容，也是法治时代的必然要求。多年来，检察机关一直通过检务公开接受社会监督，更好满足人民群众知情权、参与权、表达权、监督权。

2016 年 7 月，第十四次全国检察工作会议首次明确提出要加强检察公共关系建设，实现检察工作与社会公众良性互动，要求各级检察机关把检察公共关系建设作为重要基础工作，通过全面深化检务公开，创新检务公开载体和平台，赢得人民群众最广泛的理解支持。

此次“12309 检察服务中心”的研发上线，既是践行司法为民、司法便民宗旨的重要举措，又是落实中央司法体制改革任务、构建开放动态透明便民阳光司法机制的重要内容。该平台通过一站式服务、信息化沟通、动态性反馈，更能贴近群众需求，方便群众求助，回应群众关切，让人民群众少跑腿、少费神、少等待，为及时实现司法公正增添了新的助力。因此，这次“12309 检察服务中心”平台的研发上线，是检务公开方式方法的重大创新，是检察为民的重大举措。

恳请大家一如既往地关心、支持、监督检察工作，把镜头、话筒、笔触更多地对准我们的检察亮点工作、特色工作，及时关注检察机关服务大局、保障民生、促进发展的生动实践，宣传检察机关强化法律监督、推进司法改革、加强自身建设的措施成效，宣传检察人员坚守法治原则、恪守职业操守、廉洁公正执法的典型事迹，为全国两会胜利召开和检察工作深入发展营造良好的舆论环境。

部分新闻链接

1. 新华社 2018 年 2 月 27 日报道《百姓想找检察院，上网输入 12309 就不愁》

2. 中央电视台中文国际频道（CCTV-4）2018 年 2 月 27 日报道《最高检：检察服务中心网络平台今日开通》

3. 中央电视台新闻频道（CCTV-13）2018 年 2 月 27 日报道《最高检：检察服务中心网络平台今日开通》

4. 经济日报 2018 年 2 月 27 日报道《“12309 检察服务中心”开通运行将进一步打造网上阅卷中心》

5. 上海电视台法治天地频道 2018 年 2 月 27 日报道《最高检:12309 检察服务中心网络平台今开通运行》

6. 中国妇女报 2018 年 2 月 28 日报道《“12309 检察服务中心”网络平台正式开通运行》

7. 法制网 2018 年 2 月 27 日报道《最高检：12309 检察服务中心网络平台今日开通运行》

公益诉讼，为了您的美好生活

“两高”发布关于检察公益诉讼案件适用法律若干问题的解释

发布时间： 2018 年 3 月 2 日 10:00

发布内容： 发布《最高人民法院、最高人民检察院关于检察公益诉讼案件适用法律若干问题的解释》，通报“两高”办理公益诉讼案件工作等情况，发布检察公益诉讼典型案例

发布地点： 最高人民检察院

主 持 人： 最高人民检察院新闻发言人　王松苗

出席嘉宾： 最高人民法院党组副书记、副院长　江必新
最高人民检察院副检察长　张雪樵
最高人民法院环境资源审判庭庭长　郑学林
最高人民检察院民事行政检察厅厅长　胡卫列[1]

① 现任最高人民检察院第八检察厅厅长。

主题发布

王松苗

今天发布会的主题是“公益诉讼，为了您的美好生活”，可以说与今天这个喜庆的日子、与我们大家对幸福生活的向往都密切相关。因为公益诉讼需要维护的就是绿水青山蓝天等老百姓最关心的切身利益，所以“你可以不关心公益诉讼，但公益诉讼却在关心你”。

为了凸显这个主题的分量，今天我们非常荣幸地邀请到几位重量级嘉宾出席新闻发布会。他们是最高人民法院党组副书记、副院长江必新同志，环境资源审判庭庭长郑学林同志；最高人民检察院副检察长张雪樵同志，民事行政检察厅厅长胡卫列同志。

在这个幸福团圆的日子，“两高”共同举办这样一场高规格的新闻发布会，就是要向全社会昭示司法机关坚持以人民为中心的立场与决心、作为与担当。今天的发布会共有五项议程：一是发布《最高人民法院、最高人民检察院关于检察公益诉讼案件适用法律若干问题的解释》；二是江必新副院长通报人民法院审理检察公益诉讼案件工作情况；三是张雪樵副检察长通报人民检察院开展公益诉讼工作情况；四是发布检察公益诉讼典型案例；五是回答记者提问。

《最高人民法院、最高人民检察院关于检察公益诉讼案件适用法律若干问题的解释》（以下简称《解释》）已于2018年2月23日由最高人民法院审判委员会第1734次会议，2018年2月11日最高人民检察院第十二届检察委员会第73次会议审议通过，并于今天正式发布。下面，我就司法解释有关情况向各位作一介绍。

一、“两高”联合出台《解释》的重要意义

（一）体现了人民法院和人民检察院坚决贯彻落实中央决策部署，严格执行法律，共同保护公益的职责使命和责任担当

党的十八届四中全会部署了“探索建立检察机关提起公益诉讼制度”的改革任务，并确定由最高人民检察院和最高人民法院共同牵头落实。2017年9月11日，习近平总书记在致第二十二届国际检察官联合会年会暨会员代表大会的贺信中突出强调，“检察官作为公共利益的代表，肩负着重要责任”。习近平总书记这一重大论断进一步明确了检察机关作为公共利益代表的特殊地位和重大责任。通过检察公益诉讼，维护国家利益和社会公共利益，成为人民法院和人民检察院的共同使命。

坚持问题导向，总结试点经验，“两高”联合出台司法解释，有助于更加切实地贯彻落实四中全会决策部署，更加准确地贯彻执行民事诉讼法、行政诉讼法关于检察公益诉讼的规定，更加有效地发挥人民法院、人民检察院在保护公益方面的职能作用。

（二）丰富完善了中国特色的检察公益诉讼制度

检察机关提起公益诉讼是民事诉讼法、行政诉讼法确立的特殊诉讼制度，拓展了检察监督的内涵和外延，是检察机关履行法律监督职能的新方式。张德江委员长在全国人大常委会审议公益诉讼试点工作中期报告时明确要求，要“依法探索建立具有中国特色、符合检察职能特点的公益诉讼制度”。《解释》根据民事诉讼法和行政诉讼法的规定，对办理检察公益诉讼案件的程序、检察机关的权利义务等内容作出规定，体现了检察公益诉讼不同于普通民事、行政诉讼的特点和规律，进一步丰富和完善了中国特色的检察公益诉讼制度，走出了司法保护公益的中国道路。

（三）为统一办理检察公益诉讼案件提供了操作依据

试点期间，“两高”根据全国人大常委会授权决定，分别制定了《人民法院审理人民检察院提起公益诉讼案件试点工作实施办法》和《人民检察院提起公益诉讼试点工作实施办法》，作为试点期间办理检察公益

诉讼案件的直接依据。试点实践证明，“两高”实施办法的主要内容是行之有效的，但还有一些具体程序问题需要进一步规范。《解释》在两个“实施办法”的基础上，明确并细化了检察公益诉讼案件的具体程序，为地方人民法院、人民检察院办理检察公益诉讼案件提供了统一的规范依据。

二、起草过程和主要考虑

2017 年 6 月 27 日，十二届全国人大常委会第二十八次会议作出《全国人民代表大会常务委员会关于修改〈中华人民共和国民事诉讼法〉和〈中华人民共和国行政诉讼法〉的决定》后，最高人民法院和最高人民检察院加强沟通，决定由“两高”共同出台检察公益诉讼司法解释。经反复磋商，并征求全国人大常委会法工委、国务院法制办等单位意见，最高人民法院审判委员会和最高人民检察院检察委员会审议通过了《解释》。

（一）以习近平新时代中国特色社会主义思想为指导

在《解释》起草过程中，“两高”始终坚持以习近平新时代中国特色社会主义思想为指导，深入贯彻落实党的十九大精神，牢固树立以人民为中心的思想，充分发挥法律监督、司法审判职能作用，探索完善符合中国特色的公益司法保护制度，推进国家治理体系和治理能力现代化，助力美丽中国、健康中国建设。

（二）贯彻落实全国人大常委会修法精神

全国人大常委会修改民事诉讼法、行政诉讼法的决定主要就检察机关提起公益诉讼的案件范围、诉前程序等问题作出了原则性规定，在立法层面对检察机关提起公益诉讼制度予以确认。《解释》以此为基础，在中央要求和法律规定的基本框架内对检察公益诉讼案件的办理和审理程序作出规定。

（三）总结提炼试点实践经验

经过 2015 年 7 月至 2017 年 6 月两年的试点工作，检察公益诉讼取得了良好的法律效果和社会效果，全覆盖、多样化的试点探索使顶层设计得到全方位的检验。2017 年 5 月，习近平总书记主持召开中央全面深化改革领导小组第三十五次会议，充分肯定了试点工作的成效，认为试点期间办理了一大批公益诉讼案件，积累了丰富的案件样本，制度设计得到充分检验，正式建立这一制度的时机已经成熟，应当为检察机关提起公益诉讼提供法律保障。《解释》总结提炼各地试点探索和实践经验，对既符合诉讼基本原则，又符合检察、审判职能特点的相关内容作出了规定。

（四）求同存异、协同推进

检察公益诉讼是新生事物，立法规定比较原则，可以借鉴的经验不多，理论研究还需要进一步深化。对于实践层面存在的一些问题，“两高”坚持求同存异、协同推进的原则，能形成共识的，就在《解释》中固定下来；对于仍然存在不同认识的，在司法解释中确定一些基本原则，如“应当遵守宪法法律规定，遵循诉讼制度的原则，遵循审判权、检察权运行规律”，便于地方法院、检察院在协同推进公益诉讼的实践过程中积极探索解决方案，同时也为将来完善立法奠定基础。

三、主要内容

《解释》共四部分 27 条，主要就以下几方面内容作出了规定：

（一）明确了检察公益诉讼的任务、原则

《解释》明确规定，检察公益诉讼的主要任务是充分发挥法律监督和司法审判职能作用，维护宪法法律权威，维护社会公平正义，维护国家利益和社会公共利益，督促适格主体积极行使公益诉权，促进依法行政、严格执法。在办理公益诉讼案件中，应当遵守宪法法律规定，遵循诉讼制度的原则，遵循审判权、检察权运行规律。

（二）增加了检察公益诉讼的案件类型

《解释》在民事公益诉讼和行政公益诉讼的基础上，增加了刑事附带民事公益诉讼这一新的案件类型，明确规定生态环境和资源保护、食品药品安全领域的刑事案件中，需要追究被告人侵害社会公共利益的民事责任的，检察机关可以一并提起附带诉讼，由同一审判组织一并审理，以节约司法资源。需要说明的是，刑事附带民事公益诉讼案件，除适用刑事诉讼法关于附带民事诉讼的规定外，还应当适用民事诉讼法、本解释及其他相关规定。

（三）明确了检察机关的诉讼身份

检察机关是行使公权力的国家机关，办理公益诉讼案件是履行法律监督职责的职权行为，因此，检察机关的诉讼地位具有特殊性。《解释》明确检察机关以“公益诉讼起诉人”的身份提起公益诉讼，更加合理、明确地界定了检察机关提起诉讼的身份。

（四）完善了检察公益诉讼的诉前程序

试点实践证明，检察机关提起公益诉讼的诉前程序发挥了重要的作用，调动了其他适格主体保护公益的积极性，促进了行政机关纠正违法行为的主动性，有效节约了司法资源。《解释》保留了这一程序，同时作了些调整。《解释》规定，在提起民事公益诉讼前，检察机关应当以公告的方式告知法律规定的机关和有关组织提起诉讼，并且规定检察机关已履行诉前公告程序的，人民法院立案后不再进行公告。在提起行政公益诉讼前，检察机关应当向行政机关提出检察建议，督促其依法履行职责，行政机关应当在两个月内依法履行职责，并书面回复。

（五）细化了检察公益诉讼案件的受理程序

《解释》依据《民事诉讼法》第55条第2款和《行政诉讼法》第25条第4款的规定，细化了检察公益诉讼案件的受理条件和程序。一是落实立案登记制要求，规定人民检察院提起的诉讼符合民事诉讼法、行政诉讼法及本解释规定的起诉条件的，人民法院应当登记立案。二是明确人民检察院提起公益诉讼的条件，包括诉前程序和应当提交的起诉材料等。

（六）规范了检察公益诉讼案件的审理程序

一是明确检察公益诉讼案件的管辖法院。二是明确检察公益诉讼案件中的调查收集证据问题。三是明确检察公益诉讼案件庭前准备程序及相关诉讼文书。四是明确二审程序的启动方式和出庭人员。

（七）明确了行政公益诉讼的裁判方式

司法实践中，人民检察院提起公益诉讼后，大多数行政机关都会采取措施、履行法定职责，从而使人民检察院的诉讼请求得以实现。《解释》规定，人民检察院撤回起诉的，人民法院应当裁定准许；人民检察院变更诉讼请求，请求确认原行政行为违法的，人民法院应当判决确认违法。同时，《解释》还以列举的方式规定了行政公益诉讼案件的裁判方式。

现在进行第二项议程，请最高人民法院党组副书记、副院长江必新同志通报人民法院审判检察公益诉讼案件工作情况。

江必新

各位记者朋友、同志们，今天发布的《解释》是最高人民法院、最高人民检察院贯彻党的十九大精神和习近平新时代中国特色社会主义思想，落实民事诉讼法、行政诉讼法立法修改精神，完善检察公益诉讼制度的一部重要司法解释，将对加强国家利益、社会公共利益和人民群众合法权益司法保障力度，推进法治政府建设、提升国家治理体系和治理能力现代化水平产生重要而深远的影响。应该说，在推动检察公益诉讼制度发展过程中，立法机关、检察机关等发挥了十分重要的作用，也给予人民法院审理检察公益诉讼案件工作大力的支持，我们表示衷心的感谢。下面，我就人民法院审理检察公益诉讼案件情况和贯彻落实《解释》的重点问题作一简要的介绍和说明。

一、人民法院审理检察公益诉讼案件的基本情况

建立检察机关提起公益诉讼制度是党的十八届四中全会提出的改革要求，是党的十九大关于建设中国特色社会主义法治体系、建设社会主义法治国家的重要制度安排。最高人民法院党组高度重视检察公益诉讼

审判工作，周强院长多次作出批示，要求坚决贯彻中央部署和立法精神，把检察公益诉讼审判工作作为深化司法体制改革的重大政治任务，建立专门工作机制，加大监督指导力度，切实抓紧抓好。

试点期间，周强院长亲自主持审委会研究制定《人民法院审理人民检察院提起公益诉讼案件试点工作实施办法》，亲自审定《最高人民法院关于审理环境公益诉讼案件的工作规范（试行）》等指导文件。最高人民法院积极开展审判指导，实行受理备案、台账管理，先后召开7次专门工作会议，3次下发通知，发布3批检察公益诉讼典型案例。

2017年上半年，在试点期间即将届满前，最高人民法院会同最高人民检察院向立法机关提出立法建议，共同推动对民事诉讼法、行政诉讼法进行修改。全国人大常委会修法决定通过后，最高人民法院及时召开全国四级法院参加的全面推进检察公益诉讼审判工作视频会议，要求各级法院切实提高认识，忠实履行法律职责，依法审理检察公益诉讼案件，不断加强国家利益和社会公共利益司法保障。

自2015年7月1日至2017年6月30日试点结束，全国法院共受理检察机关提起的公益诉讼案件1126件，审结938件。立法修改后，自2017年7月1日至2017年12月31日，全国法院共受理检察机关提起的公益诉讼案件257件，审结53件。案件类型涵盖生态环境保护、消费者权益保护、国有财产保护、国有土地出让等领域。各级人民法院积极探索检察公益诉讼的审判程序，完善工作机制，提升专业化审判能力，检察公益诉讼审判工作取得了明显成效。

主要做法有：

一是紧紧依靠党委领导，确保检察公益诉讼审判工作正确的政治方向。各级法院党组高度重视、精心部署、加强指导，为做好工作提供直接推动力。既坚持法治原则，确保审判权、检察权和行政权在法定范围内行使，又坚持原则性和灵活性相结合，兼顾检察公益诉讼的特殊性。

二是及时受理、审理检察公益诉讼案件。迅速送达诉讼材料，及时采取保全措施，具备开庭条件的及时公开开庭，裁判条件成熟的当庭公开宣判。贵州省福泉市法院受理的锦屏县检察院诉锦屏县环境保护局行政不作为案，在受理后20余天即公开开庭并当庭宣判。

三是加强监督指导和沟通协调。注重加强与人民检察院和行政机关的信息共享和沟通协调，云南省高级法院按照“依法支持、稳步推进、积极沟通”的原则与云南省检察院建立沟通联系机制。河北省高级法院与河北省检察院及相关行政机关联合出台文件，推动形成保护公共利益合力。各地法院建立案件指导和释明机制，依照诉讼法规定、结合案件情况，就检察机关诉讼请求、举证证明责任等进行必要的释明，共同推动审理程序顺利进行。

四是创新裁判方式、细化审理规则。江苏、山东、福建等地出台实施意见，完善案件受理、调解公告、证据调取、依职权委托鉴定以及强制执行制度。吉林、江苏等地法院创新审理裁判方式，白山市法院探索了行政附带民事公益诉讼审理程序、徐州中级法院探索了惩罚性赔偿责任方式、连云港市法院探索了增殖放流环境修复方法。注重审判工作与污染治理的衔接，对于经过诉前程序，行政机关未纠正违法行为或未依法履职的案件，依法开展释明和督促工作，促使行政机关及时履行法定职责。贵州省福泉市法院、山东省庆云县法院、安徽省蚌埠市淮上区法院积极协调当地党委、政府和环境保护主管部门加强对涉案污染企业的整改力度，关停涉案企业，督促被告采取有效措施，促使违法状态在诉讼过程中得以消除。

五是健全审判机制，加强队伍建设。着力构建专门化审判体系，全国法院目前共有1000个从事环境资源审判的审判庭、合议庭，22个高级人民法院、162个中级人民法院和160个基层人民法院成立了专门环境资源审判庭。加大监督指导力度，通过制定司法解释、归纳裁判标准、通报办案质效、发布典型案例、共同开展调研、组织业务培训等多种方式，统一检察公益诉讼案件裁判尺度。运用集中管辖、指定管辖、提级管辖等措施，确保检察公益诉讼案件得到及时公正审理。

云南将全省法院划分为6个司法管辖区集中管辖检察机关提起的环境民事公益诉讼案件。贵州鼓励检察机关跨行政区划提起公益诉讼，到案发地进行巡回审理，有效克服了地方保护主义的影响。加大司法公开，对有重大影响的案件邀请人大代表、政协委员、社会公众和有关部门旁听庭审。强化裁判文书说理，加强法律宣传和舆论引导，不断回应公众关切。

这些做法是制定《解释》的实践基础，也是审理检察公益诉讼案件值得推广的经验。

二、准确把握《解释》关于审判工作的新规定

《解释》对人民法院准确把握检察公益诉讼的特殊性提供了规范指引。各级人民法院要从以下三方面认真贯彻落实。

一是准确把握遵循诉讼制度的原则和适应检察公益诉讼特殊性的关系，正确适用《解释》关于检察机关诉讼地位的新规定。人民法院审理检察公益诉讼案件应当遵守宪法法律规定，遵循诉讼制度的基本原则，遵循审判权、检察权运行规律。检察公益诉讼制度的基本法律依据是民事诉讼法和行政诉讼法。《解释》针对检察公益诉讼的特殊性对人民检察院的诉讼地位作出特别规定，体现了遵循诉讼法的基本原则和根据检察公益诉讼制度特点进行的制度创新。

对于《解释》未规定的事项，则应当适用民事诉讼法、行政诉讼法以及民事诉讼法司法解释、行政诉讼法司法解释、民事公益诉讼司法解释、消费公益诉讼司法解释等相关规定。

二是准确把握审判权与检察权、行政权的关系，正确适用《解释》关于审判程序的新规定。

《解释》坚持问题导向，妥善协调审判权和检察权、行政权的关系，在法律框架内就诉前程序、起诉条件、诉讼请求释明、行政机关依法履职情况下的撤诉、具体裁判方式、上级检察机关派员参加二审庭审等作出专门规定，对于统一诉讼程序、保障案件审理顺利推进具有重要的规范意义。

人民法院审理检察公益诉讼案件要贯彻以审判为中心的诉讼制度改革要求，在中立裁判基础上，积极发挥审判指引、评价功能，引导各方诉讼主体依法行使诉讼权利，既要支持人民检察院依法提起和参与公益诉讼活动，又要保障符合条件的其他主体依法行使诉权，也要支持鼓励

行政机关及时履行法定职责，最大限度发挥检察公益诉讼制度功能。

三是准确把握发挥审判职能作用和遵循审判规律的关系，正确适用《解释》关于审判职责的新规定。

为加强国家利益和社会公共利益的司法保护力度，《解释》突出人民法院职权作用，就依法进行证据保全、案件移送执行、诉讼请求释明、诉讼结果的告知等作出专门规定。人民法院应在尊重审判规律的前提下，充分发挥审判职能作用，扩大案件审理的实际效果。同时，坚持平等保护、依法保护，充分关注各方利益主体的合理诉求，妥善协调案件审理中涉及的国家利益、社会公共利益和个体利益的关系。

三、认真贯彻执行《解释》，全面加强国家利益和社会公共利益司法保障

各级人民法院在贯彻执行《解释》过程中要注意以下三个方面的“结合”。

一是将贯彻执行《解释》与贯彻落实民事诉讼法、行政诉讼法和其他司法解释结合起来，充分发挥公益诉讼制度功能。各级人民法院既要关注检察机关作为公益诉讼起诉人的特殊主体地位，又要准确适用民事诉讼法、行政诉讼法及相关司法解释的基本制度规范，处理好检察公益诉讼中的一般规则和特殊规则的关系。充分发挥检察公益诉讼制度形成的监督合力，有效排除外部阻力和干扰，强化对违法行为人的监督、追责力度，完善国家利益和社会公共利益司法保护机制。

二是将贯彻执行《解释》与推动公益诉讼审判实践结合起来，在实践中不断探索完善检察公益诉讼制度。各级人民法院可以根据辖区实际，聚焦新制度新规定，找准司法实践中的弱项、短板问题，及时作出具有良好社会效果、具有典型意义的裁判；要及时发现《解释》运行过程中的问题，归纳总结经验，形成具有可复制、可推广意义的具体诉讼规则。努力做到既积极支持检察机关提起公益诉讼，又始终坚持审判工作的客观中立，平等保护各方诉讼主体的合法权益；既充分保障公益诉讼起诉人的诉讼权利，又准确把握检察公益诉讼后置性特点，保障法律规定的机关和社会组织的诉权，发挥检察机关支持起诉的积极作用。

三是将依法独立审判与加强沟通协调结合起来，凝聚国家利益和社会公共利益保护合力。各级人民法院要加强与检察机关、行政机关和社会组织的信息沟通和工作协调，充分利用司法建议的方式，及时反馈审判执行过程中发现的行政主管部门、企业等责任主体存在的问题，强化风险防范，促进行政机关依法行政，推进构建协调联动机制，共同加强对国家利益和社会公共利益的保护。

《解释》的发布是人民法院检察公益诉讼审判工作的新起点。各级人民法院将以此为契机，切实增强责任感和使命感，依法履职、开拓创新，全面加强国家利益和社会公共利益的司法保障。

王松苗

现在进行第三项议程，请最高人民检察院副检察长张雪樵同志通报人民检察院开展检察公益诉讼工作情况。

张雪樵

本次新闻发布会由最高人民法院、最高人民检察院联合召开。最高人民法院和地方各级人民法院始终对检察机关提起公益诉讼工作高度重视、大力支持，我们表示衷心的感谢！现在我向大家通报 2017 年 7 月以来检察机关全面开展公益诉讼工作的有关情况。

一、全面开展公益诉讼工作基本情况

2017 年 6 月 27 日，全国人大常委会审议通过修改民事诉讼法和行政诉讼法的决定，检察机关提起公益诉讼制度正式建立。经过两年试点，检察公益诉讼改革完整经历了顶层设计、法律授权、试点先行、立法保障、全面推进五个阶段，成为全面深化改革的典型样本。

2017 年 7 月 18 日，最高人民检察院召开全面开展公益诉讼工作电视电话会议，曹建明检察长亲自动员部署。在各级党委领导、人大监督、政府的支持下，检察机关和人民法院共同努力，工作进展顺利。从 2017 年 7 月至 2018 年 1 月，全国检察机关共立案公益诉讼案件 10565 件，提出检察建议和发布公告 9497 件，向人民法院提起诉讼 272 件。

与试点期间相比，全面开展公益诉讼工作有以下突出特点：

第一，各级党委、人大、政府更加重视。全国各级检察机关积极向党委、人大汇报公益诉讼重大工作部署和重点案件办理情况，争取党委和人大的领导和支持。2017 年 9 月 11 日，习近平总书记在致第二十二届国际检察官联合会年会暨会员代表大会的贺信中突出强调：检察官作为公共利益的代表，肩负着重要责任。党中央、国务院《法治政府建设实施纲要（2015—2020 年）》明确要求，行政机关应当配合检察机关对在履行职责中发现的行政违法行为进行监督；党中央、国务院《关于推进安全生产领域改革发展的意见》提出，研究建立安全生产民事和行政公益诉讼制度；国务院《土壤污染防治行动计划》《关于完善进出口商品质量安全风险预警和快速反应监管体系切实保护消费者权益的意见》《中华人民共和国英雄烈士保护法（草案）》均明确要求建立检察公益诉讼制度。

北京、天津、重庆、内蒙古、辽宁、吉林、黑龙江、浙江、广东、青海等省（自治区、直辖市）党委主要负责同志对支持检察机关开展公益诉讼工作作出重要批示，充分肯定公益诉讼在国家治理体系和公益保护方面的重要作用，支持检察机关开展公益诉讼工作。吉林省委，重庆、河北、安徽、江西、广西、海南、四川等省（自治区、直辖市）党委办公厅和政府办公厅联合下发通知，支持检察机关依法开展公益诉讼工作。

第二，沟通协调更加顺畅。一是检察机关与人民法院协同努力，推动检察公益诉讼制度不断完善。最高人民检察院与最高人民法院联合制定关于检察公益诉讼案件适用法律若干问题的解释，周强院长和江必新副院长全程关注解释制订过程，作出重要指示，给予大力支持。辽宁、黑龙江、江苏、四川等省检察院、高级法院就公益诉讼案件起诉、受理等问题联合出台规范性文件。二是进一步赢得行政机关的理解和支持。各级检察机关始终坚持监督与支持并重，与有关行政机关建立常态化沟通平台。我受曹建明检察长委托先后赴国土资源部、国家林业局专题讲解公益诉讼工作。2017 年 12 月 28 日，最高人民检察院与国土资源部联合印发了《关于加强协作推进行政公益诉讼促进法治国土建设的意见》，就完善检察公益诉讼制度、促进法治国土建设，达成广泛协作意见。

第三，办案重点更加突出。试点期间，基于试点的特殊要求，各试点检察机关的工作重点放在通过办案检验顶层设计是否合理、是否符合实际方面。全面开展以来，各级检察机关积极围绕中央和地方对于加强环境资源和民生保护等重要工作部署，突出办理生态环境和资源保护、食品药品领域影响人民群众切身利益，社会关切的案件。最高人民检察院下发《关于加大食药领域公益诉讼案件办理力度的通知》，要求各地重点关注食品、保健食品欺诈、虚假宣传等热点问题。四川省成都市双流区检察院重点关注网络食品经营及网络餐饮问题，督促双流区市场和质量监督管理局注销违法的 283 户食品经营个体工商户的食品经营许可证。福建、江西、贵州检察机关充分发挥公益诉讼职能作用，加大办理环境公益诉讼案件力度，更好服务国家生态文明试验区建设。

第四，机制建设更加健全。一是建立健全一体化办案机制。安徽、福建、陕西在全省推行公益诉讼一体化办案机制，通过督办、参办、领办等方式，发挥内部合力，加大办案力度。二是建立挂牌督办制度。最高人民检察院下发《关于对一批破坏生态环境公益诉讼案件线索予以挂牌督办的通知》，对全国 33 起破坏生态环境公益诉讼案件予以挂牌督办，并对祁连山生态破坏事件、河北“纳污坑”事件、山西汾河污染事件等进行实地督办。三是采用专项监督方式加大办案力度。黑龙江省检察院部署开展了秸秆焚烧和小锅炉大气污染公益诉讼专项活动。四川省成都市检察机关开展“公益诉讼，成都检察在行动”系列活动，按领域开展“促进绿色发展”“保护矿产资源”“护航食药安全”等 8 类专项监督活动。

第五，诉前程序作用更加突出。检察机关更加注重通过诉前程序发挥作用，行政机关积整改的积极性、主动性更高，效果更好。截至 2018 年 1 月，各地检察机关共办理诉前程序案件 9497 件，提起诉讼 272 件；行政公益诉讼诉前程序案件中，行政机关主动整改比例比试点期间明显提高，如山东达 91.7%、安徽达 89.4%。福建省长乐市检察院在办理古槐镇政府不依法履行职责案件中，组织召开诉前程序圆桌会议，邀请党政机关领导、人大代表、政协委员、群众代表参与，共同研究提出整改方案，并督促责任部门加快实施，取得良好效果。江西省彭泽县检察院在办理县矿产资源管理办公室不依法履行职责案件中，建立了诉前程序“一周一联系，每周一通报”工作机制，督促县矿管办收缴采矿权出让款 8900 余万元。广东省检察院针对试点期间发现的普遍性问题，分别对国土、林业、财政等行政执法部门发出检察建议，督促三个省直主管行政机关积极依法履职，有效健全内部监督制约机制，形成司法机关与行政机关同心保护公益的格局。

第六，检察公益诉讼队伍更加专业。一是完善办案机构，配齐办案力量。公益诉讼是新增检察职能，需要在队伍建设方面有一定的倾斜政策和特殊要求。四川省检察院明确要求基层检察院在内设机构改革中保留民事行政检察部门。浙江宁波、温州、绍兴，山东诸城、四川安岳、广西钦州钦北区等地成立专门办理公益诉讼案件的公益诉讼部（局），江西鹰潭、江苏泰州海陵设立公益诉讼调查指挥中心。二是开展全员培训，提升办案水平。最高人民检察院领导亲自授课，并举办 8 期公益诉讼领导和业务骨干培训班，国家检察官学院和各分院所有培训班次都增加了公益诉讼的培训课程。

二、检察公益诉讼有效保护了国家利益和社会公共利益

一是有效保护生态环境。截至 2018 年 1 月，全国检察机关立案办理生态环境和资源保护领域公益诉讼案件 6335 件，督促恢复被污染、破坏的耕地、林地、湿地、草原 15.2 万亩；督促治理恢复被污染水源面积 284 余平方公里，督促 1451 余家违法企业进行整改。吉林省白城市洮北区检察院在履职中发现顾某某违法开垦国有草原 10 公顷，相关管

理部门怠于履行监管职责，经诉前程序，向人民法院提起行政公益诉讼，得到了法院的支持。

二是有效保障和改善民生。全国检察机关从生活垃圾处理、饮用水安全、食品药品卫生等关系人民群众切身利益方面入手，从源头上推动解决了一批舆论高度关注、人民群众反映强烈、对生产生活影响严重的“老大难”问题。重庆市荣昌区 87 条河流在河岸禁养区有 286 家养殖场（户），直接排放畜禽粪便及污水，造成河水及周边环境污染，26 万人饮用水安全受到影响，2017 年被环保部两次通报。2017 年 10 月，荣昌区检察院向该区 16 个镇街发出检察建议，对整改不力的古昌镇政府提起行政公益诉讼。截至目前已关闭、搬迁 265 家养殖场（户），禁养区内畜禽全面停养，河流水质得到明显改善。

三是有效挽回经济损失。截至 2018 年 1 月，全国检察机关通过公益诉讼挽回直接经济损失 87.4 亿余元，其中，收回国有土地出让金 56.7 亿余元，收回人防易地建设费 3.7 亿余元，督促收回被套取或冒领国家补贴资金 0.68 亿元。陕西省西安市雁塔区检察院通过诉前程序，督促西安市国土资源局依法与用地单位圣米兰公司完善土地用途变更手续，补缴土地出让金 6.73 亿元。

三、全面理解、准确把握《解释》精神和实质，努力推动检察公益诉讼不断取得新成效

检察机关提起公益诉讼，事关全面推进依法治国，事关国家治理能力体系和治理能力的现代化，责任重大，使命光荣。各级检察机关将与人民法院一起努力，采取有效措施，贯彻落实好检察公益诉讼司法解释。

一是在学懂、弄通上下功夫。这部司法解释是最高人民法院、最高人民检察院在党的十九大精神和习近平新时代中国特色社会主义思想引领下，贯彻落实民事诉讼法、行政诉讼法立法要求，细化完善检察公益诉讼制度的一部重要司法解释，将对依法保障国家利益和社会公共利益，推进法治政府建设、提升国家治理体系和治理能力现代化产生重要而深远的影响。各级检察机关要深入学习，认真领会，准确把握《解释》精神实质。

二是正确适用《解释》新要求。《解释》对检察公益诉讼案件办理程序作出了新的规定，各级检察机关应当按照《解释》的新要求，牢牢把握“公益”这个核心，依法、规范开展工作。

三是准确把握检察公益诉讼的特点和内在规律。检察机关以公益诉讼起诉人提起诉讼，属于履行法定职责的职权行为，既要把握它的特殊性，又要依托现行的诉讼法制度框架依法开展。

四是坚持问题导向，推动检察公益诉讼制度进一步完善。对于适用过程中出现的新问题，各级检察机关应当在坚持遵循诉讼原则，遵循审判权、检察权运行规律的基础上，充分发挥主观能动性，加强沟通协调，寻求解决方案，不断通过实践探索完善具有中国特色的检察公益诉讼制度。

下一步，我们将在充分运用试点成果的基础上，着力做好以下几个方面的工作：

一是进一步加大办案力度，继续选择生态环境和食药安全领域重点案件线索进行挂牌督办，适时组织开展专项监督活动。

二是高度重视诉前程序作用。能通过诉前程序解决的问题，尽量在诉前解决。总结推广“诉前圆桌会议”“诉前听证”等经验做法，根据公开、民主的原则，加强诉前程序的诉讼化改造。

三是完善相关机制。建立健全公益诉讼一体化办案机制，充分发挥交办、提办、参办等办案模式的优势，形成符合公益诉讼特点和规律的办案机制和办案模式。在与国土资源部加强协作的基础上，与环保部、国家林业局、食药监等部委建立健全信息共享、线索移送、联席会议等工作机制。

四是坚持问题导向，深化对检察机关提起公益诉讼特殊性的理论研究。加强与专家学者的联系，让更多的专家学者关注、了解、研究检察公益诉讼实践。适时召开公益诉讼理论研讨会，形成一批研究成果。

王松苗

现在进行第四项议程，发布检察公益诉讼典型案例。为了便于大家对检察公益诉讼工作的理解把握，最高人民法院、最高人民检察院共同梳理了 10 个典型案例，其中有 3 个诉前案例、7 个诉讼案例，因为都已经印发给大家，这里就不再一一宣读了。

下面请各位记者提问。

现场答问

中央人民广播电台记者 孙 莹

全面开展提起公益诉讼工作后，起诉案件数量较少，是否反映出实践面临的困难？怎样理解诉前程序和诉讼的关系？

胡卫列

您提到的是一个实际的状况。公益诉讼起诉案件数量少，诉前程序案件多，确实是公益诉讼全面开展以后的情况。试点期间也有同样的状况。这不是实践中的困难和问题，而是我国检察公益诉讼制度的一个鲜明的特点，反映了制度设计的内在规律。

诉前程序和诉讼程序是检察机关办理公益案件的两种不同的办案方式，而就同一案件看，又是检察机关办理公益案件的两个不同的办理阶段。诉前与诉讼，在时间上前后衔接，在作用上相互补充，共同服务于保护公益、促进依法行政这个根本目的。通过诉前程序及时解决问题、节约司法资源，而诉讼程序是诉前程序发挥作用的必要保障、强化了公益保护的刚性，这种衔接搭配是检察机关在公益保护体系中独特性作用的突出体现。

通过诉前程序推动侵害公益问题的解决，是公益诉讼制度价值的重要体现。特别是在行政公益诉讼中，提起诉讼并不是制度设计的最终目的，根本目标还是通过督促行政机关依法履职，保护国家利益和社会公共利益。

在实践中，绝大部分案件只经过了诉前程序，并未经过诉讼程序，这是因为通过诉前程序，法律规定的机关或有关组织提起了民事公益诉讼，或者相关的行政机关纠正了违法行为或依法履行了职责，国家和社会公益利益得到了有效保护，检察机关无须提起诉讼。

特别是全面开展提起公益诉讼工作以来，检察机关更加注重发挥诉前程序保护公益的作用，行政机关更加重视检察机关的检察建议，积极主动进行整改。检察机关与行政机关在保护公益方面形成合力。

2017 年 12 月 28 日，最高人民检察院与国土资源部联合印发了《关于加强协作推进行政公益诉讼促进法治国土建设的意见》，双方就完善检察机关提起公益诉讼制度，通过诉前和诉讼程序促进法治国土建设，达成多项共识。在这种情况下，办案数据体现出诉前案件多、诉讼案件少的特点。

无论是诉前程序还是诉讼案件，检察机关不仅仅关注案件数量的多少，更在意的是对公益的侵害是否得到有效的排除、公共利益是否得到有效的保障。

南方都市报记者　刘　嫚

试点期间的实施办法规定，检察机关提起公益诉讼免交诉讼费。刚刚颁布的司法解释对此没有规定，是否意味着检察机关提起公益诉讼需要交纳诉讼费？

胡卫列

诉讼费用交纳是国务院主管的事项，未在“两高”司法解释中作出规定。试点期间，国务院法制办也是公益诉讼改革任务的参与单位，试点方案对检察机关免交诉讼费作出了规定。

司法解释的制定主体是“两高”，对诉讼费用交纳问题不适合作出规定。对此，“两高”和国务院法制办已经形成了共识，在国务院《诉讼费用交纳办法》修改前，人民法院审理人民检察院提起的公益诉讼案件，不向人民检察院收取诉讼费用；被告败诉的，诉讼费用由被告依法承担。“两高”将共同向国务院提出建议，尽快对《诉讼费用交纳办法》作出修改，对公益诉讼的诉讼费用问题作出明确规定。

中国日报记者　曹　音

《解释》第4条规定人民检察院以公益诉讼起诉人身份提起公益诉讼。请问人民法院在审判工作中如何保障公益诉讼起诉人的诉讼权利？

郑学林

人民检察院在公益诉讼中的诉讼地位是关系到案件审理如何适用法律的核心问题。《解释》第4条规定：“人民检察院以公益诉讼起诉人身份提起公益诉讼，依照民事诉讼法、行政诉讼

法享有相应的诉讼权利，履行相应的诉讼义务，但法律、司法解释另有规定的除外。”明确了人民检察院在公益诉讼中的地位是“公益诉讼起诉人”。

人民法院在审判工作中适用诉讼法和司法解释的规定保障检察机关诉讼权利，要注意以下几个问题：

第一，关于公益诉讼起诉人的诉讼权利义务范围和内容。人民检察院是公益诉讼案件的启动主体，对于《解释》未规定的事项，人民法院应当依照民事诉讼法、行政诉讼法规定的实施诉讼行为的期间、权利义务、行使权利及履行义务方式和程序等规则，依法保障人民检察院行使诉讼权利、履行诉讼义务。比如，依照《民事诉讼法》第 51 条的规定，人民检察院可以放弃或者变更诉讼请求。依照《行政诉讼法》第 67 条的规定，人民法院应当在收到被告的答辩状之日起五日内，将答辩状副本发送人民检察院等。

第二，关于证据保全。《解释》第 6 条就人民检察院在办理公益诉讼案件中的调查取证问题作出规定，其中明确，需要采取证据保全措施的，依照民事诉讼法、行政诉讼法相关规定办理。根据这条规定，人民检察院在调查收集证据过程中需要提取、封存证据采取强制性保全措施的情况下，应依据民事诉讼法、行政诉讼法关于证据保全的规定向人民法院提出申请，人民法院要及时审查，符合条件的，裁定采取证据保全措施。

第三，关于起诉材料和出庭通知书。由于人民检察院是国家司法机关，代表国家利益和社会公共利益提起诉讼，《解释》对于检察公益诉讼案件的起诉材料和诉讼文书作了专门规定。适用中需要注意的问题，一是在立案受理阶段，对于提交了《解释》规定的起诉材料，特别是证明人民检察院已经履行诉前程序的材料的，应当及时登记立案，无须要求提交组织机构代码证、法定代表人身份证明书、授权委托书等身份证明材料；二是对于人民检察院派员出庭通知书载明了出庭履行的具体职责的，应按照出庭通知书的内容依法确认出庭检察人员诉讼行为的法律效力。

第四，关于二审程序和再审程序。要依照诉讼法的规定依法保障提起诉讼的人民检察院的上诉权，以及上级人民检察院对于生效裁判的抗诉权。

第五，关于移送执行。为了及时有效保护公共利益，《解释》第12条规定检察公益诉讼案件的生效判决、裁定，需要采取强制执行措施的，由法院依职权移送执行，无须人民检察院申请执行。

同时，在审判工作中，应当坚持民事诉讼、行政诉讼当事人平等原则，依法平等保护各方诉讼主体的诉讼权利，保证审判程序的公正公开。

这个问题确实是我们在起草解释的过程中反复协商，听取各方面意见最后形成的一个技术含量比较高的条款。说到技术含量比较高，一方面，体现了检察公益诉讼的特点和检察机关的特殊的法律地位，它是公益诉讼起诉人；另一方面，《解释》规定其享有的是相应的诉讼权利，履行相应的诉讼义务，“相应的”内涵丰富。诉讼活动是非常复杂的，有许多规范，如果严格按照行政诉讼法和民事诉讼法的规定，无法找到公益诉讼起诉人权利、义务的规定，法院如何组织审理需要给予其一个明确的角色定位。我们通过反复讨论研究，认为司法解释对公益诉讼起诉人有特殊的规定的就适用《解释》的规定，没有特殊规定的就准用或者参照原告的相关规定。这个条款，我认为是《解释》中的重要条款，也是我们两家充分协商达成的共识。

新华社记者　刘奕湛

我们注意到，司法解释就两类新的公益诉讼类型作出了规定，分别是刑事附带民事公益诉讼和行政公益诉讼。请问在适用中应当注意哪些问题？

郑学林

一、关于刑事附带民事公益诉讼

检察民事公益诉讼针对的是破坏生态环境和资源保护、食品药品安全领域侵害众多消费者合法权益的违法行为。在司法实践中，我们发现一些不法者在从事这些违法活动时不但造成了社会公共利益的损害，而且触犯了刑事法律，构成了犯罪。当发生这类情况时，检察机关既要作为公诉人提起刑事公诉，又可以作为公益诉讼起诉人提起民事公益诉讼，从而形成两个案件。鉴于刑事诉讼和民事公益诉讼的诉讼主体一致、基本事实相同，为节约诉讼资源、提高诉讼效率、妥善确定犯罪嫌疑人的刑事责任和民事责任，《解释》在第 20 条规定了刑事附带民事公益诉讼。

人民法院审理刑事附带民事公益诉讼案件要注意以下几个问题：

第一，刑事附带民事公益诉讼案件要按照《民事诉讼法》第 55 条第 2 款和《解释》的相关规定，针对破坏生态环境和资源保护、食品药品安全等领域损害公共利益的行为提起。

第二，民事公益诉讼与刑事诉讼是不同案件类型，既可以附带于刑事诉讼提起，也可以根据案件实际情况独立提起。分别审理的，要注意协调好两个案件的事实认定和责任方式。

第三，要注意管辖法院和审判组织的特殊规定。刑事附带民事公益诉讼案件由审理刑事案件的人民法院管辖，并且由审理刑事案件的同一个审判组织审理。需要特别说明的是，《解释》第 5 条规定了检察民事公益诉讼案件由中级人民法院管辖的一般情形。而在刑事附带民事公益诉讼的情况下，当审理刑事案件的人民法院是基层人民法院时，则附带民事公益诉讼也应由该基层人民法院管辖。

第四，由于刑事诉讼认定事实和证据的标准要高于民事诉讼，故刑事案件已经依法认定的事实和证据一般可以作为附带民事公益诉讼案件的免证事实。而对于刑事案件未予认定的事实和证据，如经审理已达到民事诉讼的认定标准，亦应予以认定。

二、关于行政公益诉讼

行政公益诉讼是行政诉讼法修改后新增的案件类型，由人民检察院依法提起。从试点工作情况看，行政公益诉讼对于督促行政机关依法履职发挥了非常积极的作用。《解释》第三部分专门对行政公益诉讼的审理程序进行了规定。

人民法院审理行政公益诉讼案件要注意以下几个问题：

第一，关于行政机关在诉讼过程中履行职责，人民检察院诉讼请求全部实现的裁判方式问题。

这个问题是试点期间争议比较多的问题，主要争议在于行政机关已经履职了，还是否有必要判决确认原行政行为违法。考虑到实践中确实存在部分行政机关接到检察建议后，既不回复也不履职，未予及时保障受损国家利益和社会公共利益的情形。

在人民检察院依法提起公益诉讼后，即使被诉行政机关在诉讼过程中履行了法定职责，也有必要依据行政诉讼法的规定，围绕人民检察院的诉讼请求，判决确认原行政行为违法，达到督促相关行政机关依法行政，最大限度维护国家利益和社会公共利益的目的。在此种情况下，检察机关撤诉的，依法裁定准许；检察机关变更诉讼请求为确认原行政行为违法的，判决确认原行政行为违法。

第二，关于行政公益诉讼案件的判决方式。《解释》第 25 条依据行政诉讼法明确了行政公益诉讼案件的判决方式，包括判决确认违法或者确认无效、判决撤销或者部分撤销、判决履行法定职责、判决予以变更、判决驳回诉讼请求等。在具体适用中，应注意把握好判决驳回诉讼请求的适用条件。依据《解释》第 25 条第 5 项的规定，判决驳回人民检察院诉讼请求的情形有两个：一是同时具备“证据确凿，适用法律、法规正确，符合法定程序，未超越职权，未滥用职权，无明显不当”条件的；二是人民检察院诉请被诉行政机关履行法定职责理由不成立的。

第三，关于裁判结果的告知问题。《解释》规定，行政公益诉讼判决作出后，可以将判决结果告知被诉行政机关所属的人民政府或者其他相关的职能部门。目的是通过生效裁判推动行政机关树立规则意识，同时督促被诉行政机关积极履行裁判义务，及时有效维护国家利益和社会公共利益。这也是加强司法和行政协调，推动构建多元治理体系的制度安排。

关于刑事附带民事公益诉讼的问题存在一定的特殊性。在司法实践中，同时具备刑事和民事审判背景的法官并不多。而这种附带诉讼则需要同时具备两大专业领域的知识。为了适应公益诉讼的专业化审判的特殊性，我们在司法实践中，逐步探索建立了刑事、民事、行政“三合一”审理模式。也就是说，在法院设立专门的审判庭或者专门的合议庭审理相关的民事公益诉讼、行政公益诉讼以及刑事附带民事公益诉讼案件。通过专业化的审判，提升司法裁判的水平。

王松苗

各位记者朋友，《最高人民法院、最高人民检察院关于检察公益诉讼案件适用法律若干问题的解释》是一部重要的司法解释，对于进一步加强和规范公益诉讼案办理工作，充分利用司法手段维护社会公共利益必将起到更加重要的作用。

下一步，“两高”将就贯彻落实好司法解释共同下发通知，共同加强指导，继续探索完善具有中国特色的公益司法保护制度。检察公益诉讼制度从顶层设计、法律授权到试点先行，再到写入“两法”，直到现在的全面推进，其改革路线图成为全面深化改革的一个典型样本，必将载入法治史册。感谢新闻媒体朋友给予的高度关注与大力支持！

发布会文件

最高人民法院、最高人民检察院关于检察公益诉讼案件适用法律若干问题的解释

（2018 年 2 月 23 日最高人民法院审判委员会第 1734 次会议、2018 年 2 月 11 日最高人民检察院第十二届检察委员会第 73 次会议通过，自 2018 年 3 月 2 日起施行）

一、一般规定

第一条 为正确适用《中华人民共和国民事诉讼法》《中华人民共和国行政诉讼法》关于人民检察院提起公益诉讼制度的规定，结合审判、检察工作实际，制定本解释。

第二条 人民法院、人民检察院办理公益诉讼案件主要任务是充分发挥司法审判、法律监督职能作用，维护宪法法律权威，维护社会公平正义，维护国家利益和社会公共利益，督促适格主体依法行使公益诉权，促进依法行政、严格执法。

第三条 人民法院、人民检察院办理公益诉讼案件，应当遵守宪法法律规定，遵循诉讼制度的原则，遵循审判权、检察权运行规律。

第四条 人民检察院以公益诉讼起诉人身份提起公益诉讼，依照民事诉讼法、行政诉讼法享有相应的诉讼权利，履行相应的诉讼义务，但法律、司法解释另有规定的除外。

第五条 市（分、州）人民检察院提起的第一审民事公益诉讼案件，由侵权行为地或者被告住所地中级人民法院管辖。

基层人民检察院提起的第一审行政公益诉讼案件，由被诉行政机关所在地基层人民法院管辖。

第六条 人民检察院办理公益诉讼案件，可以向有关行政机关以及其他组织、公民调查收集证据材料；有关行政机关以及其他组织、公民应当配合；需要采取证据保全措施的，依照民事诉讼法、行政诉讼法相关规定办理。

第七条 人民法院审理人民检察院提起的第一审公益诉讼案件，可以适用人民陪审制。

第八条 人民法院开庭审理人民检察院提起的公益诉讼案件，应当在开庭三日前向人民检察院送达出庭通知书。

人民检察院应当派员出庭，并应当自收到人民法院出庭通知书之日起三日内向人民法院提交派员出庭通知书。派员出庭通知书应当写明出庭人员的姓名、法律职务以及出庭履行的具体职责。

第九条 出庭检察人员履行以下职责：

（一）宣读公益诉讼起诉书；

（二）对人民检察院调查收集的证据予以出示和说明，对相关证据进行质证；

（三）参加法庭调查，进行辩论并发表意见；

（四）依法从事其他诉讼活动。

第十条 人民检察院不服人民法院第一审判决、裁定的，可以向上一级人民法院提起上诉。

第十一条 人民法院审理第二审案件，由提起公益诉讼的人民检察院派员出庭，上一级人民检察院也可以派员参加。

第十二条 人民检察院提起公益诉讼案件判决、裁定发生法律效力，被告不履行的，人民法院应当移送执行。

二、民事公益诉讼

第十三条 人民检察院在履行职责中发现破坏生态环境和资源保护、食品药品安全领域侵害众多消费者合法权益等损害社会公共利益的行为，拟提起公益诉讼的，应当依法公告，公告期间为三十日。

公告期满，法律规定的机关和有关组织不提起诉讼的，人民检察院可以向人民法院提起诉讼。

第十四条 人民检察院提起民事公益诉讼应当提交下列材料：

（一）民事公益诉讼起诉书，并按照被告人数提出副本；

（二）被告的行为已经损害社会公共利益的初步证明材料；

（三）检察机关已经履行公告程序的证明材料。

第十五条 人民检察院依据民事诉讼法第五十五条第二款的规定提起民事公益诉讼，符合民事诉讼法第一百一十九条第二项、第三项、第四项及本解释规定的起诉条件的，人民法院应当登记立案。

第十六条 人民检察院提起的民事公益诉讼案件中，被告以反诉方式提出诉讼请求的，人民法院不予受理。

第十七条 人民法院受理人民检察院提起的民事公益诉讼案件后，应当在立案之日起五日内将起诉书副本送达被告。

人民检察院已履行诉前公告程序的，人民法院立案后不再进行公告。

第十八条 人民法院认为人民检察院提出的诉讼请求不足以保护社会公共利益的，可以向其释明变更或者增加停止侵害、恢复原状等诉讼请求。

第十九条 民事公益诉讼案件审理过程中，人民检察院诉讼请求全部实现而撤回起诉的，人民法院应予准许。

第二十条 人民检察院对破坏生态环境和资源保护、食品药品安全领域侵害众多消费者合法权益等损害社会公共利益的犯罪行为提起刑事公诉时，可以向人民法院一并提起附带民事公益诉讼，由人民法院同一审判组织审理。

人民检察院提起的刑事附带民事公益诉讼案件由审理刑事案件的人民法院管辖。

三、行政公益诉讼

第二十一条 人民检察院在履行职责中发现生态环境和资源保护、食品药品安全、国有财产保护、国有土地使用权出让等领域负有监督管理职责的行政机关违法行使职权或者不作为，致使国家利益或者社会公共利益受到侵害的，应当向行政机关提出检察建议，督促其依法履行职责。

行政机关应当在收到检察建议书之日起两个月内依法履行职责，并书面回复人民检察院。出现国家利益或者社会公共利益损害继续扩大等紧急情形的，行政机关应当在十五日内书面回复。

行政机关不依法履行职责的，人民检察院依法向人民法院提起诉讼。

第二十二条 人民检察院提起行政公益诉讼应当提交下列材料：

（一）行政公益诉讼起诉书，并按照被告人数提出副本；

（二）被告违法行使职权或者不作为，致使国家利益或者社会公共利益受到侵害的证明材料；

（三）检察机关已经履行诉前程序，行政机关仍不依法履行职责或者纠正违法行为的证明材料。

第二十三条 人民检察院依据行政诉讼法第二十五条第四款的规定提起行政公益诉讼，符合行政诉讼法第四十九条第二项、第三项、第四项及本解释规定的起诉条件的，人民法院应当登记立案。

第二十四条 在行政公益诉讼案件审理过程中，被告纠正违法行为或者依法履行职责而使人民检察院的诉讼请求全部实现，人民检察院撤回起诉的，人民法院应当裁定准许；人民检察院变更诉讼请求，请求确认原行政行为违法的，人民法院应当判决确认违法。

第二十五条 人民法院区分下列情形作出行政公益诉讼判决：

（一）被诉行政行为具有行政诉讼法第七十四条、第七十五条规定情形之一的，判决确认违法或者确认无效，并可以同时判决责令行政机关采取补救措施；

（二）被诉行政行为具有行政诉讼法第七十条规定情形之一的，判决撤销或者部分撤销，并可以判决被诉行政机关重新作出行政行为；

（三）被诉行政机关不履行法定职责的，判决在一定期限内履行；

（四）被诉行政机关作出的行政处罚明显不当，或者其他行政行为涉及对款额的确定、认定确有错误的，判决予以变更；

（五）被诉行政行为证据确凿，适用法律、法规正确，符合法定程序，未超越职权，未滥用职权，无明显不当，或者人民检察院诉请被诉行政机关履行法定职责理由不成立的，判决驳回诉讼请求。

人民法院可以将判决结果告知被诉行政机关所属的人民政府或者其他相关的职能部门。

四、附则

第二十六条 本解释未规定的其他事项，适用民事诉讼法、行政诉讼法以及相关司法解释的规定。

第二十七条 本解释自 2018 年 3 月 2 日起施行。

最高人民法院、最高人民检察院之前发布的司法解释和规范性文件与本解释不一致的，以本解释为准。

典型案例

检察公益诉讼典型案例

一、诉前程序典型案例

1. 湖南省蓝山县环保局不依法履行职责案

基本案情：蓝山县人民检察院在履行职责中发现，蓝山县新圩镇上清涵村村民廖某某在未办理国土、环保、工商等手续的情况下，在本村租用土地 86.44 亩兴建选矿厂，从 2006 年底至 2017 年 4 月持续非法选矿生产。该厂无任何污水处理设施，其中多个尾砂库无防渗措施，生产过程中排放的废水、废渣致使所占用土地产生了污染，发生了质变。蓝山县环境保护局（以下简称县环保局）作为环境保护主管部门，对其违法排污行为一直怠于履行监管职责，虽对该厂作出了行政处罚，但该厂始终未能完全履行生效行政处罚决定。直到中央环保督查组督查后，县环保局才于 2017 年 4 月 28 日联合蓝山县新圩镇政府等部门，将该选矿厂强行关停并拆除生产设备及厂房。该厂虽被取缔，但厂内的废水未进行无害化处理，尾砂也未作进一步处置，存在持续对周边环境造成污染的状况和危险，国家利益及社会公共利益仍然处于被侵害状态。

诉前程序：蓝山县人民检察院调查核实后，于 2017 年 10 月 19 日向县环保局发出检察建议，建议县环保局立即采取有效措施，对环境损害责任方廖某某选矿厂的废水、废渣进行处置，防止废水、废渣逸散，避免对环境造成进一步的污染；依法履行环境监管责任，责令相关人员尽快制定污水处理方案及土壤污染修复方案，并监督相关责任人员依方案实施。

行政机关整改情况：县环保局收到检察建议后，积极督促廖某某对被污染环境进行治理，与永清环保股份有限公司签订了技术服务合同，委托制定了《蓝山县新圩镇上清涵非法选矿厂环境污染应急处置方案》，并监督方廖某某按处置方案实施。截止 2017 年 12 月 6 日，已恢复可利用土地面积约 4000m^2，完成总量约 70%；污泥池用地恢复面积约 2500m^2，完成总量的约 25%；已沉淀处理污水约 600m^3（未中和），现厂区剩余污水量约 15000m^3。至此，该起案件已通过诉前检察建议取得了实质效果。

典型意义：该案在办理过程中，检察机关通过对线索的研判、审查，发现了环保、国土部门国家工作人员的渎职行为，通过民行部门的督促履职、反渎部门的职务犯罪查办，将对行政单位的监督与对国家工作人员的监督互相渗透、促进，形成了检察监督合力。本案根植环保理念，关注和保护生态自然环境，对广大群众有着重要教育和宣传意义；特别是对当地的行政机关起到了很好的警示作用，为公益诉讼工作的开展营造了良好的氛围。

2. 成都市双流区市场监管局违法履职案

基本案情：2016 年至 2017 年 9 月，成都市双流区市场和质量管理局（以下简称双流区市场监管局）工作人员冯某某在双流区老渔民食品商行等 283 户个体工商户未提交登记资料及未取得任何审批的情况下，为其办理了工商注册登记，颁发了《营业执照》。该局根据该 283 户个体工商户提供的《营业执照》和《成都市双流区食品经营自查申请表》等资料，又为其颁发了《食品经营许可证》。案发后，双流区市场监管局对 283 户个体工商户登记的营业地址进行了核实，发现均没有实体门店。该局根据《个体工商户条例》、《食品经营许可证管理办法》

之规定，于2017年9月、11月分别作出了撤销双流区老渔民食品商行等283户个体工商户的注册登记及《食品经营许可证》的决定。

诉前程序：2017年11月，双流区人民检察院民行部门通过与刑事部门内部协调沟通机制，获得犯罪嫌疑人买卖国家机关证件案的线索。检察长召集侦监、公诉、民行部门办案人员召开案情分析会，按照各自的职责开展调查核实工作。经调查核实发现，上述个体工商户没有线下实体经营场所但准备从事网络食品经营，系通过非法途径获得食品经营许可；同时，双流区市场监管局在撤销食品经营许可证后长时间未办理食品经营许可证的注销手续。为防范网络食品消费安全风险，该院遂向双流区市场监管局发出检察建议，建议其对于法定期限内未申请办理注销手续的个体工商户依职权注销其《食品经营许可证》；为切实防止上述个体工商户在食品经营许可证被撤销后继续从事网络食品经营，同时建议将283户个体工商户的工商注册登记、食品经营许可被撤销、注销的相关信息发送有关第三方交易平台并对上述食品经营者的后续经营行为进行跟踪监督。

行政机关整改情况：收到检察建议后，双流区市场监管局高度重视，研究整改措施。注销了283户工商户的《食品经营许可证》，并将食品经营许可证撤销、注销情况发送至“美团”、“饿了么”等第三方平台总部，并将继续对上述食品经营者的后续经营行为进行跟踪监督，有效防范了网络食品消费安全风险。

典型意义：近年来，依托移动互联网络的飞速发展，我国“网络点餐”食品外卖消费呈爆炸性增长趋势，在方便老百姓生活的同时，其中的食品卫生安全问题亦层出不穷，相关行政机关监督管理不到位的问题应当引起高度重视。检察机关依托行政公益诉讼诉前检察建议，对于督促行政机关加强对“网络点餐”及第三方平台的监督管理，有效防范网络食品消费中的安全风险，保障人民群众“舌尖上的安全”具有积极意义。

3. 西安市国土资源局不依法履行职责案

基本案情：陕西圣米兰家俱有限公司（后更名为陕西圣米兰实业发展有限公司，以下简称圣米兰公司）于 1998 年 12 月 12 日取得西安市雁塔区 149.979 亩土地的《建设用地规划许可证》。2002 年 7 月 18 日，经西安市人民政府批准，西安市雁塔区将 118.318 亩净用地出让给圣米兰公司用于建设家具生产综合楼。同日，西安市国土资源局（以下简称市国土局）与圣米兰公司签订《国有土地使用权出让合同》，出让价格为每平方米 49.5 元，出让金 3904569.02 元。圣米兰公司就上述土地办理了两份《国有土地使用权证》和《建设工程规划许可证》，但并未依照规划对土地进行开发。

2007 年 7 月，圣米兰公司向西安市规划局申请将 47.645 亩土地性质变更为商业用地，70.673 亩土地性质变更为住宅用地。2007 年 9 月 12 日，西安市规划局给圣米兰公司重新颁发了（2007）172 号《建设用地规划许可证》，同时将 1998 年发给圣米兰公司的《建设用地规划许可证》收回。但圣米兰公司未与国土部门重新签订合同，未调整土地出让金，亦未开发土地。2008 年 2 月 5 日，市国土局作出《土地行政处罚决定书》，对该公司作出 78.0914 万元的处罚决定。2015 年 10 月 26 日，市国土局作出决定，要求圣米兰公司于 2015 年 11 月 20 日前，重新签订出让合同及补交相应出让金。2016 年 1 月 26 日，市国土局雁塔分局致函圣米兰公司，责令其立即与市国土局签订土地出让变更合同，加快手续办理速度，用地现场恢复施工，但该公司仍未按要求办理。

2015 年 6 月，西安市中级人民法院查封了圣米兰公司持有的两块土地。2015 年 10 月 21 日，西安市中级人民法院致函市国土局，指出因该院对上述查封土地正在处理，贵局无权收回土地。但可以在该土地升值或维持现值的基础上变更上述查封土地用途，否则不得变更。

诉前程序：雁塔区人民检察院在调查核实有关情况后，于 2017 年 4 月 24 日向市国土局发出检察建议，认为土地闲置造成土地资源的浪费，使有限的土地资源得不到合理、有效利用，是社会财富的巨大浪费。圣米兰公司取得土地后长期闲置，构成了对公共利益的侵害。建议该局依法切实履行监管职责，予以处置。

行政机关整改情况：2017 年 5 月 24 日，市国土局复函称，已研究部署整改：一是要求雁塔区政府、市国土局雁塔分局加快制定整改方案，尽快完成处置工作。二是积极与法院对接处置事宜。三是多方约谈圣米兰公司，告知其处置要求。四是经雁塔区政府研究同意，市国土局雁塔分局上报了整改方案，由其督促圣米兰公司完善土地用途变更手续，签订出让合同变更协议；在缴纳土地出让金、完成开工审批手续后，按照约定的期限开工建设。

2017 年 10 月 17 日，雁塔区人民检察院向市国土局发出调查函，了解整改方案的进展情况。同年 10 月 27 日，市国土局回复称："在贵院的督促支持下，经雁塔区政府和市、区国土部门多次督促协调，圣米兰公司已按照规划办理土地用途变更手续，46.842 亩土地用途由工业（综合）变为商服，66.33 亩土地用途由工业（综合）变为住宅。我局于 9 月 12 日与该公司签订了《国有建设用地使用权出让合同变更协议》，约定合同签订之日起 60 日内付清土地出让价款共计 67311.4274 万元，2018 年 5 月 31 日之前开工。" 2017 年 11 月 1 日，圣米兰公司向西安市财政局补缴了 67311.4274 万元土地出让金。11 月 7 日，雁塔区人民检察院收到市国土局送来的圣米兰公司补缴土地出让金的票据。

典型意义：本案中检察机关充分发挥公益诉讼诉前程序灵活性和实效性的特征，督促行政机关依法行政和严格执法；主动保护公益，积极行使检察监督权，通过督促市国土局依法履职，成功盘活了处于黄金地段闲置 14 年的土地资源，使国有土地资产收益权能达到最优化，为国家收回了 6.7 亿余元土地出让金，切实保护了国家利益和社会公共利益。

二、诉讼案例

4. 吉林省白城市洮北区人民检察院诉洮北区畜牧业管理局行政公益诉讼案

基本案情：白城市洮北区人民检察院在办理刑事案件中，发现洮北区畜牧业管理局对顾某某擅自改变草原用途没有及时恢复植被的行为，未依法履行监管职责损害了社会公共利益。2015 年春季，顾某某未经任何部门审批，私自将位于镇南种羊场报好农场南侧草原非法开垦。洮北区畜牧业管理局接到群众举报后，由洮北区草原站执法人员进行了现场勘查。经勘查，被破坏草原性质为国有，面积为 10.068 公顷。2015 年 7 月 8 日，洮北区畜牧业管理局将该案移送公安机关侦查，并告知了顾某某，但未责令其将破坏的草原恢复植被。2017 年 9 月 14 日白城市公安局洮北分局以顾某某涉嫌非法占用农用地罪，将案件移送洮北区人民检察院审查起诉。至移送时，顾某某破坏的草原植被仍然没有恢复，严重破坏了生态资源，国家和社会公共利益受到侵害，洮北区畜牧业管理局对此没有采取监督管理措施。

诉前程序：洮北区人民检察院于2017年7月28日向洮北区畜牧业管理局发出检察建议，建议其依法履行监管职责，责令顾某某停止开垦，恢复植被。该局于2017年8月28日书面回复洮北区检察院称找不到顾某某，已将该案移送公安机关，履行了应尽的法定职责。该局始终未采取有效措施，恢复被破坏的草原植被。

诉讼过程：2017年9月22日，洮北区人民检察院以公益诉讼人身份向洮北区人民法院提起行政公益诉讼，要求确认洮北区畜牧业管理局未依法履行督促顾某某恢复草原植被的监管职责违法；请求判决该局依法履行监管职责，采取有效措施，恢复被破坏的草原植被。

洮北区人民法院公开开庭审理了此案。于2017年12月12日作出一审判决支持了检察机关的诉讼请求，判决确认洮北区畜牧业管理局未依法履行督促顾景平恢复草原植被的监管职责违法；责令该局依法履行监督、管理职责。一审宣判后，洮北区畜牧业管理局未提出上诉，判决已发生法律效力。

典型意义：检察机关提起公益诉讼的前提是公共利益受到侵害，非法开垦草原的违法行为，使草原的生态服务功能遭到毁坏，侵害了公共利益，通过提起公益诉讼，有利于督促行政机关依法行政，恢复被破坏的草原植被，对保护自然环境和生态安全具有重大意义。

5. 江苏省泰州市高港区人民检察院诉高港区水利局行政公益诉讼案

基本案情：2014年至2015年期间，泰兴市江汉水利工程有限公司在长江河道内未经许可非法采砂317430.1立方米。泰州市高港区水利局工作人员对江汉公司的非法采砂行为采取“不予处罚或单处罚款”的方式，帮助江汉公司规避监管，免予缴纳长江河道砂石资源费。

诉前程序：泰州市高港区人民检察院发现高港区水利局不履行水行政管理法定职责后，于2016年10月24日向高港区水利局发出督促履职令，督促高港区水利局依法查处江汉公司非法采砂行为。收到督促履职令后，高港区水利局一直未依法查处。

诉讼过程：泰州市高港区人民检察院于2016年12月16日提起行政公益诉讼，请求确认高港区水利局不及时查处江汉公司非法采砂的行为违法，并判决责令高港区水利局依法查处江汉公司的违法行为。

江苏省泰州医药高新技术产业开发区人民法院审理认为，泰州市高港区水利局收到人民检察院督促履职令知晓江汉公司的非法采砂行为后，在规定期限内未对江汉公司的非法采砂行为进行查处，其不作为不仅导致国家矿石资源费的流失，还使得非法采砂活动对长江生态、水文及航道安全的破坏未得到有效遏制，社会公共利益依然处于受侵害状态，泰州市高港区水利局不履行长江采砂监管法定职责行为违法。遂判决责令泰州市高港区水利局对江汉公司非法采砂行为作出处理。

判决生效后，泰州市水利局于2017年11月7日对江汉公司处以罚款25万元的行政处罚。

典型意义：本案系泰州市长江非法采砂行政公益诉讼系列案之一。长江非法采砂行为不仅导致国家资源的流失，无序采砂还严重影响长江航道和防洪堤坝安全，危害社会公共利益。行政机关尽职履责，及时对非法采砂行为进行惩戒是有效遏制违法行为的重要保障。检察机关在履行职责过程中发现水利行政执法机关工作人员存在放任违法行为、帮助逃避监管的现象后，及时发出督促履行令，在相关职能部门依然不履行职责的情况下，及时提起行政公益诉讼。通过环境行政公益诉讼，责令相关职能部门对违法行为及时进行查处，发挥对违法行政行为的司法监督功能，进一步健全了生态环境法律保护机制，提升了生态环境法律保护效果。

6. 福建省清流县人民检察院诉清流县环境保护局行政公益诉讼案

基本案情：刘某未经审批焚烧属于危险废物的废电子电器产品、废弃的印刷电路板等，熔炼金属锭。2014 年 7 月 31 日，清流县环保局执法人员到现场调查，责令刘某立即停止生产，并查扣现场堆放的电子垃圾，存放于附近的养猪场。同年 8 月 7 日、9 日，清流县环保局将扣押的电子垃圾转移至东莹公司仓库贮存保管并过磅称重为 28580 千克。同年 9 月 2 日，清流县公安局对刘某涉嫌污染环境罪立案侦查。2015 年 7 月 7 日，清流县检察院对刘某作出不起诉决定。2015 年 5 月 12 日，清流县环保局租用没有危险废物经营许可证资质的九利公司仓库并将电子垃圾转移贮存。

诉前程序：清流县检察院于 2015 年 7 月 9 日向清流县环保局发出检察建议，督促其对扣押的电子垃圾严格按照法律规定进行处置并对焚烧电子垃圾残留物进行无害化处置。清流县环保局回复称对已扣押的电子垃圾等危废，将严格按照法律、法规的规定，交有处置危废资质的单位处置。但据清流县检察院调查，清流县环保局作为该县环境保护法定监督管理机构，未按要求对扣押的电子垃圾及焚烧现场进行无害化处置，只是对废弃电子垃圾进行了转移贮存，将扣押的电子垃圾贮存在九利油脂有限公司仓库中，始终未对刘某作出行政处罚，不仅不利于生态环境的保护，还可能对生态环境造成二次污染。

诉讼过程：清流县人民检察院向人民法院提起行政公益诉讼，请求：1. 确认清流县环保局行政行为违法；2. 判决清流县环保局依法履行职责。本案诉讼期间，清流县环保局对刘某作出行政处罚，并将案涉电子垃圾交由福建德晟环保技术有限公司处置。

明溪县人民法院审理认为，依据《国家危险废物名录》的规定，本案的电子垃圾属于危险废物。清流县环保局作为地方环境保护主管部门，具有对本行政区域环境保护及固体废物污染环境防治工作实施统一监督管理及依法处置的职责。清流县环保局在明知案涉电子垃圾属于危险废物，具有毒性，理应依法管理并及时处置的情形下，既没有依法处置危险废物，也没有联系有资质的企业代为处置，而是将危险废物自行转移且租用不具有危险废物经营许可证资质的企业贮存。人民检察院向清流县环保局送达检察建议书后，清流县环保局依然拖延履行职责，未及时将危险废物交由有资质的企业处置，清流县环保局的上述行为已构成违法。遂判决确认清流县环境保护局未依法处置危险废物的行为违法。

典型意义：本案系全国首批行政公益诉讼案件之一。人民法院在本案审理中，遵循诉讼法的基本原则和基本制度，并就人民检察院在公益诉讼中的地位、举证责任的分配、庭审规则等问题进行了有益探索和尝试。本案的审理促使被诉行政机关主动纠正违法行为，及时对违法行为人作出行政处罚并依法处置危险废物，防止对环境的持续不利影响，有效发挥了行政公益诉讼督促行政机关依法履职的积极作用。本案诉讼期间，被诉行政机关履行了法定职责，人民法院依据人民检察院的诉讼请求，判决确认原行政行为违法，有利于督促行政机关进一步提高依法行政意识，发挥公益诉讼裁判的引导示范作用，最大限度维护国家利益和社会公共利益。本案的判决也强调了对于“电子垃圾”这种具有毒性、污染环境的危险废物应当依法妥善处置，促使公众、企业、政府重视“电子垃圾”的危害，共同参与到有效防范和依法处置危险废物、保护生态环境的行动中，对危险废物案件的处理具有一定的示范意义。

7. 贵州省江口县人民检察院诉铜仁市国土资源局、贵州梵净山国家级自然保护区管理局行政公益诉讼案

基本案情：2005 年，铜仁市国土局向紫玉公司颁发采矿许可证，许可其在梵净山国家级自然保护区进行采矿，梵净山保护区管理局亦对紫玉公司的采矿行为予以认可。紫玉公司在没有办理环境影响评价、安全生产许可、占用林地许可、生物多样性影响评价的情况下，边建设边生产，置报批的开采方案不顾，采取爆破方式破坏性开采，资源毁坏率达 80%、产生 90% 以上的废渣碎石，还将部分矿洞转让给当地村民组，造成资源巨大浪费、生态环境严重破坏，保护区内堆积长数百米、宽数十米、深度难以测算的尾矿废渣，压覆植被，形成地质灾害隐患。2016 年 6 月采矿权期限届满，铜仁市国土局接收了紫玉公司延续采矿权申请并收取了相应费用。

诉前程序：2016 年 10 月 26 日，江口县检察院向铜仁市国土局发出检察建议书，要求依法撤销向紫玉公司颁发的证号为 5222000610002 的采矿许可证。2016 年 11 月 25 日，铜仁市国土局回复称："江口县德旺乡坝梅村杨家屯－上堰沟紫袍玉带石矿采矿权行政行为合法，依法不应当撤销。已暂停办理紫玉公司的江口县德旺乡杨家屯－上堰沟紫袍玉带石采矿许可证延续登记手续"。

2016 年 10 月 26 日，江口县检察院向梵净山保护区管理局发出检察建议书，要求该局根据《中华人民共和国自然保护区条例》第三十五条的规定依法对紫玉公司作出处理。2016 年 11 月 29 日，梵管局回复称：该局所属闵孝总站于 2007 年 7 月 24 日向紫玉公司下达停工通知，2009 年该局责令紫玉公司恢复被占林地，2011 年 12 月至 2014 年 12 月该局在保护区设三个点监守值班。2016 年 11 月 29 日，江口县检察院工作人员到江口县德旺乡坝梅村大火堰组杨家屯－上堰沟紫袍玉带石矿区实地查看，发现该公司未拆除土地上建筑物和对矿区进行恢复原状，导致国家和社会公共利益仍处于受侵害状态。

诉讼过程：江口县人民检察院遂向遵义市播州区人民法院提起行政公益诉讼，请求：1. 确认采矿许可行为违法；2. 确认铜仁市国土局、梵净山保护区管理局怠于履行监督管理法定职责的行为违法；3. 责令铜仁市国土局、梵净山保护区管理局履行环境治理监管职责。诉讼中，铜仁市国土局编制了环境治理方案并责令紫玉公司限期治理，但治理工程尚未开工。

遵义市播州区人民法院审理认为：铜仁市国土局作为铜仁市人民政府地质矿产行政主管部门，应当依法履行其权限范围内的矿业权设置、审批登记、矿山运营及停用后治理等监督管理职责。梵净山保护区管理局作为梵净山国家级自然保护区管理机构，应当在法律法规授权及相应行政主管机关委托的权限范围内正确履行自然保护区管理职责。梵净山保护区管理局、铜仁市国土局在未取得国务院授权的行政主管部门同意，未办理环境影响评价的情况下在自然保护区设置采矿权并许可紫玉公司采矿的行为违法。对紫玉公司破坏性开采，浪费矿产资源、破坏生态环境等行为，铜仁市国土局和梵净山保护区管理局均怠于履行监督管理法定职责，并有滥用职权许可其违法开采的行为，应确认违法。遂判决：1. 确认铜仁市国土局为紫玉公司颁发许可证行为违法；2. 确认铜仁市国土局和梵净山保护区管理局在对紫玉公司违法开采行为怠于履行监督管理法定职责的行为违法；3. 由铜仁市国土局对紫玉公司矿山环境修复治理工程履行监督管理职责至环境修复治理工程验收合格，由梵净山保护区管理局对环境修复治理工程进行全程监督管理。

宣判后，第三人紫玉公司不服提起上诉。二审判决驳回上诉，维持原判。

典型意义：本案涉及国家级自然保护区矿产资源和生态环境的保护。紫玉公司所开采矿区处于自然保护区内。铜仁市国土局、梵净山保护区管理局违法发放采矿许可证并怠于履行监管职责，致使自然保护区生态环境遭到严重破坏，矿产资源遭到极大浪费。本案判决确认铜仁市国土局、梵净山保护区管理局违法并要求其依法履行职责，监督紫玉公司修复受损生态环境，对于加强自然保护区生态环境和自然资源保护，矫正“靠山吃山”“牺牲环境谋发展”的错误发展观，树立绿色发展理念，坚守生态红线，还自然以宁静、和谐、美丽具有重要意义。

8. 山东省聊城市人民检察院诉路荣太事公益诉讼案

基本案情：2014 年 12 月至 2015 年 10 月，路荣太在未经相关部门审批且不具备清洗资质的情况下，使用强碱洗刷机油桶，并将未经无害化处理的强碱废液直接排入私自挖掘的渗坑内，对渗坑周边及地下土壤造成污染。淄博市周村区公安分局根据举报线索，并经对涉案地的排放液体取样鉴定，以路某某涉嫌污染环境罪将其逮捕，并移送检察机关提起公诉。2016 年 12 月 20 日，淄博市周村区人民法院以污染环境罪判决路荣太承担刑事责任。

诉前程序：淄博市检察院向淄博市民政局进行查询，根据《环保法》相关法律规定，目前淄博市辖区内没有符合提起民事公益诉讼条件的公益组织，且无法律规定的机关提起民事公益诉讼。

诉讼过程：2017 年 3 月 17 日，聊城市人民检察院根据山东省人民检察院的指定，依法向淄博市中级人民法院提起诉讼，请求依法判令路荣太消除危险、恢复原状；若不能恢复原状，则应赔偿生态环境修复费用并承担鉴定费及相关损失。

淄博市中级人民法院审理认为，路荣太因环境污染犯罪行为造成涉案地环境污染，事实清楚，证据充分。聊城市人民检察院要求路荣太承担污染土壤治理及生态修复的相关费用，于法有据，判决路荣太在判决生效后十日内，将污染治理及生态修复费 38400 元支付至山东省生态环境损害赔偿资金账户。

典型意义：本案是针对自然人实施的环境违法行为提起的民事公益诉讼案件。个人环境侵权行为具有行为隐蔽、污染周期长、监管困难的特点，由检察机关提起公益诉讼十分必要。通过对污染者环境污染行为的司法处理，加大其违法成本，有利于警示与威慑潜在的环境污染行为人。本案充分考虑路荣太作为自然人缺乏环境修复能力的客观事实，没有机械地判决其修复环境，而是依据环境保护主管部门对涉案地环境污染情况依法作出的生态修复实施意见，依法判令其支付生态修复资金到山东省生态环境损害赔偿资金账户，用于今后对涉案地的生态环境进行修复及补偿。本案的裁判结果既体现了法律对环境污染行为的有效惩治，又确保判决内容具有实际可执行性，具有一定示范意义。

9. 云南省普洱市人民检察院诉云南景谷矿冶有限公司民事公益诉讼案

基本案情：2015 年 3 月 7 日 20 时，景谷公司选冶厂 8 号料液输送管道发生断裂，导致硫酸铜料液通过排洪道泄漏，造成白象村民委员会和民乐村民委员会的部分农田、菜地被污染，并导致民乐镇部分河段鱼类死亡。景谷县环保局于 2015 年 3 月 8 日作出行政决定书，要求景谷公司停业整改，并于同年 4 月 7 日发出行政处罚决定书，对企业作出罚款 16 万元的行政处罚。

污染事故发生后，景谷公司与受害村民就污染造成的直接经济损失达成赔偿调解协议，景谷公司共计赔偿受害村民514928元。经景谷县环保局委托，云南德胜司法鉴定中心于2015年12月14日出具司法鉴定意见，认为此次环境污染损害数额量化结果为1358300元，其中包括：农田环境污染损害费用为528600元；生态环境损害修复费用为829700元。该鉴定数额不包含景谷公司通过调解协议赔偿受害村民的款项。景谷县环保局为此支出鉴定费400000元。

诉前程序：普洱市人民检察院经向普洱市民政局、普洱市环境科学学会调查查明，在普洱市辖区内没有符合《环境保护法》第五十八条规定具有诉讼主体资格的社会组织。普洱市民政局出具了情况说明，普洱市环境科学学会出具了证明。

诉讼过程：普洱市人民检察院向普洱市中级人民法院提起诉讼，请求：1. 判令景谷公司赔偿生态环境损害修复费用829700元至普洱市财政局指定的账户；2. 判令景谷公司支付司法鉴定费400000元至景谷县环保局。

诉讼过程中，普洱市人民检察院与景谷公司自愿达成调解协议：1. 由景谷公司赔偿生态环境损害修复费用829700元至普洱市财政局指定的账户；2. 景谷公司支付司法鉴定费400000元至景谷县环保局；3. 案件受理费15866元，减半收取7933元，由景谷公司负担。人民法院将民事公益诉讼起诉书、调解协议在法院公告栏、《人民法院报》、《普洱日报》进行了为期三十日的公告。公告期满后未收到任何意见或建议。人民法院经审查，认为调解协议不违反法律规定，不损害社会公共利益，遂于2017年1月16日出具民事调解书。调解书现已全部履行完毕。

典型意义：本案人民法院受理案件后，多次召开庭前会议，坚持案件审理以保护生态环境和资源为原则，以保护当地群众生产生活为重点，严格做到疑难问题及时讨论、新问题及时沟通，保证案件得到公平、合理、高效地审理。案件开庭审理时，邀请云南省相关检察机关及地方人大、政府、政协负责人进行了旁听，通过以案释法有力推动了当地政府依法行政，提升了公众的环保意识，取得了良好的社会效果。本案充分协调各方当事人，以修复环境为目的，以被告全额进行赔偿的调解方式结案，达到法律效果与社会效果的有机统一，为完善生态环境资源纠纷多元化解决机制的提供了实践样本。

10. 湖北省利川市人民检察院诉吴明安、赵世国、黄太宽刑事附带民事公益诉讼案

基本案情：2017 年 3 月 25 日，吴明安、赵世国将湖北省利川市元堡乡朝阳村村民刘某家的一头死因不明并经深埋处理的成年母牛偷偷挖出，分割后将四个牛腿（共计 150 斤）和牛头以 2300 元的价格销售给在毛坝集市专门从事牛肉销售生意的黄太宽，该批牛肉经黄太宽以每斤 18 元至 20 元不等的价格销售给附近村民及毛坝集市上的不特定消费者，销售获款 2890 元。

2017 年 4 月 6 日，吴明安、赵世国又以同样的方式将吴明安自家当日深埋的一头死因不明的成年母牛挖出，以 1800 元销售给黄明安，黄太宽将 102 斤牛肉在毛坝集市上以每斤 18 元至 20 元的价格销售给不特定的消费者，销售获款 2000 元。

吴明安、赵世国、黄太宽三人两次销售死因不明的牛肉共计获得销售价款 4890 元。利川市食品药品监督管理局组织有关专家就病死牛肉的危害后果进行认定，结论为：吴太宽、赵世国、黄太宽等人经营销售死因不明的牛及其制品，足以造成严重食物中毒事故或者其他严重食源性疾病。

2017年5月，利川市人民检察院通过网络发现一段村民挖掘被埋死牛的视频，即将该线索反馈该市食药监局，督促其依法履行监督职责，并联合展开调查。6月22日，利川市人民检察院启动立案监督程序，监督利川市食药监局将该案移送利川市公安局办理，同步监督利川市公安局依法立案侦查。同年8月1日，利川市人民检察院发现吴明安等三人生产销售不符合安全标准的食品可能损害社会公共利益，决定立案审查。

诉前程序：2017年8月8日，利川市人民检察院在检察日报发出公告，督促适格主体提起民事公益诉讼，公告期满后没有其他适格主体对该案提起诉讼，社会公共利益持续处于受侵害状态。

诉讼过程：2017年11月22日，利川市人民检察院向利川市人民法院提起刑事附带民事公益诉讼，诉请判令吴明安、赵世国、黄太宽共同支付牛肉销售价款十倍的赔偿金48900元，并在利川市市级公开媒体上赔礼道歉。

2017年12月8日，利川市人民法院公开开庭审理本案并当庭宣判。该院认为，吴明安等三人的行为损害了不特定消费者的生命健康权，除应受到刑事处罚外，还应承担相应的民事侵权责任，利川市人民检察院依照法律规定提起刑事附带民事公益诉讼，是维护社会公益的一种方式，程序合法，请求得当有据。在认定三人构成生产、销售不符合安全标准的食品罪，分别处以不同刑期的刑罚、罚金、追缴违法所得、禁止在缓刑考验期内从事食品生产、销售及相关活动的同时，判决：吴明安等三人赔偿人民币48900元并在利川市市级公开媒体上赔礼道歉。赔偿款付至利川市财政局非税收入汇缴结算户。

目前，吴明安等三人已于2017年1月23日在利川市电视台视点栏目公开道歉。赔偿款已部分执行到位，余款正在执行中。

典型意义：该案是检察机关提起的全国首例法院判决支持惩罚性赔偿的食品安全领域民事公益诉讼案件，也是检察机关综合运用检察职能加强对行政机关违法不行使职权、公安机关刑事立案监督和对违法犯罪行为人刑事责任和民事责任追究的典型案例。本案首次提出了惩罚性赔偿的诉讼请求并得到法院支持，以刑事附带民事公益诉讼的方式提起诉讼，并提出在当地公开媒体上赔礼道歉，节约了司法资源，提高了司法效率。是综合运用检察职能办案的优秀范例。同时，加强了对行政机关违法行使职权的监督和对行为人刑事责任、民事责任的一并追究，最大限度地维护了社会公共利益。

部分新闻链接

1. 新华社 2018 年 3 月 2 日报道《两高发布司法解释：明确检察机关是“公益诉讼起诉人”》

2. 中央电视台中文国际频道（CCTV-4）2018 年 3 月 3 日报道《两高：明确检察机关是“公益诉讼起诉人”》

3. 中央电视台新闻频道（CCTV-13）2018 年 3 月 3 日报道《两高发布司法解释　明确检察机关是“公益诉讼起诉人”》

4. 法制日报 2018 年 3 月 3 日报道《“两高”发布 10 个检察公益诉讼典型案例　诉前检察建议防范“网络点餐”风险》

5. 北京晨报 2018 年 3 月 3 日报道《公益诉讼增加刑事附带民事新类型》

6. 北京青年报 2018 年 3 月 3 日报道《最高人民法院　最高人民检察院关于检察公益诉讼案件适用法律若干问题的解释》明确检察机关是公益诉讼起诉人》

7. 光明网 2018 年 3 月 2 日报道《“两高”联合发布关于检察公益诉讼案件司法解释》

尊重知识产权　强化司法保护

最高人民检察院通报检察机关加强知识产权司法保护工作情况

发布时间： 2018 年 4 月 25 日 14:00

发布内容： 通报 2017 年检察机关保护知识产权工作情况，发布“2017 年度检察机关保护知识产权十大典型案例”

发布地点： 最高人民检察院

主 持 人： 最高人民检察院新闻发言人　肖玮

出席嘉宾： 最高人民检察院侦查监督厅副厅长　韩晓峰①
最高人民检察院民事行政检察厅副厅长　贾小刚②
最高人民检察院法律政策研究室副主任　缐杰
最高人民检察院公诉厅二级高级检察官　王文利③

---

① 现任最高人民检察院第三检察厅副厅长。
② 现任最高人民检察院第六检察厅副厅长。
③ 现任最高人民检察院第四检察厅二级高级检察官。

主题发布

肖 玮

各位记者朋友们，大家下午好！欢迎参加最高人民检察院新闻发布会。4 月 26 日，我们将迎来第 18 个世界知识产权日。为加强知识产权宣传普及，提升全社会知识产权意识，最高人民检察院于今天下午召开新闻发布会。

此次发布会的主题是“尊重知识产权，强化司法保护”，共有三项议程：一是通报 2017 年检察机关保护知识产权工作情况，二是发布“2017 年检察机关保护知识产权十大典型案例”，三是回答记者提问。

出席今天发布会的有最高人民检察院侦查监督厅韩晓峰副厅长、民事行政检察厅贾小刚副厅长、法律政策研究室缐杰副主任、公诉厅王文利二级高级检察官。下面，我先向大家通报一下检察机关保护知识产权工作情况。

党的十九大强调，加快建设创新型国家，倡导创新文化，强化知识产权创造、保护、运用。4 月 10 日，国家主席习近平在博鳌亚洲论坛 2018 年年会开幕式发表主旨演讲时强调指出，加强知识产权保护是完善产权保护制度最重要的内容，也是提高中国经济竞争力最大的激励，中国将完善执法力量，加大执法力度，把违法成本显著提上去，把法律震慑作用充分发挥出来。

2017 年，全国检察机关深入学习贯彻党的十九大精神，坚持以习近平新时代中国特色社会主义思想为指导，坚持保护知识产权就是保护创新的理念，积极履行各项法律监督职责，依法打击侵犯知识产权犯罪，全面加强知识产权司法保护，取得了新的进展和成效。

一、加大打击力度，保持对侵犯知识产权犯罪高压态势

一是依法审查批捕、起诉侵犯知识产权犯罪案件。2017年，全国检察机关共批准逮捕涉知识产权犯罪2510件4272人，提起公诉涉知识产权犯罪3674件6809人。其中，批捕假冒注册商标罪，销售假冒注册商标的商品罪，非法制造、销售非法制造的注册商标标识罪犯罪嫌疑人3975人，提起公诉6468人，分别占侵犯知识产权犯罪的93.1%和95.0%；批捕侵犯著作权罪67件115人，提起公诉156件272人；批捕侵犯商业秘密罪32件59人，提起公诉24件61人；批捕数罪中含侵犯知识产权罪9件27人；批捕他罪中含侵犯知识产权行为48件87人。

北京市检察机关成功起诉跨境代加工假冒苹果手机案、全国最大盗版儿童绘本案；江苏省泰州市检察机关在办理生产、销售假冒“太太乐”鸡精系列案中，围绕商标标识的来源及流向，深挖背后的侵犯知识产权犯罪，依法成功起诉了石某等人非法制造、销售非法制造的注册商标标识案，眭某等人销售假冒注册商标的商品案共3件11人。

二是充分发挥诉讼监督职能，加大知识产权保护力度。检察机关充分发挥刑事立案监督、民事行政抗诉、执行监督等法律监督职能，及时纠正商标侵权假冒领域的有案不移、有案不立、以罚代刑、裁判不公、执行不力等问题。以打击侵犯知识产权犯罪为重点，深入开展对行政执法机关移送涉嫌犯罪案件和公安机关刑事立案活动的监督，防止和纠正有案不移、有案不立和以罚代刑。

2017年，全国检察机关共监督公安机关立案侵犯知识产权犯罪案件180件211人。向公安机关提出书面纠正涉知识产权犯罪案件侦查活动中的违法行为86件次，公安机关已纠正68件次。单独挂牌督办了10起侵犯知识产权犯罪重大典型案件，与有关部门联合挂牌督办了29起侵犯知识产权犯罪重大典型案件。

三是注重提前介入，提高指控犯罪能力。对重大侵犯知识产权犯罪案件，检察机关指派办案骨干提前介入侦查活动，及时引导侦查思路，明确侦查方向，有针对性地提出收集、固定、完善证据的意见和建议，

确保侦查取证有效性和案件准确性。

北京市海淀区检察院知识产权部成功提前介入12起侵犯知识产权案件。在出庭指控犯罪时，检察机关高度重视对物证、书证、电子证据等客观性证据的运用，围绕侵犯知识产权犯罪构成要件的认定、犯罪数额、情节和案件争议焦点等，科学合理示证，充分有力质证答辩，保证了对侵犯知识产权犯罪的指控效果。

二、积极探索专业化办案模式，提升办理知识产权案件能力水平

针对知识产权犯罪专业化、科技化含量高的特点，检察机关多措并举，探索建立专业化办案模式，不断提升办理知识产权案件能力水平。

一是建立专门化办案部门。目前，全国已有13个省份的检察机关设立了专门负责办理知识产权类犯罪案件的机构，如上海市检察院第三分院设立了知识产权检察处、湖南省长沙市检察院设立了知识产权检察局、江苏省苏州市检察院设立了知识产权检察室。

二是建立专业化办案队伍。选派具有知识产权专业知识、办案经验丰富的检察官组建专业化办案队伍，有针对性地培养专业复合型人才，提升办案人员的业务水平，适应检察机关办理疑难、复杂知识产权案件需要。

三是探索知识产权案件集中快速办理机制。北京、上海、江苏等地对知识产权案件推行区域集中办理，部分地方对侵犯知识产权案件实行“捕、诉、监、防”一体化办案，即将审查逮捕、审查起诉、诉讼监督、犯罪预防工作全部集中由一个办案部门或办案组负责。山东检察机关建立审查起诉“绿色通道”，对知识产权案件安排专人优先审查，提高办案质效。

四是建立专家库，服务知识产权检察业务。北京、上海建立了由知识产权业界、司法实务、法学理论研究专家、律师等组成的专家库，开展业务培训、个案咨询、类案研讨等，为检察机关办案、人才培养提供智力支持。

五是不断强化知识产权业务培训。各地检察机关通过邀请知识产权法学专家、技术专家授课，召开知识产权研讨会等方式，加强业务培训，促进提升检察人员办理知识产权案件的能力和水平。

三、创新工作方法，全面加强对知识产权司法保护

一是加强知识产权司法保护宏观指导。2017 年 1 月，最高人民检察院印发《关于充分履行检察职能加强产权司法保护的意见》，明确要求“依法惩治侵犯知识产权和制售假冒伪劣商品犯罪，突出打击链条式、产业化侵犯知识产权犯罪，以及具有反复侵权、恶意侵权、网络侵权、有组织侵权等恶劣情节的犯罪”。

12 月 4 日，最高人民检察院印发《关于充分发挥职能作用营造保护企业家合法权益的法治环境支持企业家创新创业的通知》，要求各级检察机关“依法惩治侵犯企业知识产权等各类产权、背信损害企业利益以及其他严重扰乱市场秩序的犯罪，有力维护健康有序的市场秩序”。

12 月 20 日，最高人民检察院会同公安部修订印发《关于公安机关办理经济犯罪案件的若干规定》，对包括侵犯知识产权犯罪案件的经济犯罪案件办理作出了明确规定。通过制定这些重要指导性意见或者司法解释性质文件，知识产权司法保护理念在检察司法办案环节得到进一步强化。

二是积极推动“两法衔接”机制建设运行。最高人民检察院积极推进建立健全“两法衔接”工作机制，进一步推动各地加强“两法衔接”信息共享平台的高效利用，广东、四川、宁夏等 30 个省（自治区、直辖市）建成打击侵权假冒执法司法信息共享平台，其中检察机关主导建成 10 个。

积极参与推进“健全行政执法与刑事司法衔接机制”改革任务，就检察机关开展“两法衔接”工作进行专题调研，向有关部门报送了《检察机关推进“两法衔接”工作评估报告》。派员参与打击侵权假冒绩效现场考核组赴福建、吉林等省市进行现场考核，并配合全国打击侵犯知识产权和制售假冒伪劣商品工作领导小组办公室（全国“双打办”）考核了各省级检察机关打击侵权假冒犯罪工作情况。

最高人民检察院承办了多份全国人大代表和政协委员提出的关于“完善行政执法与刑事司法衔接机制”的建议、议案答复工作，得到了

代表委员的高度认可。

三是加强涉知识产权民事行政检察监督。检察机关注重通过依法支持企业、知识产权集体管理组织进行诉讼的形式来保护知识产权。如湖南省长沙市检察院成功办理了支持江西江中制药（集团）有限责任公司起诉长沙市望城区达湘源食品厂等企业、店铺商标侵权案，有力保护了江中制药享有的“猴姑”文字商标、“江中猴姑”商标专用权等合法权益。长沙市天心区检察院成功办理了支持中国音像著作权集体管理协会起诉湘府吉园娱乐城等 KTV 娱乐场所侵犯著作权系列案。

2017 年以来，全国检察机关对知识产权纠纷类民事行政检察案件支持当事人起诉 38 件。检察机关还注重加强对知识产权纠纷案件的执行监督。湖北省钟祥市检察院通过提出执行监督检察建议，促使一起执行时间长达 6 年的台胞著作权受侵犯执行积案得到圆满解决。福建省泉州市检察院开展了“知识产权涉财产执行案件检察监督”专项工作，提出的执行监督检察建议获法院采纳。

四是加强与公安机关、法院等协作配合，促进规范高效办案。就知识产权案件诉讼证据和法律适用等问题，检察机关加强与法院、公安机关及其他行政机关协作配合，共同研究、制定统一标准，促进规范高效办案。贵州省贵阳市检察院会同市中级法院、公安局、司法局召开知识产权刑事案件专题联席会议，形成了四家会签的会议纪要，就案件中隐匿身份、非法经营数额、强制措施及判决执行等问题形成了一致意见。深圳市检察院会同市中级法院、市公安局以及市价格认证中心等相关部门会签了《关于办理侵犯知识产权刑事案件侵权产品价格认定相关问题的意见》，对侵权产品价格认定等问题统一作出规范。

检察机关还及时将办案中发现的行政监管不到位、管理漏洞等问题反馈给行政执法机关和行业主管部门，以加大行政监管力度，为预防和打击犯罪提供保障。

五是加强宣传教育，营造知识产权司法保护合力。各级检察机关在依法办理知识产权案件的同时，积极借助“国际消费者权益日”“世界知识产权日”等契机，综合运用检察建议、案例手册、新闻媒体等方式加强宣传，引导社会公众和企业经营者不断提升合法经营和知识产权保护意识，扩大保护效应。

最高人民检察院连续5年发布“年度中国检察机关知识产权保护十大典型案例”，北京市检察院发布《2016年北京市检察机关知识产权刑事保护白皮书》。检察机关还积极开展送法进企业活动，重点针对企业知识产权管理者、关键技术岗位人员、科技企业员工开展知识产权法律知识的普及宣传，提升企业及相关人员尊重、维护知识产权意识。北京市海淀区检察院汇编案例并印制《侵犯知识产权刑事案件取证指引手册》，向有关行政执法机关和中关村高新企业发放，收到良好反响。

四、下一步工作打算

加强知识产权司法保护，是检察机关贯彻落实中央精神，积极服务“五位一体”总体布局和“四个全面”战略布局的重要内容。习近平总书记今年全国两会期间在参加代表团审议时指出，发展是第一要务，人才是第一资源，创新是第一动力。《政府工作报告》也对深入实施创新驱动发展战略，加快建设创新型国家作出明确部署。全国检察机关将深入学习贯彻习近平总书记重要讲话精神和全国两会精神，全面履行法律监督职责，服务知识产权强国建设，努力为新时代经济社会持续健康发展提供良好法治保障。

一是严厉打击侵犯知识产权特别是恶意侵权、反复侵权犯罪，重点查办情节严重、影响恶劣的侵犯知识产权犯罪案件。对侵犯前瞻性基础研究、引领性原创成果、颠覆性技术创新等领域知识产权构成犯罪的，以及其他在全国范围内有重大影响的侵犯知识产权犯罪案件，将予以挂牌督办。进一步加强对知识产权领域新类型案件的研究和办案指导。

二是加强对知识产权纠纷案件的法律监督，不断完善知识产权保护法律保障体系。通过抗诉、检察建议、支持起诉、督促履行职责等多种监督方式对知识产权纠纷类案件加强法律监督。与人民法院加强沟通协作，共同研究规范和促进知识产权纠纷案件审判和执行工作的方法措施。

三是深入推进行政执法与刑事司法衔接工作，结合“大数据”应用和“智慧检务”建设，加强与有关部门联系协作，有效利用现有“两法衔接”信息平台，提高办理知识产权案件质量效率，促进行政执法机关依法行政。

四是针对办理知识产权案件中发现的相关行业主管部门、行业协会工作中存在的薄弱环节、管理漏洞等，及时发出检察建议，积极开展个案预防和行业预防，完善知识产权保护社会保障体系。

五是进一步加强队伍专业化建设，推行建立专门的知识产权办案机构或办案组，重点培养一批专家型知识产权检察人才，形成专业化团队。设立专业的咨询委员会，参与知识产权等特殊司法案件办理与咨询。

六是密切与其他国家、地区在知识产权司法保护方面的协作，加强信息共享和经验交流，促进知识产权司法保护国际、区域间合作。

下面进行第二项议程，发布2017年检察机关保护知识产权十大典型案例。这些案例已经作为“新闻发布会材料二”印发给大家。为了便于大家更好地了解掌握这些案例，现在请韩晓峰副厅长介绍十大典型案例评选工作有关情况。

韩晓峰

各位记者，我现在简单向大家介绍一下2017年度全国检察机关保护知识产权十大典型案例的评选情况。

根据最高人民检察院的工作安排，我们于今年2月启动保护知识产权案例评选工作，各省级检察院根据最高人民检察院的要求，采取自下而上、层层推荐、逐级审核的方式，共上报86件法律效果好、社会影响大、检察机关发挥了重要作用且已有生效判决的侵犯知识产权犯罪典型案件。在此基础上，最高人民检察院组织骨干力量筛选出15件备选案例。

4月17日上午，我们邀请全国打击侵权假冒工作办公室、国家工商总局商标局、国家知识产权局保护协调司、国家版权局版权管理司、公安部经济犯罪侦查局、最高人民法院知识产权庭及最高人民检察院相关部门同志，以及北京大学法学院、中国科学院的学者，共 10 人组成评审委员会。评审委员会从 15 件备选案例中评选出了 10 件案件。经过公示，决定将这 10 个案例作为“2017 年度全国检察机关保护知识产权十大典型案例”正式公布。

1. 江苏无锡市张承兵等人假冒注册商标、洪立洲等人销售假冒注册商标的商品、黄孟浩非法制造、销售非法制造的注册商标标识案；2. 北京海淀区宗冉、陈令杰、王旭侵犯著作权案；3. 陕西商洛市聂忠桥、吴传霞销售假冒注册商标的商品案；4. 天津河北区魏伟、张玉鹏等 7 人假冒注册商标案；5. 云南曲靖市赵广生等 6 人假冒注册商标案；6. 四川成都市林文勇、马骏、张翔侵犯著作权案；7. 安徽合肥市徐林、李玉福销售假冒注册商标的商品案；8. 山东沂水县刘竹丽、刘竹春销售非法制造的注册商标标识、销售假冒注册商标的商品案；9. 福建宁德市张五堂、钟开富侵犯商业秘密案；10. 湖南长沙市中国音像著作权集体管理协会因著作权侵权纠纷申请支持起诉系列案。

这批案例是检察机关发挥职能，依法办理的保护知识产权案件的代表。有的是检察机关主动发现线索从而得以成案的，如云南曲靖市赵广生等 6 人假冒注册商标案是在行政执法与刑事司法衔接信息共享平台中发现线索；山东沂水县刘竹丽、刘竹春销售非法制造的注册商标标识、销售假冒注册商标的商品案是在办理延长侦查羁押期限案件中发现案件线索。

有的检察机关在事实认定、证据收集、堵塞管理漏洞等方面发挥了重要作用，如安徽合肥市徐林、李玉福销售假冒注册商标的商品案，天津河北区魏伟、张玉鹏等 7 人假冒注册商标案等。

这些案例中，既有保护国内品牌，如“海鸥”手表、“徐福记”酥糖、国产化肥的案例，又有保护国际知名品牌，如 Dove、特百惠等案例。这些案件的办理都彰显了在知识产权刑事司法保护工作中检察机关的地位和作用，体现出检察机关在保护知识产权工作中作出的努力和贡献。谢谢各位媒体朋友的关注和支持。

现场答问

法制日报记者 张 晨

在知识产权保护中，检察机关如何加强行政执法与刑事司法的有效衔接？

韩晓峰

近年来，检察机关在知识产权刑事司法保护工作中，注重与公安机关和有关知识产权行政执法机关的沟通配合，努力构建行政执法与刑事司法衔接工作机制，及时将行政执法中发现的涉嫌犯罪案件移送侦查机关，依法打击侵犯知识产权犯罪。

一是积极推进“两法衔接”工作机制建设，增强保护知识产权工作合力。各级检察机关会同公安机关、法院和相关行政执法机关积极研究“两法衔接”工作中遇到的问题，通过会商研究出台了一系列的指导意见、工作办法、会议纪要等规范性文件，进一步建立健全联席会议、信息共享、案情通报、案件移送、案件咨询、备案审查、监督考核等制度，完善了案件移送标准和程序，形成了打击侵犯知识产权违法犯罪的合力。这些制度较好地解决了包括侵犯知识产权在内的案件办理中遇到的问题，明显提升了案件办理的效率和质量。

二是积极推动“两法衔接”信息共享平台建设，促进执法司法信息的互联互通。最高人民检察院与全国打击侵犯知识产权和制售假冒伪劣商品工作领导小组办公室密切协作，推动“双打”领域信息共享平台建立，目前全国已有 30 个省（自治区、直辖市）建成省级信息共享平台（新疆暂未建成），其中由检察机关牵头建设完成 10 个。同时，不少省（自治区、直辖市）还牵头建成了包含知识产权在内的两法衔接信息共享平台，中央层面的两法衔接平台也正在研发建设过程中。检察机关将充分发挥这些平台的作用，通过信息化手段实现执法、司法信息互联互通，推动行政执法与刑事司法信息共享，努力实现行政执法与刑事司法的无缝衔接。

三是依托“两法衔接”信息共享平台，扩大案件线索来源。检察机关的立案监督工作一直受制于案件线索来源不畅等因素，两法衔接机制特别是两法衔接信息平台为我们拓宽线索来源提供了空间。近些年来，检察机关充分发挥信息共享平台的作用，同时与相关行政执法部门沟通配合，建议移送了一批、公安机关立案侦查了一批侵犯知识产权犯罪案件。对促进行政执法机关依法行政，促进公安机关、人民检察院依法惩治知识产权犯罪起到积极作用。

民主与法制时报记者　孙梦凡

结合检察机关的办案工作看，当前侵犯知识产权犯罪案件的主要特点有哪些？

王文利

从检察机关公诉部门办理的案件来看，侵犯知识产权犯罪主要有以下特点：

一是案件类型依然相对集中。正像刚才发言人介绍的，知识产权刑事案件相对集中于侵犯商标权类案件，即假冒注册商标罪、销售假冒注册商标的商品罪和非法制造、销售非法制造的注册商标标识罪三个罪名，这三类案件 2017 年起诉的案件数量和人数，均占同期起诉知识产权犯罪案件数量和人数的 90% 以上。一些不法制造商采用“傍名牌”“搭便车”等不正当方式，假冒他人注册商标或采用与他人知名商标近似标识，混淆社会消费群体的主观判断，获取暴利。

二是沿海经济发达地区案件数量大。2017 年，全国检察机关起诉案件数量居于前 5 位的分别是广东、江苏、浙江、福建、上海，这 5 省（直辖市）占同期全国起诉件数的 60.8%。一方面反映出这些地区公安司法机关查办案件工作力度大，另一方面也说明这些地区侵犯知识产权犯罪活动较为活跃。

三是利用移动互联网实施侵权犯罪日益凸显。犯罪分子借助互联网和电子商务平台销售假冒注册商标的商品，以营利为目的未经著作权人许可复制发行计算机软件，或利用网络技术运用外挂服务器、云平台、深度链接等犯罪手段，实施知识产权犯罪。该类案件技术含量高，隐蔽性强，链条化、网络化和跨区域化更为突出。

四是多为共同犯罪，知识产权行业特点决定了社会化分工合作，侵犯知识产权犯罪嫌疑人为实施侵犯知识产权犯罪往往相互之间分工合作，尤其是家庭式作案较多，亲戚、熟人团伙式作案方式突出。

五是犯罪人身份较为特定。商标类和著作权类案件犯罪嫌疑人多为个体经营者、中小企业、网站经营者，利用自己经营的公司、企业、店铺包括网店生产、销售侵权产品。侵犯商业秘密案则主要是掌握企业核心技术秘密的技术人员和管理人员。

六是侵权犯罪领域广泛。既涉及日常生活的方方面面，如食品、酒水、药品、洗涤日化、文体用品、手表、服装、五金家电等，也包括建材、机械等生产领域。就具体罪名来看，商标权案件，侵犯中外驰名商标较为突出，如假冒“茅台”“五粮液”等名牌烟酒，假冒国外名牌运动鞋以及名牌皮具，发案多、案值大。侵犯著作权案件既有传统的文艺作品、书籍，也有动漫游戏、计算机软件等。侵犯商业秘密案件多针对高科技、创新型企业。

新京报记者 王梦遥

知识产权对于很多企业尤其是民营企业的发展有着重要意义，2017年检察机关在知识产权保护、维护营商环境方面做了哪些工作，有哪些成效呢？

缐 杰

党的十九大报告中强调要“倡导创新文化，强化知识产权创造、保护、运用”。知识产权作为企业产权中极具价值的无形资产，对企业的生存和发展尤为重要。近年来，全国检察机关充分发挥检察职能，切实加强对知识产权的司法保护。

2017年全国检察机关在知识产权保护、维护营商环境方面主要做了以下几方面工作：

一是在制定出台涉产权等重要政策性文件时，不断强化知识产权司法保护的理念和要求。2017年1月6日，最高人民检察院印发《最高人民检察院关于充分履行检察职能加强产权司法保护的意见》（高检发〔2017〕1号），明确提出“坚持全面保护原则，全面保护物权、债权、股权、知识产权等各种类型的财产权，切实维护产权主体的合法权益”，“依法惩治侵犯知识产权和制售假冒伪劣商品犯罪，突出打击链条式、产业化侵犯知识产权犯罪，以及具有反复侵权、恶意侵权、网络侵权、有组织侵权等恶劣情节的犯罪，加大对涉外知识产权犯罪打击力度”。

2017年12月4日，最高人民检察院印发《最高人民检察院关于充分发挥职能作用营造保护企业家合法权益的法治环境支持企业家创新创业的通知》（高检发〔2017〕12号），进一步提出要“依法惩治侵犯企业知识产权等各类产权、背信损害企业利益以及其他严重扰乱市场秩序的犯罪，有力维护健康有序的市场秩序，营造促进企业家公平竞争、诚信经营的市场环境。贯彻落实非法证据排除等办案制度，探索完善侵犯知识产权案件的诉讼证据规则，依法保护企业家创新权益”。

二是抓好《关于充分发挥检察职能依法保障和促进科技创新的意见》（以下简称《科技创新意见》）的贯彻落实，努力形成保障和促进科技创新发展的合力。《科技创新意见》制定下发后，全国检察机关把贯彻落实《科技创新意见》各项规定作为科技创新提供有力司法保障作为一项重要任务，加强领导，强化措施，严格责任，狠抓落实。各级检察机关加强对科技创新的司法保护，维护科技创新主体合法权益；准确把握法律政策界限，改进司法办案方式方法，提高服务科技创新的能力水平；加强与政府科技、教育等部门以及各级科协的协作配合，取得了比较好的成效。

三是组织和指导地方开展试点，提升办理知识产权案件的专业化水平。在人民法院推进知识产权“三审合一”改革的背景下，北京、上海、广州、南京、长沙等地均在检察机关内部设置知识产权检察机构，统一办理涉及知识产权的刑事、民事、行政案件，强化对法院知识产权案件审判和执行活动的检察监督。比如，湖南省长沙市检察院成立知识产权检察局；上海市浦东新区检察院在区知识产权局和张江高科技片区设立检察官办公室，主要开展知识产权检察监督工作。同时，最高人民检察院还组织力量开展专题调研，加强对知识产权专门检察机构开展民事、行政诉讼监督工作的指导。

四是重视案例的示范和指导功能，发布典型案例，加强对知识产权的依法保护。2017 年 5 月，最高人民检察院发布了“2016 年度检察机关知识产权保护十大典型案例”，为全国检察机关处理同类案件提供指导和参考，规范检察官司法办案行为，促进正确行使自由裁量权，促进法律统一公正实施。

法制网记者 赵 颖

知识产权保护涉及行政执法、民事、刑事等领域，检察机关在知识产权保护方面是如何保证彼此的衔接呢？

贾小刚

在法院系统推进知识产权刑事、民事、行政案件“三审合一”改革的同时，检察机关也进一步加强了刑事、民事、行政领域知识产权检察保护范围、程序、方式的衔接。

一是探索知识产权检察监督职能整合。通过成立知识产权检察专门机构或者组建专业化办案团队，归口负责、集中办理、统一履行知识产权检察监督职责。如湖南长沙市检察院知识产权检察局的职责涵盖：知识产权领域行政监管及行政执法活动的法律监督工作；知识产权领域刑事案件的审查逮捕、审查起诉、出庭公诉等工作；对不服人民法院涉及知识产权领域的民事、行政诉讼活动的法律监督；对涉及知识产权领域的刑事诉讼活动进行法律监督；知识产权领域的支持、督促起诉和公益诉讼等工作；移送涉及知识产权领域行政监管和行政执法中的职务违法和职务犯罪案件线索；开展涉及知识产权领域的犯罪预防和法律服务工作。

二是加强民事、行政、刑事办案思路融合。在办理知识产权检察监督案件特别是重大疑难复杂案件过程中，注意综合分析研判相关法律规定、证明规则、监督规律等，全面准确追究法律责任。如上海市检察院第三分院在办理涉日本著名漫画家宫崎骏龙猫形象的假冒注册商标案过程中，注意借鉴民事检察监督办案思路，利用民事在先权利保护原则和侵犯著作权的“实质性相似 + 接触”的证明规则，解决了刑事案件中专利权与著作权冲突问题，使得案件得以顺利审结。

三是推进知识产权检察监督大数据聚合。加快智慧检务建设，在全国检察机关统一业务应用系统和检察工作网中，实现知识产权刑事、民事、行政检察监督案件线索自动推送和监督意见相互抄送。加快与政法机关、行政执法机关信息网络的互联互通，争取各类知识产权检察保护需求依法有序进入检察机关法律监督程序。

人民日报记者　彭　波

检察公益诉讼制度如何在知识产权司法保护中发挥作用？

贾小刚

知识产权作为产权的重要类型，当其属于国有财产时，其所有权行使后果与国家利益和社会公共利益密切相关。在国有财产保护领域，对于在国有知识产权使用、收益、处分过程中造成国有财产流失的违法行为，检察公益诉讼能够依法发挥公益保护作用。

知识产权技术、产品在生态环境和资源保护、食品药品安全领域具体应用中发生损害国家利益和社会公共利益、侵害众多消费者合法权益的违法行为，检察机关也可以依法开展公益诉讼工作。

中央广播电视总台央广记者　孙　莹

如何在司法实践中切实解决侵犯知识产权违法成本低的问题？

缐　杰

国家主席习近平在博鳌亚洲论坛2018年年会开幕式上的主旨演讲中强调，我国要加强知识产权保护，加大执法力度，把违法成本显著提上去，把法律威慑作用充分发挥出来。司法实践中，检察机关高度重视解决侵犯知识产权违法犯罪成本低的问题。

一是突出刑事打击重点，对侵犯知识产权犯罪加大打击力度。2016年7月下发的《最高人民检察院关于充分发挥检察职能依法保障和促进科技创新的意见》（以下称《科技创新意见》）强调，检察机关要加大对互联网文学、音乐、影视、游戏、动漫、软件等领域网络侵权盗版犯罪的打击力度；加大对涉及国家重大战略需求、重大科研项目和工程、关键核心技术以及优势产业等领域的假冒专利犯罪的打击力度；加大对采用盗窃、利诱、胁迫等非法手段侵犯科技创新主体商业秘密犯罪的打击力度。

同时，《科技创新意见》还着重提出对于涉及高新技术、关键核心技术，事关国家和社会利益，直接关系人民群众生命安全和健康，以及网络侵权、跨地区跨国境有组织侵权等严重侵权假冒犯罪开展重点打击和专项整治。

二是用足用好司法解释相关规定，把刑事制裁落到实处。近年来，最高人民检察院会同最高人民法院、公安部先后出台了《关于办理侵犯知识产权刑事案件具体应用法律若干问题的解释》《关于办理侵犯知识产权刑事案件具体应用法律若干问题的解释（二）》《关于办理侵犯知识产权刑事案件适用法律若干问题的意见》等司法解释和司法解释性质文件，对侵犯知识产权犯罪的定罪量刑标准以及不适用缓刑情形、罚金刑等问题作出了明确规定。

司法实践中，检察机关对于具有司法解释规定一般不适用缓刑情形的反复侵权、恶意侵权行为人，可以依法向人民法院提出不适用缓刑的量刑建议；在依法追究反复侵权、恶意侵权行为人的刑事责任时，积极配合法院综合运用追缴违法所得、收缴犯罪工具、判处罚金刑、责令赔偿损失、禁止从事相关职业等惩治手段，从源头上剥夺行为人的再侵权能力和条件，消除再侵权的危险。

三是加强知识产权领域行政执法与刑事司法衔接工作，形成打击合力。近年来，检察机关会同相关行政执法机关、公安机关建立健全行政执法与刑事司法衔接的长效机制，加强跨地区、跨部门执法司法协作与联动机制建设，完善线索通报、信息共享、证据移交、案件协调等协作机制，着力打击链条式、产业化侵犯知识产权犯罪，努力形成刑事处罚和行政处罚的合力。

典型案例

2017年度全国检察机关保护知识产权十大典型案例

典型案例一：江苏无锡市张承兵等人假冒注册商标、洪立洲等人销售假冒注册商标的商品、黄孟浩非法制造、销售非法制造的注册商标标识案

一、案件事实

（一）假冒注册商标部分

1. 2014年9月至2015年12月间，由被告人张承兵提议，被告人王家财、徐绍兵与张承兵三人经合谋并共同出资，在未经注册商标所有权人许可的情况下，假冒使用美国玛氏公司的“德芙DOVE”注册商标，在安徽省芜湖县湾沚镇华特橡塑厂内生产、制作巧克力并进行销售，非法经营数额共计人民币2103850元。

2016年1月7日，公安机关在被告人王家财、张承兵、徐绍兵进行生产的安徽省芜湖县湾沚镇华特橡塑厂内查获假冒的散装“德芙”巧克力12100粒、整箱“德芙”巧克力153箱计306000粒。

2. 2015年10月至12月，被告人王家财、胡克华经合谋，由王家财负责出资、生产，胡克华负责联系制作商标标识，在未经注册商标所有权人许可的情况下，假冒使用意大利费列罗集团的“FERRERO ROCHER”的注册商标，在安徽省芜湖县湾沚镇喇叭口大道一处民房内生产、制作巧克力。后被告人王家财以每箱人民币400元的价格，销售给洪立洲、徐中生、林

瑞平等人假冒的“费列罗”巧克力计300箱，非法经营数额计人民币118700元。

2016年1月8日，公安机关在被告人王家财、胡克华进行生产的民房内查获假冒的“费列罗”巧克力18360粒。

（二）销售假冒注册商标的商品部分

2014年10月至12月，被告人洪立洲明知从被告人王家财处购得的“德芙”巧克力系假冒注册商标的商品，仍在其经营的无锡市新吴区塘南招商城副食品市场店铺内销售给被告人徐留军假冒的“德芙”巧克力749箱，销售金额共计人民币462500元。

2014年10月至12月，被告人徐留军明知从被告人洪立洲处购得的“德芙”巧克力系假冒注册商标的商品，仍在江苏省溧阳市将上述749箱假冒的“德芙”巧克力销售给叶玉庆，销售金额共计人民币570840元。

2015年10月至2016年3月，被告人钱社明明知从被告人张承兵处购得的“德芙”巧克力系假冒注册商标的商品，仍在江苏省南京市江宁区众彩物流农副产品配送中心销售给孔令金假冒的“德芙”巧克力约600箱，销售金额共计人民币302200元。

2016年1月7日，公安机关在被告人洪立洲经营的无锡市新吴区塘南招商城副食品市场100号及7号、14号仓库内查获假冒的“费列罗”巧克力5370粒。2016年1月20日，公安机关在叶玉庆处查获假冒的“德芙”巧克力139箱。

（三）非法制造、销售非法制造的注册商标标识部分

2015年9月至11月，被告人黄孟浩未经注册商标所有权人授权许可的情况下，非法制造印有费列罗集团的“FERRERO ROCHER”注册商标标识的塑料包装纸5万张、底版纸5万张、圆形小贴纸100万余枚，后被告人黄孟浩将上述商标标识以人民币10万余元的价格销售给被告人王家财。

二、诉讼过程

2015年5月7日，原无锡市公安局新区分局治安大队、旺庄派出所民警在工作中发现塘南招商城副食品市场100号鸿运喜铺涉嫌销售假冒的德芙巧克力，店方负责人洪立洲等人有犯罪嫌疑。公安机关接报后，对该案立案侦查。原无锡市开发区人民检察院了解情况后，及时、主动派员介入，对该案进行引导取证，并及时对符合逮捕条件的涉案人员作出批准逮捕决定。2016年4月6日，原无锡市公安局新区分局侦查终结，以被告人张承兵、王家财、徐绍兵、胡克华涉嫌假冒注册商标罪，被告人徐留军、洪立洲、钱社明涉嫌销售假冒注册商标的商品罪，被告人黄孟浩涉嫌非法制造、销售非法制造的注册商标标识罪向检察院移送审查起诉。无锡市新吴区人民检察院于同年10月20日向原无锡高新区人民法院提起公诉，2017年1月17日，无锡市新吴区人民法院（原无锡高新区人民法院）作出一审判决，被告人张承兵犯假冒注册商标罪被判处有期徒刑五年，并处罚金人民币185万元；被告人王家财犯假冒注册商标罪被判处有期徒刑五年，并处罚金人民币174万元；被告人徐绍兵犯假冒注册商标罪被判处有期徒刑四年，并处罚金人民币163万元；被告人徐留军犯销售假冒注册商标的商品罪被判处有期徒刑四年，并处罚金人民币35万元；其他被告人也被判有期徒刑、缓刑，并处罚金。被告人均未上诉，判决生效。

三、典型意义

本案是一起横跨苏浙皖三省四地、大量制贩国际知名品牌“德芙”“费列罗”巧克力的窝案，系公安部2016年“利剑”行动督办案件之一。无锡高新区（现新吴区）人民检察院接到公安机关情况通报后，第一时间选派“知识产权办案专业小组”业务骨干迅速介入引导侦查，与无锡市公安局食药环支队及原新区分局专案组民警多次商讨，并根据案件定性走向提出收集证据的建议。

首先，针对不同罪名提出如何重点取证的建议。本案涉及了侵犯注册商标犯罪全部罪名，即假冒注册商标罪、销售假冒注册商标的商品罪和非法制造、销售非法制造的注册商标标识罪三个罪名。介入的检察官向公安机关就取证的共性和个性问题分别提出意见。如共性的问题，即主观明知的认定，尤其是在生产者与销售者相分离的情况下，如何通过调取客观性证据进行司法认定，检察官建议要结合洪立洲、徐留军等人的进货渠道、销售价格、会计账目、销售手段、知识经验、生活环境等多方面调取证据。针对不同罪名涉及的关键性问题提出针对性的取证意见，如关于张承兵、王家财等人涉嫌假冒注册商标罪涉案金额，检察官建议公安机关查明涉案的销售侵权产品实际销售价格、标价、销售产品的货值金额，便于后续犯罪金额、犯罪形态的认定。

其次，提出对涉案商品是否属于伪劣产品进行鉴定的建议。我国刑法第一百四十九条明确规定了侵犯商标类犯罪与生产、销售伪劣产品罪的关系，即行为人侵犯商标类犯罪与生产、销售伪劣产品罪可能存在想象竞合。对于制假行为是否涉嫌生产、销售伪劣产品罪，关键在于产品是否“劣”。故建议公安机关对涉案扣押的物证进行鉴定，查明涉案巧克力是否属于伪劣产品。

第三，提出雇员行为如何认定的建议。本案行为人不仅自己实施了侵犯注册商标权行为，同时也雇用大量人员为其加工、生产侵权产品，甚至进行管理和经营，为避免打击面过大，又要做到不枉不纵，检察官从共犯原理角度，提出两方面取证建议：即雇员的主观明知和在生产、加工或管理中的行为相结合进行认定，建议公安机关查明雇员在犯罪中的主观明知及客观行为。公安机关通过梳理涉案银行交易明细等客观证据，及时调整侦查方向。

同时，该院贯彻宽严相济的刑事政策，落实羁押必要性审查工作，对两名确有认罪悔罪表现、愿意缴纳保证金、已不需要继续羁押的被告人，依法向法院建议变更强制措施，收到了良好的法律效果和社会效果。

该案的成功办理体现了检察机关对人民群众“舌尖上的安全”高度重视，有力地打击了侵犯知识产权和制售假冒商品犯罪活动。

典型案例二：北京海淀区宗冉、陈令杰、王旭侵犯著作权案

一、案件事实

2015 年开始，被告人宗冉伙同被告人王旭未经著作权人许可，复制上海玄霆娱乐信息科技有限公司、上海阅文信息技术有限公司、北京幻想纵横网络技术有限公司享有著作权的文字作品存储在云服务器上。被告人宗冉负责编写程序，使微信公众号可依据指令将存储在云服务器上的文字作品推送到指定邮箱，实现传播文字作品的功能。

2015 年 8 月，被告人陈令杰未经著作权人许可，向被告人宗冉、王旭支付合作费用，获得上述传播文字作品功能的权限。被告人王旭提供个人支付宝账号收取合作费用。后被告人陈令杰通过淘宝网店“墨墨的图书小馆”“优加云推送”销售激活码，用户使用该激活码在被告人陈令杰运营的“优加书院”“优加云推送”微信公众号平台进行操作后，可通过邮箱获得存储在云服务器上的文字作品。

经查明，涉案作品侵犯上海玄霆娱乐信息科技有限公司（服务器在北京市海淀区）、上海阅文信息技术有限公司和北京幻想纵横网络技术有限公司享有独家信息网络传播权的文字作品

共计700部。

2017年5月5日，被告人宗冉、陈令杰、王旭先后被抓获后均如实供述了上述犯罪事实。

二、诉讼过程

2017年4月25日，北京市公安局海淀分局双榆树派出所接到上海玄霆娱乐信息科技有限公司报案，遂立案侦查。2017年6月3日，经海淀区人民检察院批准，北京市公安局海淀分局对被告人宗冉、陈令杰、王旭执行逮捕。2017年12月1日，海淀区人民检察院以被告人宗冉、陈令杰、王旭侵犯著作权罪提起公诉，2018年1月12日，北京市海淀区人民法院以侵犯著作权罪判处被告人陈令杰有期徒刑一年，并处罚金人民币5万元，判处宗冉有期徒刑九个月，并处罚金人民币1万元，判处王旭有期徒刑九个月，并处罚金人民币5000元。被告人宗冉、陈令杰、王旭均未上诉，检察机关未抗诉，判决生效。

三、典型意义

本案系国内首例利用电商、社交、云存储多平台侵犯著作权的刑事案件，三名被告人借助互联网技术，通过云存储平台存储侵权资源，利用通讯协议端口搭建社交平台与侵权资源的联系，后在电子商务平台向互联网用户销售获得侵权作品的“通行证”激活码，实施的是一种利用多平台领域相互关联作用的侵权行为，作案手段隐蔽、涉及面广、社会影响大，给著作权人造成严重损失。在案件受理之初，海淀区人民检察院即利用专业化办案优势，组织骨干办案力量，向前延伸引导侦查，传导庭审证明标准，促使提高侦查质量；向后提高出庭指控犯罪的能力，通过庭审中高质量的控辩对抗，确保法庭公正裁判。

第一，充分发挥审前主导作用，打牢指控基础。一是提前介入引导侦查，传导庭审证明标准。在本案提请逮捕之前，海淀区人民检察院便应公安机关的请求，指派具有此类案件办理经验的检察官及时介入侦查，向侦查机关建议侦查方向，锁定关键证据，强化规范取证意识，初步保障了案件质量。二是引导相关人员科学规范举证。检察官多次在该院接待被害公司法务，引导其提供配套侵权证明文件，出具被侵权作品的总数和被侵权作品的明细。本案涉及海量电子证据，电子证据具有易被修改或灭失的特点，取证难度大、取证规范化要求高。为此，检察官多次邀请公安机关网安、法制、派出所来该院进行沟通，要求侦查机关通过远程勘验、委托公证等多重手段固定和提取关键证据，保证案件事实认定的准确性和在案证据的完备性及规范性。三是坚持退回补充侦查和自行补充侦查双管齐下，更多掌握工作主动权。

第二，强化指控和证明犯罪主体作用，确保指控精准。一是庭审中积极应对，确保精准指控。在庭审中，检察官通过合理有序的举证示证，向法庭完整展示被告人未经著作权人许可，使用多平台的交互功能，通过信息网络向公众传播文字作品和营利的过程。检察官并就“作品数量的认定”“涉案淘宝店铺销售金额”等核心问题作出有针对性的答辩，通过控辩对抗确保指控的准确性。二是教育被告人当庭悔罪，确保庭审效果。在发表公诉意见阶段对被告人进行适时有力的法庭教育，说明其犯罪行为的社会危害性和刑事违法性，多名被告人当庭悔罪，表示服从判决，取得了良好的政治效果、法律效果和社会效果。

典型案例三：陕西商洛市聂忠桥、吴传霞销售假冒注册商标的商品案

一、案件事实

2016年4月，被告人聂忠桥与杜国华（另案处理）商议在

陕西省商洛市推销茅台酒。同年5月，杜国华以与贵州茅台酒厂（集团）有限责任公司职工熟悉，可以购买到低于市场价的飞天茅台酒为诱饵，向商洛市金晖商贸有限责任公司法人麻浩奇推销茅台酒。5月23日，被告人聂忠桥、吴传霞伪造虚假身份证，以聂忠强、吴传英的名义连同杜国华和金晖商贸有限责任公司签订了茅台酒购销协议书，协议规定：价格按市场价随机协商，确保所购商品为贵州茅台酒厂（集团）有限责任公司生产的合格商品。后聂忠桥和吴传霞以每瓶300元的价格向杜国华销售飞天茅台酒，再由杜国华以每瓶780元到750元的价格先后多次销售给商洛市金晖商贸有限责任公司。案发前，聂忠桥、吴传霞通过杜国华共销售给商洛市金晖商贸有限责任公司飞天茅台酒650箱（每箱6瓶），合计3900瓶，销售金额117万元。该批酒部分流入市场后被发现，公安机关追回2951瓶。经贵州茅台酒厂（集团）有限责任公司检验，该批茅台酒属于侵犯该公司“贵州茅台”注册商标专用权的商品。经商洛市产品质量监督检验所检验，追回的“茅台酒”符合《食品安全国家标准蒸馏酒及其配制酒》的要求。2017年2月、3月，被告人聂忠桥、吴传霞先后被抓获归案。

二、诉讼过程

2016年7月22日，贵州茅台酒厂（集团）有限责任公司向商洛市公安局商州分局报案，商州分局于同年8月10日对聂忠桥、吴传霞以涉嫌销售假冒注册商标的商品罪立案侦查。2017年4月28日，商洛市商州区人民检察院对聂、吴二人批捕。7月6日，商州区人民检察院对聂、吴二人以涉嫌销售假冒注册商标的商品罪提起公诉。同年10月22日，商州区人民法院判处被告人聂忠桥有期徒刑四年，罚金80万元；判处被告人吴传霞有期徒刑二年，罚金40万元。宣判后，聂忠桥提出上诉。2017年12月25日，商洛市中级人民法院作出终审判决：以销售假冒注册商标的商品罪判处聂忠桥有期徒刑三年六个月，并处罚金 80 万元；判处吴传霞有期徒刑一年，并处罚金 40 万元；对聂忠桥、吴传霞违法所得及供犯罪所用的本人财物 88.53 万元依法予以追缴，上缴国库。

三、典型意义

聂忠桥、吴传霞销售假冒注册商标的商品案件，涉及假酒数量多、金额大，且跨省市作案，犯罪涉及面较广，取证难度大，为确保从上线到下线，从生产到运输再到销售环节，全方位打击侵权假冒领域刑事犯罪，检察机关主要从以下几方面扎实工作，确保了案件顺利批捕、起诉和判决：

第一，坚持提前介入，围绕关键证据引导侦查取证。商州区人民检察院坚持对“侵权假冒”案件适时介入，有效开展工作。检察机关通过提前阅卷及时发现证据链条缺失问题，通过案件讨论有效解决案件认识问题，通过联席会议及时统一执法标准和尺度，并对假酒的数量、金额及时提出鉴定认定意见，结合案情向公安机关提出了调取涉案假酒流通单等书证，佐证并查实涉案假酒数量的侦查方向，为案件顺利批捕打下了扎实基础。

第二，加强法律监督，确保打击侵权假冒力度和效果。本案系商州区院在办理其上线杜国华涉嫌销售假冒注册商标的商品审查逮捕案件中发现，为了确保全方位严打侵权假冒刑事犯罪，商州区院从详审案卷材料入手，寻找犯罪上线、下线、生产、运输、销售各个环节相关犯罪及人员，框定犯罪嫌疑人，通过讯问杜国华，询问证人，最终成功锁定聂忠桥、吴传霞涉嫌犯罪相关事实，但因当时聂忠桥、吴传霞下落不明，公安机关未立案，商州区院及时监督商洛市公安局商州分局对该二人立案侦查，并在聂忠桥、吴传霞归案后依法快速批捕，确保了打击力度和效果。

第三，强化跟踪监督，推动形成打击侵权假冒合力。一方面，在认真分析案件事实还不全面、证据链条还不完整等问题的基础上，批捕同时向公安机关送达《逮捕案件继续侦查取证意见书》，有针对性地定期联系公安机关掌握补侦进展，督促落实补侦意见；另一方面，发挥侦、捕、诉衔接机制作用，积极协同配合共同解决案件侦查中的新问题，提升诉讼效率，促进形成打击合力。

第四，延伸检察职能，促进和加强知识产权保护和管理。通过案件的办理，商州区人民检察院积极联系相关职能部门推动建立健全打击侵权假冒犯罪常态化工作制度，如完善了商州区《行政执法与刑事司法衔接工作细则》、针对监管漏洞向工商局、科技局提出防治对策六条，并在商州区人民检察院建议下，全区联合开展了烟酒市场侵犯知识产权违法犯罪大排查活动，促进和加强了知识产权保护和管理。

本案的办理有效打击了侵权假冒刑事犯罪，有力震慑了相关违法犯罪活动，充分发挥了知识产权保护的职能和作用，取得了执法办案三个效果的有机统一。

典型案例四：天津河北区魏伟、张玉鹏等七人假冒注册商标案

一、案件事实

“HAIOU 海鸥”“GOLD SEA-GULL”“SEA-GULL”系天津海鸥表业集团有限公司（下称海鸥公司）注册的商标，属于中国驰名商标和中华老字号。2013 年至 2016 年 7 月 5 日间，被告人魏伟（系海鸥公司原职工）为牟取非法利益，伙同张玉鹏在未经海鸥公司许可的情况下，从他处订制假冒的海鸥手表零配件及说明书、外包装盒、提袋等，雇佣魏近东、闫海伶、周海永、杜学亮、孙凤龙先后在天津市、河北省组装假冒的海鸥手表（商标包括“HAIOU 海鸥”“GOLD SEA-

GULL”“SEA-GULL”），并利用“绝对大当家”“小小马9988”等六家淘宝店铺在网上以正品海鸥表进行宣传，以明显低于市场价格公开对外销售。魏伟、张玉鹏自2014年7月29日至2016年7月5日通过网上店铺销售金额共计2000万余元，违法所得178万元。

后公安机关在天津市河北区建昌道春和仁居查获26种不同型号的假冒海鸥手表886块、大量手表零配件、说明书、外包装盒、提袋以及作案工具等。经鉴定，被查获的886块假表价值54万余元。

二、诉讼过程

2014年3月27日，海鸥公司向天津市公安局河北分局报案称，有人自2013年以来一直在“淘宝网”上销售假冒的海鸥手表，致使该公司销售额急剧下降，年损失近千万元人民币。河北分局经侦查发现马建燕等人在淘宝网站注册“绝对大当家”等店铺销售假冒海鸥手表，遂于2014年3月31日以涉嫌假冒注册商标罪对其立案侦查，并根据线索于2016年7月5日在天津市河北区建昌道春和仁居当场查获大量组装好的假冒海鸥手表。同年8月11日，天津市河北区人民检察院以涉嫌假冒注册商标罪批准逮捕魏伟、魏近东、周海永，并于2017年4月5日对魏伟等7名犯罪嫌疑人提起公诉，天津市河北区人民法院于2017年9月6日以假冒注册商标罪，对7名被告人判处有期徒刑四年至有期徒刑八个月、缓刑一年不等，并处罚金116万元至3000元不等。被告人均未上诉，判决生效。

三、典型意义

天津海鸥牌手表系我国知名的民族品牌。主犯魏伟系天津海鸥表业集团有限公司在职员工，由于能够第一手接触各类正品海鸥表，其通过定制仿造配件私自组装、仿真度高，其售卖假冒海鸥表具有较强迷惑性，消费者不易辨认。

本案涉案金额特别巨大，取证难度特别大。本案的涉案销售金额高达2000余万元，且通过网上平台销售至全国各地，交易时间长、次数多、涉及地域广。检察官积极认真履职，提前介入案件侦查，并在审查逮捕过程中，认真梳理证据，针对商标延展期不明、淘宝销售记录缺乏来源说明等问题详细列出补充侦查提纲，督促公安机关前往阿里巴巴公司调取涉案淘宝网店的销售记录。在审查起诉过程中，检察官通过认真梳理补充侦查的数万条交易记录，确定两万余条涉案交易信息，击破主犯所谓的存在“刷单”的辩解，成功追加犯罪销售数额2000余万元，并得到法院的认可。案件办理后，天津市河北区人民检察院结合办案分析，针对被侵权企业在管理中的漏洞以及对自身品牌保护问题，及时提出检察建议，同时针对网络监管的力度问题，向市场监管部门提出检察建议。检察机关成功办理本案凸显了检察机关打击网络侵犯知识产权犯罪的力度和水平不断提升，彰显了检察机关对民族品牌、对具有自主知识产权的权利人的保护力度。

典型案例五：云南曲靖市赵广生等6人假冒注册商标案

一、案件事实

2015年，被告人赵广生、刘天全合伙在云南省曲靖市师宗县漾月街道落龙村广生生物有机肥料公司生产劣质硅钙肥并销售，由于销路不好，被告人刘天全、赵友明、刘启光、平顺涛等人与赵广生商量以每吨180元的价格向赵广生等人购进其生产的劣质硅钙肥，并假冒云南昆阳磷肥厂有限公司生产的“昆磷牌”钙镁磷肥、“乌龙牌”钙镁磷肥、玉溪银河磷化有限公司生产的“玉溪”牌钙镁磷肥、贵州胜境化建有限责任公司生产的“胜境牌”钙镁磷肥等商标进行销售。被告人赵华先明知被告人赵广生未经注册商标人许可，使用伪劣产品假冒注册商标，还帮助实施上述行为。经查，被告人刘天全、赵广生、赵友明、平顺涛、刘启光使用伪劣产品假冒注册商标商品，非法经营数额分别为8.8万余元、11万余元、7.7万余元、6.2万余元、6万余元。

二、诉讼过程

云南省曲靖市师宗县人民检察院侦查监督科通过行政执法和刑事司法衔接信息共享平台，发现师宗县市场监督管理局移送的赵广生等人假冒注册商标案，师宗县公安局没有在《公安部关于改革完善受案立案制度的意见》规定时间内作出是否立案的决定。遂于2016年3月17日向师宗县公安局发出《要求说明不立案理由通知书》。同日，师宗县公安局对该案立案侦查。4月22日，师宗县人民检察院以涉嫌假冒注册商标罪批准逮捕刘天全、赵广生、赵友明、刘启光4人。该案于2016年6月22日师宗县公安局移送审查起诉，同年12月27日师宗县人民检察院提起公诉，2017年6月9日师宗县人民法院以假冒注册商标罪分别判决刘天全、赵广生、赵友明、平顺涛、刘启光、赵华先有期徒刑三年六个月至一年不等，并处罚金11万元至2万元不等。6名被告人未上诉，判决已生效。

三、典型意义

化肥是重要的农业生产资料，假冒品牌化肥不仅扰乱正常的市场秩序，而且侵犯了广大农户、经营者和商标权利人的合法权益，应当予以严厉打击。近几年，检察机关先后开展了危害民生刑事犯罪专项立案监督、危害食品药品安全犯罪专项立案监督活动，对重点领域的刑事犯罪予以集中打击，取得了良好效果。该案系检察机关通过行政执法与刑事司法衔接信息共享机制发现立案监督线索，继而监督公安机关立案，最终成功追诉一起假冒注册商标犯罪的案例。师宗县人民检察院与县市场监督管理局、公安机关建立了案件咨询、信息通报等工作机制，借助于信息共享平台实现了知情渠道的畅通。检察机关发现监督线索后，积极联系公安机关并形成工作合力，列出详细的取证清单和补充侦查提纲，引导公安机关全面收集、固定证据，有效打击了犯罪，共同促进了知识产权保护。

典型案例六：四川成都市林文勇、马骏、张翔侵犯著作权案

一、案件事实

2007 年 3 月以来，被告人林文勇（网名：LEO）在网站上创建“轻之国度”论坛（www.lightnovel.cn），并在该论坛上发布日本原著未经授权轻小说提升论坛人气，后吸引广告商前来投放广告牟取利益。被告人张翔经林文勇许可进入“轻之国度”论坛并参与网站管理，在明知该网站发布侵权小说牟利的情况下，仍然继续负责小说的中文翻译和电子书的组织管理工作。该网站未经权利人授权，非法发布日本原著文学作品 800 多部，共收取广告费 231273.6 元。被告人马骏建立“轻之文库”（www.linovel.com）网站，复制“轻之国度在线轻小说”网站数据到“轻之文库”网站，吸引广告商前来投放广告谋取利益，后其将“轻之文库“网站以 10 万元人民币出售。该网站未经权利人授权，非法发布日本原著文学作品 1400 多部，共收取广告费 47950 元。

二、诉讼过程

林文勇、马骏、张翔侵犯著作权一案，由腾讯公司于 2015 年 10 月 26 日报案至四川省成都市双流县公安局，双流县公安局于 2015 年 11 月 4 日立案侦查，同年 11 月 10 日三人被双流县公安局刑事拘留，12 月 17 日，林文勇、马骏因涉嫌侵犯著作权罪被成都市双流县人民检察院批准逮捕，张翔被取保候审。2016 年 3 月 14 日，成都市公安局双流分局（原成都市双流县

公安局）将该案移送成都市双流区人民检察院审查起诉。8月22日，成都市双流区人民检察院以三人涉嫌侵犯著作权罪向双流区人民法院依法提起公诉。2017年2月24日，成都市双流区人民法院一审以被告人林文勇犯侵犯著作权罪，判处有期徒刑一年五个月，并处罚金2万元；以被告人马骏犯侵犯著作权罪，判处有期徒刑一年四个月，并处罚金2万元；以被告人张翔犯侵犯著作权罪，判处有期徒刑一年，并处罚金5000元。林文勇、马骏、张翔均未提出上诉，一审判决生效。

三、典型意义

该案为公安部、国家版权局挂牌督办案件。本案中，涉案网站侵权时间跨度十年，非法发布日本原著文学3000余部，具有调查取证时间跨度大、取证难度大、媒体与社会各界关注度高等特点。成都市双流区人民检察院受理该案后，积极引导公安机关侦查取证，调取了日本株式会社KADOKAWA授权书声明及日本国立国会图书馆资料等书证，夯实了林文勇等三人侵犯著作权的犯罪事实，并准确区分了三被告人在共同犯罪中的作用，确定其依托网站收取广告费用的非法经营数额，做到了精准指控，效果良好。本案的查处，体现了网络背景下刑法对社会生活调整的维度和方法，对规制网络服务行为、深入理解网络环境下“复制发行”的含义、准确把握网络侵犯著作权、尤其是涉外侵权的取证具有重要的借鉴意义和研究价值。

典型案例七：安徽合肥市徐林、李玉福销售假冒注册商标的商品案

一、案件事实

本案所涉特百惠公司总部设在美国，以生产经营塑料保鲜

容器闻名，被告人徐林、李玉福原系特百惠（中国）公司的分销商，2012 年 11 月，二人以徐林的身份信息在淘宝网注册成立“特百惠店铺”网店（店铺号 117683）。2015 年 6 月，徐林、李玉福开始在网上联系低价购进假冒“Tupperware”注册商标的水杯和包装盒，包装后通过网店对外进行销售牟利。经查，2015 年 7 月 11 日至 2016 年 8 月 15 日期间，二人通过该淘宝网店“特百惠店铺”共计对外销售标有特百惠“Tupperware”注册商标的四种规格塑料水杯共计 2108369.56 元，扣除其中约 20 万元正品销售额，共计销售假冒“Tupperware”注册商标的水杯 190 余万元。

二、诉讼过程

2016 年 8 月 15 日，安徽省肥西县公安局接到报案称，有人在淘宝网销售假冒“特百惠”注册商标的商品，销售金额巨大，肥西县公安局遂于当日立案侦查。同年 9 月 20 日，合肥市高新区人民检察院对两名犯罪嫌疑人批准逮捕。同年 11 月 20 日，肥西县公安局向合肥市高新区人民检察院移送审查起诉。2017 年 2 月 24 日，合肥市高新区人民检察院依法向合肥高新区法院提起公诉。同年 5 月 31 日，合肥市高新区人民法院以销售假冒注册商标的商品罪，判处徐林有期徒刑五年十个月，并处罚金 100 万元；判处李玉福有期徒刑五年十个月，并处罚金 100 万元。徐林、李玉福在法定期限内均未上诉，该判决已生效。

三、典型意义

本案是一起重大的通过淘宝网店铺销售假冒注册商标的商品案。案发后，检察机关加强与侦查机关的沟通联系，及时介入引导侦查，就该案中犯罪嫌疑人是否明知、非法经营数额等问题提出侦查取证方向。针对公安机关认定的涉案金额过低的情况，要求公安机关进一步调取相关销售记录，科学确定计算方法，最终准确认定涉案金额为1908369.56元，这也是被告人被科以重刑的重要依据。在审查案件中，检察机关严把案件事实关、证据关、程序关和法律适用关，依法从快批捕、起诉，确保了犯罪分子及时受到应有刑事处罚。此外，在办理该案的基础上，检察机关进一步总结工作经验，探索建立重点企业联系备案制度，强化对知识产权的靠前保护；进一步完善对重大侵犯知识产权案件提前介入制度，提升打击力度和效率；注重结合典型案例，加大打击侵犯知识产权犯罪的宣传力度，促进形成全社会共同抵制、打击伪劣商品和侵犯知识产权犯罪活动的良好氛围。

典型案例八：山东沂水县刘竹丽、刘竹春销售非法制造的注册商标标识、销售假冒注册商标的商品案

一、案件事实

（一）刘竹丽、刘竹春非法销售非法制造的注册商标标识部分

2016年9月以来，被告人刘竹丽经刘竹春联系并帮助，从福建晋江邹志平（已判决）等人处购进15万余元的假徐福记酥心糖包装膜销售给他人并牟取非法利益。

2016年6月30日，被告人刘竹春将价值16560元的假徐福记酥心糖包装膜销售给他人并牟取非法利益。

（二）刘竹丽销售假冒注册商标的商品部分

2016年9月以来，被告人刘竹丽从王进发（另案处理）处购进40余万元的大白兔奶糖、阿尔卑斯棒棒糖等假冒产品，后销售给孙洪强（另案处理）等人予以牟利。

2016年11月以来，被告人刘竹丽从他人处购进1800余件

假冒的徐福记酥心糖，后销售予以牟利，涉案价值28万余元。

二、诉讼过程

2017年2月7日，山东省沂水县人民检察院在办理公安机关提请对被告人邹志平批准延长羁押案件时发现，涉案人刘竹丽、刘竹春涉嫌假冒注册商标罪，符合立案条件，但公安机关未立案。2月20日，沂水县人民检察院向沂水县公安局发出《要求说明不立案理由通知书》。2月27日，沂水县公安局对该案立案侦查。同年12月15日，沂水县人民检察院对该案提起公诉。2018年1月30日，刘竹丽因犯销售非法制造的注册商标标识罪、销售假冒注册商标的商品罪被判处有期徒刑五年六个月，并处罚金11万元；刘竹春因犯销售非法制造的注册商标标识罪被判处有期徒刑三年，缓刑四年，并处罚金6万元。被告人均未上诉，判决生效。

三、典型意义

本案是检察官在办理延长羁押期限案件中发现线索进而成案的。检察官积极履职，确保案件的办理取得良好成效。

第一，强化延押案件实体审查把关，依法监督立案。该案系通过审查公安机关提请延长侦查羁押期限案件材料中发现监督线索的案件。沂水县人民检察院在办理延长侦查羁押期限案件中，认真审查公安机关提交的案件材料。发现刘竹春、刘竹丽涉嫌假冒注册商标罪的犯罪线索后，及时与公安机关沟通，核实公安机关在逮捕后的侦查阶段调取的新证据等，并加强与公诉部门沟通，经讨论认定现有证据已达到立案标准，及时启动立案监督程序。

第二，注重跟踪监督和引导取证，确保监督效果。该案监督立案之初，在案证据仅能证实两名被告人涉嫌假冒注册商标罪一罪，涉案价值刚刚达到追诉标准。被告人刘竹丽因身体原因，不适合羁押，沂水县人民检察院在监督立案后，并未因此放松跟进监督，而是始终保持与公安机关的密切沟通，引导公安机关对言词证据等相关证据进行固定和收集，根据取证情况适时建议公安机关追加罪名，有效提高了案件质量，加快了诉讼进程，增强了监督效果。

第三，严厉打击侵犯知识产权犯罪，取得良好的法律效果和社会效果。该案涉案主体系小作坊，不仅产品质量无法保障，威胁人民群众身体健康，而且因涉及假冒多家知名食品商标，严重扰乱市场秩序。本案随着侦查的深入和案件证据的进一步完善，发现被告人涉嫌的多起犯罪事实，最终刘竹丽被数罪并罚判处有期徒刑五年六个月，取得了良好效果。此外，该案在侦查中发现的另两名同案犯王进发、孙洪强分别被判处刑罚，有力地打击了侵犯知识产权犯罪。

典型案例九：福建宁德市张五堂、钟开富侵犯商业秘密案

一、案件事实

被告人张五堂、钟开富毕业于某名牌大学，系校友，先后供职于福建省宁德新能源有限公司和宁德时代新能源股份有限公司（以下简称时代新能源公司），二人在任职期间，违反与公司签订的保密协议及公司保密制度，将时代新能源公司研发的技术信息与经营信息，通过外网邮箱以邮件方式泄露给他人，从中获取经济利益，给时代新能源公司造成重大损失。具体事实如下：

1. 2014 年 5 月份，被告人钟开富和张五堂通过各自网易邮箱与腾讯 qq 邮箱相互转发宁德时代新能源公司从宁德新能源有限公司授权取得的含有 SiO 烧结设备、硅材料开发指标、SiO 工艺流程等技术信息材料，而后被告人张五堂通过腾讯 qq 邮箱将含有 SiO 烧结设备、硅材料开发指标、SiO 工艺流程等

信息材料发送给东莞市凯永光电技术有限公司的彭勃，获得 20 万元， 钟开富和张五堂各分得 10 万元。经北京京洲科技知识产权司法鉴定中心鉴定，SiO 烧结设备、硅材料开发指标、SiO 工艺流程在 2014 年 7 月 31 日以前属于不为公众所知悉的技术信息，其中 SiO 烧结设备与 SiO 工艺流程具有同一性。经北京中润达会计师事务所评估，SiO 烧结设备——氧化硅烧结炉与 SiO 工艺流程中 SiO 制备粒径分级设备——气流分级机的价格总计 76 万元人民币。

2. 2016 年 5 月份，被告人张五堂通过其腾讯 qq 邮箱将宁德时代新能源公司研发的含有 N1 拉线开发中工艺文档中记载的磷酸铁锂电池制作工艺信息中的“YT86/YT120”和“YT86/YT120 补锂”型号的工艺信息、阳极补锂、冷压 – Pinch 的技术信息与 KTList 的经营信息等发送给深圳市比克电池有限公司的李向前，获得 30 万元。2016 年 12 月份，被告人张五堂又通过其腾讯 qq 邮箱将含有 N1 拉线开发中工艺文档中记载的磷酸铁锂电池制作工艺信息中的“YT86/YT120”和“YT86/YT120 补锂”型号的工艺信息、阳极补锂、冷压 – Pinch 的技术信息与 KTList、N1 设备价格清单的经营信息等发送给珠海泰坦新动力电子有限公司的李永富，未获得现金。经北京京洲科技知识产权司法鉴定中心鉴定，上述信息在 2017 年 3 月以前属于不为公众所知悉的技术信息和经营信息。经北京中润达会计师事务所评估，N1 拉线开发项目研发过程中采购的物料及工夹具的成本为 78 万元。

二、诉讼过程

宁德市公安局蕉城分局接宁德时代新能源公司报案，于 2017 年 2 月 16 日对钟开富、张五堂以涉嫌侵犯商业秘密罪立案侦查，并于 4 月 28 日向宁德蕉城区人民检察院提请批捕，该院于 5 月 5 日对该二人作出批捕决定。同年 7 月 5 日蕉城分局向该院移送审查起诉，该院经审查于8月18日向蕉城区人民法院提起公诉，2017年11月10日蕉城区法院作出判决：被告人张五堂犯侵犯商业秘密罪，判处有期徒刑一年六个月，并处罚金80万，被告人钟开富犯侵犯商业秘密罪，判处有期徒刑八个月，并处罚金20万元。被告人均未上诉，判决生效。

三、典型意义

本案中，蕉城区人民检察院将检察工作与经济发展新常态相适应，敢于办案与善于办案相结合，实现了法律效果、政治效果和社会效果相统一。案件初期，该院提前介入，实时跟踪监督案件后续侦破进展情况。通过多次与办案民警沟通探讨，引导公安机关及时收集、固定对案件构罪起关键作用的证据材料，如被告人邮箱内相应信息与宁德时代新能源公司拥有的不为公众所知悉的锂电池相关信息是否具有同一性等。案件进入检察院环节后，指定办理知识产权案件经验丰富的检察官负责审查批捕、起诉工作，通过全面审查证据和集体讨论的方式，从案件证据认定、法律适用等方面进行深入研讨、层层剖析，把好案件事实关、证据关、程序关和法律适用关。最终依法认定张五堂、钟开富的行为构成侵犯商业秘密罪。此外，蕉城区人民检察院结合办案认真开展调研，针对新能源公司在员工法制教育、保密意识等方面存在的一些薄弱环节和问题，及时向该公司发出检察建议书，取得了良好的成效。

典型案例十：湖南长沙市中国音像著作权集体管理协会因著作权侵权纠纷申请支持起诉系列案

一、基本案情

2017年，中国音像著作权集体管理协会（以下简称音集协）

发现长沙市天心区湘府吉园娱乐城、黎庆，未经授权，擅自在其经营的KTV娱乐场所内以卡拉OK方式，向公众放映《刀马旦》《真情人》《You And Me（你和我）》《我的野蛮女友》等200首MV音乐电视作品，侵犯了其合法权益，且自身维权受阻，拟通过诉讼途径维权，并申请天心区人民检察院支持起诉。

二、诉讼过程

2017年2月20日，音集协向长沙市天心区人民检察院提交20起案件支持起诉案件申请。该院经审查认为，长沙市天心区湘府吉园娱乐城、黎庆侵权行为，违反了《中华人民共和国著作权法》第四十八条之规定，侵犯了申请人的著作权。该侵权行为，不仅损害了申请人的正当权益，还破坏了正常的市场竞争秩序。天心区人民检察院于同年3月15日向天心区法院发出支持起诉书，并出庭支持起诉。在检法两院的共同努力下，当事人达成了赔偿和解协议。2017年5月22日，法院根据音集协的申请，作出撤诉裁定。

三、典型意义

一是维护了著作权人的合法权益。KTV行业流动性大，有些经营者经常更换营业地点，有些营业周期短，很多情况下，KTV负责人玩“躲猫猫”避而不见，一些KTV经营者采取转承包、再承包等方式，导致难以查清实际的经营者，而经营者也常常采取踢皮球的方式推卸责任，这些都给当事人维权带来了困难。检察机关支持起诉，从证据的调取、事实的认定、法律的适用，到案件的最终处理，为著作权人维护自身权益提供了有力司法保障。

二是提高了经营者的法治意识。该系列案涉及的著作权人较多、影响较广。KTV未经音集协许可以盈利为目的向公众放映音集协管理的音乐电视作品，有的KTV播放的MV作品多达上千首。不少 KTV 经营者缺乏法律常识，知识产权保护意识淡薄，未经许可便使用 KTV 点唱机向公众播放；有些则认为设备中的歌曲是和设备一体的，在购买设备时应视为可以一并使用歌曲，不构成侵权；还有一些则存在侥幸心理，认为不会被追究责任。该系列案件的办理有利于提高经营者的法治意识。

三是维护了正常的文化市场秩序。在 KTV 等经营场所向消费者提供 MV 音乐制品，系公开放映涉案作品的行为，应取得著作权人许可。一些 KTV 经营者未经许可播放 MV，降低其经营成本，不少经营者纷纷效仿，侵犯著作权问题广泛存在，严重影响了文化市场秩序。本案的办理有力地维护了正常的文化市场秩序，对营造健康发展的文化市场秩序具有积极意义。

部分新闻链接

1. 人民日报 2018 年 4 月 25 日报道《全国检察机关去年批捕涉知识产权犯罪 2510 件　恶意反复侵权将被重点整治》

2. 新华社 2018 年 4 月 25 日报道《最高检：2017 年知产案中侵犯商标权类案占比超 90%》

3. 中央广播电视总台央视新闻频道（CCTV-13）2018 年 4 月 25 日报道《最高检：去年批捕涉知识产权犯罪 4272 人　案件一半以上集中于沿海发达地区》

4. 中央广播电视总台央广《央广新闻》2018 年 4 月 25 日报道《最高检：保持对侵犯知识产权犯罪高压态势》

5. 法制日报 2018 年 4 月 25 日报道《涉知产犯罪超九成为傍名牌搭便车》

6. 经济日报 2018 年 4 月 26 日报道《知识产权犯罪，零容忍：2017 年共批准逮捕 4272 人》

为祖国的花朵、民族的未来保驾护航

最高人民检察院通报检察机关加强未成年人司法保护工作情况

发布时间： 2018年5月29日 10:00

发布内容： 通报2017年以来检察机关依法惩治侵害未成年人犯罪、有效保护未成年人合法权益工作情况，发布“2017年检察机关加强未成年人司法保护十大典型案（事）例”

发布地点： 最高人民检察院

主 持 人： 最高人民检察院新闻发言人　肖玮

出席嘉宾： 最高人民检察院检察委员会委员、未成年人检察工作办公室主任　郑新俭[①]

最高人民检察院未成年人检察工作办公室副主任　史卫忠[②]

---

① 现任最高人民检察院检察委员会委员、第四检察厅厅长。

② 现任最高人民检察院第九检察厅厅长。

主题发布

肖 玮

各位记者朋友，大家上午好！欢迎参加最高人民检察院新闻发布会。“六一”国际儿童节就要到了，首先祝在座各媒体的大朋友、小伙伴们节日快乐！

今天新闻发布会与“六一”儿童节密切相关，主题是“依法惩治侵害未成年人犯罪 加强未成年人司法保护”。主要有三项议程：一是通报检察机关2017年以来依法惩治侵害未成年人犯罪、加强未成年人司法保护工作情况；二是发布相关典型案（事）例；三是回答记者朋友的提问。

出席今天发布会的是：最高人民检察院检察委员会委员、未成年人检察工作办公室郑新俭主任，未成年人检察工作办公室史卫忠副主任。

首先，请郑新俭主任向大家通报一下2017年以来检察机关依法惩治侵害未成年人犯罪、加强未成年人司法保护情况。

郑新俭

各位记者朋友们，大家上午好。针对侵害未成年人权益案件时有发生，严重损害未成年人合法权益的实际情况，近年来，检察机关认真贯彻落实党中央关于维护社会大局稳定，保障和改善民生，以及保障未成年人合法权益的

部署和要求，根据《中华人民共和国未成年人保护法》等法律的相关规定不断加大惩治和预防侵害未成年人犯罪力度，努力为未成年被害人提供专业有效的关爱、救助，进一步强化了未成年人司法保护，取得了较好的成效。

一、依法严厉惩治侵害未成年人犯罪，有效保护未成年人合法权益

检察机关对侵害未成年人犯罪坚持零容忍，依法从严从快审查逮捕、审查起诉，保持严打高压态势。2017 年 1 月至今年 4 月，全国检察机关共批准逮捕侵害未成年人犯罪案件 4.42 万人，起诉 6.03 万人。

一是对重大突发案件快速反应，迅速打击。如在陕西米脂砍杀学生案、浙江杭州“保姆放火案”、山东威海隧道校车纵火案、河南尉氏组织未成年人卖淫案等重大案件中，检察机关均第一时间介入侦查引导取证，确保及时准确有力指控犯罪。

二是对突出问题进行专项惩治。最高人民检察院 2017 年挂牌督办了 10 起重大拐卖儿童犯罪，加大指导督办力度，目前已经起诉 8 起，收到有罪判决 6 起，不仅严厉打击了拐卖儿童犯罪，还依法惩治了收买被拐卖儿童犯罪。针对性侵害未成年人犯罪加大惩治和预防力度，如湖北等地检察机关连续数年部署打击性侵未成年人犯罪等专项活动取得显著成效，有效地保护了未成年人免遭侵害。

三是对严重犯罪从严追诉。如犯罪嫌疑人刘某强奸幼女案、康某杀害幼女案等案件，虽已超出 20 年追诉期限，但最高人民检察院经审查认为危害严重必须惩处，依法对犯罪嫌疑人核准追诉。

四是强化立案监督和侦查活动监督，防止有罪不究。全国检察机关共对侦查机关应当立案而不立案的侵害未成年人犯罪案件监督立案 402 件，对应当移送而不移送的犯罪嫌疑人追捕 820 人、追诉 1105 人，追诉遗漏犯罪 625 条。如贵州省检察机关从媒体报道中得知，某学校老师谢某猥亵多名未成年学生仅被治安处罚，迅速进行调查并监督侦查机关立案侦查，后谢某因犯猥亵儿童罪被判处有期徒刑十五年。

五是加强审判监督，确保侵害未成年人犯罪受到应有惩罚。共对确

有错误的判决裁定提出抗诉347件，其中已经改判144件。如2017年，最高人民检察院经审查认为，被告人秦某强奸、猥亵儿童一案判决适用法律错误，导致量刑畸轻，遂按照审判监督程序依法向最高人民法院提出抗诉，并指派检察官出席再审法庭发表抗诉意见。河北省检察机关以认定事实错误，量刑畸轻对于某等人组织未成年人卖淫案提出抗诉，四被告人分别由有期徒刑七年、四年、三年六个月、三年，改判为有期徒刑十五年、十年、九年、八年。

二、加强重点领域的犯罪惩防，维护未成年人教育生存环境

一是积极参与校园安全建设。学校是未成年人接受教育并成长的重要场所。针对近年来校园安全方面存在的问题，检察机关在严厉打击侵害校园安全犯罪的同时，采取积极有效的防控措施推进校园安全建设。最高人民检察院与中央有关部门共同制定和实施防控校园安全风险、防治校园欺凌等文件，下发了《关于依法惩治侵害幼儿园儿童犯罪全面维护儿童权益的通知》，指导各地检察机关积极参与校园安全建设。

2017年以来，全国检察机关依法批准逮捕发生在幼儿园的侵害儿童犯罪181人，起诉231人；批准逮捕发生在中小学校园的侵犯未成年人犯罪案件3081人、起诉3923人；对学校、社会培训机构等工作人员实施侵害未成年人犯罪的，依法提出禁止其从事密切接触未成年人职业的量刑建议102人。

目前，引起社会高度关注的北京红黄蓝幼儿园、上海携程亲子园、南京爱德美幼儿园等虐童案已经提起公诉。办理案件后，检察机关还会同主管部门对案发学校进行安全检查整顿，帮助学校完善安全管理制度。

此外，各地检察机关积极履行未成年人行政检察职能，先后监督有关职能部门及时整治学校周边商店向未成年学生销售“水晶泥”“牙签弩”“电子烟”等有毒有害玩具、不卫生食品，违规开设网吧等问题，消除安全隐患。

二是维护未成年人良好家庭环境。家庭是未成年人生存成长的重要空间。针对近年来监护人性侵害、出卖、遗弃、虐待、伤害未成年人，教唆、利用未成年人实施违法犯罪行为等犯罪时有发生的问题，检察机关坚持儿童利益最大化原则，加大惩治力度，共批准逮捕涉嫌犯罪的监护人 588 人，起诉 587 人。

检察机关还依法开展未成年人民事检察工作，对监护人严重侵害未成年人，不宜继续监护的，共建议、支持有关部门和个人向法院申请撤销其监护权 121 件，并协调有关方面做好安置工作。

如被告人罗某多次逼迫亲生儿子跳车“碰瓷”，浙江宁波鄞州区检察院在指控罗某诈骗犯罪的同时，支持起诉撤销罗某监护人资格。对经评估不需要撤销监护权的案件，共开展强制性亲职教育 1434 次，督促监护人依法正确履行监护职责，改善家庭关系，努力为未成年人成长营造健康家庭环境。

三是关爱保护农村留守儿童。检察机关根据中央的部署，积极参与“合力监护、相伴成长”关爱农村留守儿童专项工作，2017 年以来共对侵害农村留守儿童的犯罪批准逮捕 3223 人，起诉 4272 人。贵州毕节市检察机关联合法院和公安机关开展外出务工人员遗弃子女专项清理和整治行动，惩处 3 起遗弃犯罪，推动解决当地留守儿童监护缺失问题。

广西、河南、湖南、江西等地检察机关推动在留守儿童犯罪集中的地方建立“儿童家园”“留守儿童维权工作站”，强化留守儿童权益保护。

三、坚持专业规范办案，关爱救助未成年被害人

经过近年来的实践探索，检察机关逐步认识到办理侵害未成年人案件存在着特殊规律，在准确有力惩治犯罪的同时，要重点关护未成年被害人，要尽最大努力帮助他们尽快摆脱犯罪带来的不良影响，回归社会，恢复正常。这就需要有专业的检察队伍、专门的保护程序和特殊的保护机制。

近年来，最高人民检察院通过制定《未成年人刑事检察工作指引（试行）》《关于全面加强未成年人国家司法救助工作的意见》等规范性文件，提升了未成年人检察工作质量，取得了较好的保护效果。

一是逐步实现未成年人检察工作的专业化。从 2015 年开始，检察机关逐步将侵害未成年人人身权利的案件归口到未成年人检察部门办理，实行审查逮捕、审查起诉、法律监督和犯罪预防一体化工作模式，

在工作中注重把握和遵循未成年人检察工作理念，秉持儿童利益最大化原则，切实维护未成年人合法权益。

最高人民检察院和各地检察机关注重建立专门的未检工作队伍，经过努力，目前检察机关已基本形成一支掌握未成年人检察工作规律、了解未成年被害人身心特点的专业办案力量，为有效保护未成年人合法权益打下了坚实基础。

二是进一步明确办案标准。针对侵害未成年人犯罪案件普遍存在的发现时间滞后、客观证据少、被害人表达弱、犯罪嫌疑人不认罪等特点，检察机关加强了对有关证据标准和法律适用问题的研究，充分考虑这类案件的特殊性，依法明确认定标准，既保证了案件质量，又强化了打击力度。

最高人民检察院除了下发工作指引外，还连续印发了典型案例对各地工作进行指导。上海、湖北、四川等地检察机关与公安、审判机关加强沟通研究，对办理侵害未成人案件的原则、程序、证据要求、法律适用等进行规范，明确执法标准。

三是推行适合未成年被害人身心特点的办案程序和办案场所。针对办案中存在的反复询问、不当询问被害人，容易给被害人造成再次伤害的问题，逐步推行“一站式询问”制度，要求在询问未成年被害人时做好预案，并进行同步录音录像，确保在整个诉讼过程中只询问一次。

同时，要求询问在环境轻松、温馨且具有心理干预等功能的专门办案区，以合适的方式进行，以缓解未成年被害人的紧张情绪，必要时进行心理干预。目前，全国检察机关已经建立“一站式询问”办案区 314 个。

四是进行同步救助。检察机关始终将对未成年被害人的关爱救助放在工作的重要位置，在办案时对未成年被害人进行同步救助。最高人民检察院要求各地检察机关不仅进行经济救助，还要根据未成年被害人的具体情况及时提供有针对性的其他救助。

2017 年以来，全国检察机关立足本地实际，与政府职能部门、共青团组织、妇联、关工委、公益组织和爱心企业等密切合作，对于不能及时获得有效赔偿、生活困难的未成年人，提供司法救助 4259 人；对于经济困难没有聘请律师的被害人提供法律援助 16930 人次，河南等地检察机关还与司法行政部门签订合作协议，畅通未成年被害人法律援助渠道；对受到心理创伤的未成年人提供心理干预 8996 人次，山东、云南等地检察机关为一些受到严重侵害的未成年人制订实施了长达五年的心理康复计划；为身体受到伤害的未成年人提供医疗服务 1468 人次，浙江等地检察机关与医院合作为未成年被害人开辟绿色就医通道，有的还把办案区设置在医院，以便及时检查治疗。

福建泉州等地检察机关在办理两起重大拐卖儿童犯罪案件中，督促、协调有关部门安置了数十名无家可归的被解救儿童，并为一些儿童解决了落户和上学等问题。

四、积极发挥检察职能，推动建立惩防侵害未成年人犯罪长效机制

有效预防侵害未成年人犯罪是对未成年人最好的保护。近年来，检察机关一直大力推动侵害未成年人犯罪惩防机制建设。

一是深入推进“法治进校园”巡讲活动，进一步加强法治与安全教育。各地检察机关逐步实现法治进校园常态化制度化，结合案件积极开展防性侵等自护教育。

针对社会反映强烈的幼儿园虐童问题，福建、河南、甘肃、黑龙江、广西、宁夏等地检察机关还深入幼儿园，对幼儿园从业人员进行法治教育，增强他们儿童权利和保护意识，对儿童和家长进行了必要的自护防范教育。四川、贵州等地检察机关还组织学校、幼儿园管理人员旁听校车危险驾驶案等案件的庭审，开展警示教育。

二是推动建立侵害未成年人案件发现和防范机制。为破解侵害未成年人案件发现难预防难的问题，福建漳州市检察院联合其他部门成立“春蕾安全员”队伍，把安全困境儿童纳入综治网格管理，有效预防、及时发现侵害未成年人犯罪案件。

浙江杭州等地检察机关推动建立了强制报告制度，要求医疗机构和人员发现未成年人遭受犯罪侵害线索的要及时报告公安和检察机关。上海市检察机关正在联合有关部门，积极推动建立全市性侵害未成年人违法犯罪信息库和入职查询制度。

浙江杭州等地检察机关推动建立了强制报告制度，要求医疗机构和人员发现未成年人遭受犯罪侵害线索的要及时报告公安和检察机关。上海市检察机关正在联合有关部门，积极推动建立全市性侵害未成年人违法犯罪信息库和入职查询制度。

三是推动创新和加强未成年人安全管理机制。贵州、重庆、江苏、四川等地检察机关对近年来办理的学校工作人员侵害未成年学生的案件、未成年人在娱乐、宾馆等场所受侵害的案件等进行总结，分析有关部门在未成年人安全管理方面的漏洞，向党委、政府专题报告、发布未检工作白皮书，提出意见和建议，督促完善管理机制，预防类似案件发生。

记者朋友们，侵害未成年人犯罪严重危害未成年人的身心健康和成长，损害人民群众根本利益和千万家庭幸福。在今后的工作中，全国检察机关将以习近平新时代中国特色社会主义思想为指引，继续充分履行法律监督职责，不断提高办案专业化规范化程度，健全完善各项机制制度，与其他部门密切配合，进一步严厉惩治、有效预防侵害未成年人犯罪，最大限度维护未成年人利益，为孩子们健康成长保驾护航，在满足人民群众美好生活需求、推动新时代经济社会发展稳定中作出应有贡献！

肖　玮

下面进行第二项议程，发布检察机关“依法惩治侵害未成年人犯罪　加强未成年人司法保护”典型案（事）例。这些案（事）例已经作为“新闻发布会材料二”印发给大家，这里就不再一一读了。请史卫忠副主任就典型案（事）例作简要说明。

史卫忠

我们这次发布了10个典型案例，突出展示了检察机关立足“捕、诉、监、防”职责，依法严厉打击各类侵害未成年人犯罪，全力加强未成年人司法保护，最大限度地关爱救助未成年被害人的主要做法。

案例一是最高人民检察院核准追诉性侵害未成年人犯罪的一起典型案件，检察机关秉持对侵犯未成年人犯罪“零容忍”态度，贯彻对未成年人特殊、优先保护原则，通过依法核准超过追诉时效的案件，表明了检察机关坚决打击严重侵害未成年人的态度和决心。

案例二是最高人民检察院挂牌督办的全国重大拐卖儿童案件，打击震慑了拐卖儿童犯罪分子，有效维护了被拐卖儿童合法权益，并通过挂牌督办案件，积极推动形成打击、保护、救助、安置等协调配合的长效机制，彰显了检察机关严惩侵害未成年人犯罪、保护未成年人健康成长的决心与社会责任感。

案例三中，检察机关准确把握犯罪本质特征，对一起利用网络实施猥亵而一审法院未认定此行为系猥亵犯罪的案件进行抗诉，依法履行诉讼监督职能，最终得到了法院认可，统一了对新型犯罪适用法律的认识，确保了对各种侵害未成年人犯罪行为的打击力度。

案例四是检察机关在办理一起利用未成年人犯罪案件中，发现被害儿童的监护人严重不履行监护职责，通过检察建议督促被害儿童户籍地职能部门提起撤销监护权诉讼，形成跨区域、跨部门保护合力，切实落实对未成年人的监护职责。

案例五中，检察机关结合办案，敏锐发现当时影响未成年人健康成长的社会不良因素，有针对性地提出检察建议，积极参与社会综合治理，推动有关部门切实履行职责，及时消除隐患，为未成年人营造良好的成长环境。

案例六中，检察机关将未成年人权益保护纳入政府网格化管理平台，拓展了未成年人保护线索来源新领域，切实把维护未成年人合法权益落到实处，进一步推动了社会化全面保护格局的形成。

案例七是一起典型的遗弃留守儿童案件，检察机关聚焦留守儿童，通过办案震慑遗弃犯罪，促使在外打工的父母切实履行监护职责，加强对留守儿童群体的权益维护和关爱救助，有效落实儿童利益最大化的原则。

案例八中，两地检察机关针对一起案件的未成年被害人开展跨省救助，体现了检察机关在依法履行司法职责的同时，延伸救助触角，彰显司法关怀，也为未成年被害人异地救助提供了有益借鉴。

案例九中，检察机关依托医疗机构第一时间获得未成年被害人遭侵害信息的客观条件，推动建立侵害未成年人犯罪强制报告制度，提升惩处侵害未成年人犯罪的及时性，破解侵害未成年人案件取证和认定难题。

案例十中，检察机关依托群众组织扎根基层、容易发现侵害留守儿童合法权益的优势，建立春蕾安全员机制，整合了困境儿童救助保护资源，为实现未成年人检察专业化与社会化有效结合，构建未成年人司法保护社会化支持体系，有效拓展检察机关开展法律监督的渠道作出了有益尝试。

肖　玮

刚才史主任介绍的这些案（事）例是未成年人检察工作办公室办近期向全国检察机关全面征集、仔细遴选的，均来自未成年人检察工作实践一线，内容丰富实在、生动鲜活，具有很强的典型性，建议大家在宣传报道时予以充分关注。

下面进行第三项议程，请各位记者朋友提问。

现场答问

法制日报记者 董凡超

近年来，在未成年人司法保护方面，检察机关的作用越来越突出。我们也发现，过去未成年人检察的工作职责主要是教育挽救涉罪未成年人，近年来逐渐强调惩治侵害未成年人犯罪，加强未成年被害人保护救助。这是基于什么考虑呢？

郑新俭

在过去很长一段时间里，未成年人检察的职责只是办理未成年人涉嫌犯罪案件，对未成年犯罪嫌疑人进行教育感化挽救。从 2015 年开始，最高人民检察院开始推动将侵害未成年人犯罪案件纳入未成年人检察部门的受案范围，把打击惩治侵害未成年人犯罪，保护救助未成年被害人放在了同等重要的位置。这一变化有其深层次的原因。

一是为了更好地贯彻落实党和国家、人民群众关于未成年人权益保护的部署、要求。以习近平同志为核心的党中央多次对关爱未成年人作出部署，要求全社会都要了解少年儿童、尊重少年儿童、关心少年儿童、服务少年儿童，为少年儿童提供良好社会环境。

党的十九大提出要坚持以人民为中心，把人民群众对美好生活的需求作为奋斗目标，要求加强和改善民生，实现幼有所育、教有所学。全国两会期间，很多代表、委员也要求司法机关加大对侵害未成年人犯罪的惩治力度，维护未成年人合法权益。这些是我们进一步强化未成年人司法保护，严厉打击、有效预防侵害未成年人犯罪的基本遵循。

二是基于未成年人司法理念的转变。早期的未成年人检察工作具有一定功利性，主要目的是有效应对未成年人犯罪问题，维护社会稳定。近年来，检察机关逐步树立儿童利益最大化的理念，要求平等保护所有未成年人的合法权益，在继续深化未成年犯罪嫌疑人教育感化挽救的同时，必须加大惩治预防侵害未成年人犯罪力度，关爱救助未成年被害人。

三是基于未成年人保护的现实需要。孩子是每一个家庭美好生活的核心，是全社会最为宝贵的财富，但当前性侵、拐卖、伤害等侵害未成年人犯罪多发，重大恶性案件时有发生，人民群众反映强烈。为了维护人民群众的美好生活、维护社会和谐稳定，必须把惩治侵害未成年人犯罪作为检察机关非常重要的工作内容。

四是基于对未成年人司法规律的深刻认识。我们逐步认识到，办理侵害未成年人犯罪案件同样要遵循未成年人司法的特殊规律，其目的不仅是要惩治犯罪，更要帮助未成年被害人恢复正常；不仅在证据把握、法律适用上有其特殊性，而且要适用适合未成年人身心特点的办案机制。

在新时代，人民群众要求高品质的司法服务，被害人及其家庭不仅要求严厉打击犯罪，还希望在诉讼中得到司法机关的关注、尊重和帮助。我们将侵害未成年人犯罪案件统一由未成年人检察部门办理，就是为了实现办案的专业化规范化，提升办案效果和司法品质，更好地保护未成年人。

新华社记者　王　琦

近年来，侵害未成年人犯罪形势如何，有哪些特点？

史卫忠

党和国家高度重视打击预防侵害未成年人犯罪工作，进一步加强了未成年人保护，取得一定成效。一些地方2017年全年办理的侵害未成年人犯罪案件数量同比也有所下降。但从近年来的发展趋势和全国整体情况看，侵害未成年人犯罪案件仍呈多发态势。主要有以下几个特点：

一是侵害未成年人犯罪呈现上升趋势。2017年以来，全国检察机关共批准逮捕侵害未成年人犯罪4万多人，起诉6万多人。以猥亵儿童罪这一罪名为例，近五年来一直呈现上升态势。从各地统计来看，不少地方侵害未成年人犯罪案件呈现出上升态势，个别地方上升幅度较大，而且重大恶性案件时有发生，不少案件犯罪次数多、被害人多、时间跨度长。

二是从犯罪类型看，在提起公诉的案件中，性侵害和伤害案件占较大比例。其中校园暴力案件在未成年人侵害未成年人案件中的比例较高。而在成年人侵害未成年人犯罪中，强奸、猥亵儿童、强制猥亵、组织卖淫等性侵害案件比例较大，不少地方达60%之多。

三是从被害对象看，留守儿童、低龄儿童受侵害的问题突出。从全国整体情况看，侵害留守儿童犯罪的起诉人数占侵害未成年人犯罪的起诉总人数的7.08%，在一些留守儿童集中的地方比例则更高。部分地方的性侵案件中，7成以上的被害人为14周岁以下儿童。

四是从犯罪主体看，在侵害未成年人犯罪案件中，尤其是性侵案件中，熟人作案的比例高于陌生人，有些地方甚至有70%—80%的案件犯罪嫌疑人和被害人是邻居、亲戚、朋友、师生等关系。

此外，还需要注意的是随着网络时代的发展，涉网侵害未成年人犯罪案件增多，有相当比例的未成年人是通过网络结识不法分子，进而被侵害，目前还出现了利用网络而非直接接触猥亵未成年人的新类型案件。这次发布的武汉检察机关抗诉的猥亵儿童案就是这种情况。未成年人网络安全问题亟待解决。

光明日报记者 龚 亮

检察机关在办理侵害未成年人犯罪案件中有什么问题和困难？怎么来解决这些问题？

郑新俭

侵害未成年人犯罪案件有其特殊性，在办理这类案件中确实遇到了一些困难和问题。主要存在发现难、查证难、指控难等问题。

一是案件发现难。比如性侵案件、监护侵害案件、虐童等犯罪案件，由于未成年人的自护意识、法治意识不强，遇到侵害后不愿、不敢甚至不知道寻求帮助。应当说，此类案件还有相当一部分没有被发现，一些被害人长时间多次受到侵害而侵害者没有被绳之以法。有的即使发现了，但由于证据问题，最终被认定的犯罪次数也比实际发生的少。

二是报案不及时。有些案件发生后，被害人的家长出于保护被害人名誉、怕破坏家庭邻里关系等，不愿意报案，而是选择私了，有的监护人自己就是侵害人，给案件查办带来难题。

三是证据调查难。很多案件发生在封闭私密场所，没有目击证人，有的没有监控录像，同时未成年被害人表达意识弱、不会保留证据，犯罪嫌疑人又往往不认罪，导致这类案件普遍存在客观物证少、直接证据少等问题，给侦查、指控带来很大困难。

为了破解这些难题，有力、准确地惩治侵害未成年人犯罪，检察机关与其他政法机关密切配合，主要做了以下工作：

一是对一些疑难重大的侵害未成年人案件，检察机关会提前介入侦查，引导侦查机关尽可能全面地收集各种证据，为案件顺利诉讼打下基础。

二是考虑这类案件的特殊性，客观准确把握证据标准。检察机关在办案过程中全面审查案件的背景、报案经过、被害人的认知表达能力和陈述的客观性稳定性、间接证据的印证情况、取证的合法性等，进行综合判定。最高人民检察院已经下发了一些典型案例，制定证据审查指引，明确证据标准，指导准确指控犯罪。

三是推动专业的办案队伍建设。一些地方检察机关不但加强了自身队伍的专业化建设，还推动当地公安机关建立了未成年人案件专门办案组织，在提高案件质量方面发挥了积极作用。我们建议要进一步加强包括未成年人警务、未成年人检察和未成年人审判在内的未成年人司法制度建设，以提高办案的质量和效果，为我们的孩子提供更专业的保护。

四是推动建立侵害未成年人案件有效预防和及时发现机制。越早报案越有利于查处犯罪，刚才新闻通报里已经介绍了检察机关在这方面的探索。我们也呼吁监护人在发现孩子被侵害后要及时报案；呼吁我们每一个公民，发现未成年人受到侵害的要及时报案。应当认识到不报案就不能对侵害儿童的犯罪进行惩处，也不利于发现问题并进行有针对性的防范，这不仅在纵容犯罪，也会对我们的孩子造成更大的伤害。

中国日报记者 张 琰

近年来，未成年人遭遇性侵的案件还是时有发生，您觉得主要原因有哪些？就预防性侵害未成年人方面检察机关有什么建议？

郑新俭

从检察机关办案实践来看，导致当前性侵害未成年人发生的原因是综合的。

一是社会上一些低级趣味的淫秽色情信息，包括儿童色情信息，还在通过网络等渠道流传，屡禁不绝。一些人包括未成年人受这些不良信息的影响实施了性侵害未成年人犯罪。有些青少年则沾染了不良生活习气，交往不慎受到侵害。有的甚至“自愿”、主动成为被侵害的对象。

二是家长存在监护看管不到位、警惕性不强等问题。有的父母离异，有的家长外出打工，疏于对子女的看护，导致孩子成为犯罪分子的侵害对象。性侵害留守、流动儿童的问题比较突出。

三是学校、社会培训机构重视文化学习，轻视安全管理，人防技防不到位，尤其是在招录聘用工作人员时，没有进行品行和人格甄别，导致一些工作人员利用职务便利性侵害未成年人。

四是一些地方社会治理薄弱，对流动人口和留守儿童管理服务不到位，对于处于危险状态的未成年人不能及时发现和干预，网吧、娱乐、宾馆等场所违法接待未成年人的问题仍比较突出。

五是对未成年人法治教育、性教育和自护教育不到位，有些未成年人缺乏自护意识，有的受到性侵害后自己还不知道，有的受到性侵害后不知道该怎么办。

为此，除了加大对性侵害未成年人犯罪的打击力度外，还要从以下方面加强防范工作：

一是重视家庭教育与保护。父母或其他监护人应加强对未成年人的关爱，关注他们的需求、上网和交友情况，及时发现他们的异常，并对孩子进行科学的性教育，切实负起监护、看护责任。在发现孩子受到侵害后，要注意保留证据，抛开一些不必要的顾虑，及时报案。要对一些弱势群体家庭提供亲职方面的指导，帮助他们提高监护能力。

二是完善学校、培训机构等与未成年人密切接触行业的安全管理制度。尤其是在招收工作人员时，要进行品德和心理的审查、甄别。性犯罪重犯率比较高，有必要推行性侵害未成年人犯罪信息库和入职查询制度、性侵害未成年人犯罪信息公开制度。检察机关也愿意加强与学校、教育主管部门的合作，切实推动校园安全建设。

三是进一步创新和完善相关社会治理。要发挥学校老师、基层组织工作人员的作用，把安全困境未成年人纳入网格化治理，加强管理和保护。要切实加强未成年人网络保护，消除严重危害未成年人身心健康的不良信息。要下大力气整治娱乐场所、网吧等接待未成年人问题。

下一步工作中，检察机关将加大未成年人行政检察监督力度，监督相关职能部门切实负起未成年人保护职能。我们也建议在今后修改未成年人保护法和预防未成年人犯罪法、制定未成年人网络保护条例时，对相关问题进一步明确和完善，明确责任，增强执行力。法律尤其是要对未成年人淫秽色情信息进行特别规制，包括明确认定标准、强化网络经营者的责任、加大惩治力度等，体现特殊保护，为未成年人营造良好环境。

四是加强未成年人预防性侵害教育。我们在办案中发现，犯罪分子往往选择那些性格懦弱、内向，不爱表达的孩子作为性侵害对象，于是在开展法治进校园巡讲活动中，专门研发了预防性侵害课程，老师、家长反映非常好，孩子们通过巡讲也知道什么是性侵害、遇到性侵害如何保护自己的权益，还有几个受过性侵害的孩子勇敢地站出来举报犯罪。实践证明开展未成年人预防性侵害教育非常有必要。

检察日报记者　郑赫南

刚才的新闻通报里，讲到了对未成年被害人的司法救助问题，近年来检察机关对未成年被害人的司法救助与过去相比有什么发展变化？

史卫忠

最根本的变化是，对未成年被害人的司法救助更加体现了儿童利益最大化的司法理念。未成年人正处在身心成长期，遭受不法侵害往往严重影响其健康成长，需要国家机关、学校、家庭、社会各方面和全体公民给予特别的关心和爱护。因此办理侵害未成年人案件不仅仅是审查事实证据，就案办案，更重要的是还要关注案件中的未成年被害人的成长。

所以，近年来，我们强调对未成年被害人的救助要充分考虑未成年人身心特点以及当下和未来发展的客观需要，给予特殊、优先和及时保护，避免“给钱了事”的简单化做法。具体来讲，未成年人司法救助有以下新发展：

一是救助更加精准、多元。针对未成年被害人的具体需求，提供了经济救助、心理疏导、身体康复、司法援助、支持起诉、技能培训、转学、安置等多种帮助，既要解决未成年人生活面临的困难，也要帮助安排好他未来的学习成长。

有时候可能为一名被害人提供多项救助，有的会进行长期救助。比如刚才新闻通报里讲到的山东一起恶性案件的未成年被害人，她的身心受到严重的伤害，这不是仅仅靠经济援助就能解决的，也不是做一两次心理干预就能够康复的，当地检察机关为她申请了专项基金，制定了长达五年的心理康复计划，一直跟踪到她成年。

二是救助更加主动及时，救助的范围也进一步扩大。根据规定，司法救助有依职权启动和依申请启动两种形式，而检察机关对未成年被害人的救助更多的是依职权主动启动，而且是优先办理，救助也更加及时。

在救助范围上，并不限于刑事案件中的未成年被害人，还包括刑事被害人的未成年子女，以及一些侵权、抚养费纠纷等民事案件中符合条件的未成年当事人。有的地方还尝试开展了对服刑人员未成年子女、困境未成年人的救助。

三是一些地方检察机关探索了异地救助的做法。根据有关规定，司法救助要由办案单位所在地的检察机关管辖。但是，当前我国人口流动比较大，有一些流动的未成年被害人也需要司法救助，一些地方检察机关就在这方面进行了探索。这次公布的案例中，就有深圳检察机关应湖北检察机关的委托，对一名打工人员的两名子女提供了心理疏导、就学、技能培训等系列救助。

又如，山东发生一起丈夫杀死妻子的案件，他们的小孩目睹了杀人过程，身心受到很大伤害，回到江苏原籍后生活又很困难。最高人民检察院及时协调江苏检察机关对这个孩子进行了经济、心理和教育方面的救助。

今年 2 月，最高人民检察院对各地检察机关近年来的做法进行了总结，制定下发了《关于全面加强未成年人国家司法救助工作的意见》，将会更加有力地推进这项工作。

上海电视台法治天地频道记者　程文韬

有学者提出，加强未成年人司法保护，需要社会力量参与，需要社工和心理咨询师等专业人士介入，请问检察机关就此做了哪些工作，有什么打算？

史卫忠

刚才讲到，未成年人司法的目的之一是帮助涉案未成年人顺利回归社会，包括未成年犯罪嫌疑人和未成年被害人，这就要落实特别程序，提供支持和救助，满足他们回归社会的专业需求，要做大量的专业的工作，比如社会调查、心理疏导、技能培训等。这些只靠检察官是完不成的，需要全社会来共同参与，特别是需要专业人士的介入，这就需要有一个社会支持体系，这也是世界各国少年司法制度普遍的做法。

近年来，最高人民检察院对这项工作高度重视，提出了加强未成年人检察专业化、规范化、社会化的发展思路，其中社会化就是要加强与社会力量的配合，努力推动未成年人检察社会支持体系建设。

最高人民检察院和各地检察机关在社会化方面进行了积极努力，得到党委、政府和社会各界的大力支持，对强化未成年人司法保护发挥了非常积极的作用。

目前主要有三种渠道：

一是依靠党委领导，主动加强与综治、民政、教育、医疗等职能部门，以及共青团组织、妇联、关工委等群团组织的沟通配合，发挥各部门的职能优势，为涉案未成年人提供支持，比如帮教、未成年人安置、入学、司法社工组织的培育等。很多地方的检察机关与群团组织有着密切合作关系。

二是争取政府支持，利用政府购买服务、申请专项经费等方式，在办案中引进青少年司法社工、心理咨询师等专业力量提供服务，如进行社会调查、帮教考察、心理疏导等。上海、北京等地就依托政府支持，有着较为成熟的社工体系。

三是与公益组织、爱心企业和志愿者密切合作，建立了未成年人观护基地，提供技能培训、就业安置、帮教、陪伴等支持。

尽管社会化建设取得了较大进展，但也面临四个主要问题：一是社会力量参与未成年人司法办案还缺乏法律依据。二是这项工作受当地经济社会条件的影响很大。经济社会发展相对落后的地方，面临着经费不足、专业力量缺乏等问题，工作很难开展。三是缺乏长效工作机制。政府购买服务有时会因采购项目的变化而不能持久。而司法社工、心理咨询师等专业力量的服务又缺乏明确评估标准，有的工作质量不高。四是缺少一个专门的机构来转介不同专业需求，需要检察官自己多方联系，效率有待提高。

为了推动这项工作的发展，今年 2 月，最高人民检察院与共青团中央签署了《关于构建未成年人检察工作社会支持体系合作框架协议》，目的就是发挥双方各自优势，通过建立未成年检察社会服务机构、培育社工组织等举措，推动未成年人检察社会支持体系建设，并为推动整个未成年人司法社会支持体系建设积累经验。

目前，我们正在按照协议的要求开展相关工作。今年下半年，我们将组织召开未成年人检察社会支持体系建设座谈会，研究部署相关工作。

肖 玮

各位记者朋友，未成年人是国家的未来、民族的希望，关系着中华民族伟大复兴和亿万家庭幸福安宁。加强未成年人司法保护是检察机关的重要职责。为充分发挥检察职能，回应社会对未成年人检察工作关切，最高人民检察院还将于明天开展“关爱祖国未来　擦亮未检品牌”主题开放日活动，邀请部分全国人大代表、全国政协委员、未成年人司法保护方面的专家学者以及中学师生代表走进最高人民检察院机关，了解未成年人检察工作开展情况，也欢迎各位媒体朋友予以关注报道。

检察机关将继续与社会各界携手，不断加大惩治和预防侵害未成年人犯罪力度，努力保护未成年人合法权益，全力呵护未成年人健康成长，为祖国的花朵、民族的未来保驾护航。

典型案（事）例

检察机关依法惩治侵害未成年人犯罪
加强未成年人司法保护
典型案（事）例

典型案（事）例一　坚决依法核准追诉
严惩严重侵害未成年人权益犯罪

一、基本案情

1996 年刘某在河南新密市一路边，拦路强奸放学路过的 8 岁女童郭某，并致女童窒息死亡。事后，刘某将女童掩埋并潜逃。数日后，女童尸体被发现。此案多年未侦破。2013 年，公安机关从被害人体内提取的生物检材中发现线索，锁定犯罪嫌疑人刘某。2017 年 3 月，公安机关将在新疆隐姓埋名打工的刘某抓获归案。本案虽已超过追诉时效，但考虑刘某的犯罪对象为未成年人，且犯罪行为特别恶劣，后果特别严重，社会影响至今没有消除，河南省检察机关按程序提请最高人民检察院核准追诉。最高人民检察院经审查，依法核准追诉刘某。2018 年 1 月，被告人刘某被判处死刑，缓期二年执行，剥夺政治权利终身。

二、典型意义

对法定最高刑为无期徒刑、死刑的犯罪，一般经过二十年不再追诉。如果二十年后认为必须追诉的，依法须经最高人民检察院核准。除此案外，最高人民检察院还依法核准追诉了康某故意杀人案、汪某抢劫案等严重侵害未成年人生命健康权利的案件。在办理此类案件中，检察机关认真贯彻对未成年人特殊、优先保护原则，秉持对严重侵犯未成年人犯罪“零容忍”的理念，结合具体犯罪的性质、情节、手段、后果、社会影响、认罪态度等方面，认真审查，严格把关，依法作出核准追诉的决定，体现了坚决打击严重侵害未成年人犯罪的态度和决心。

典型案（事）例二　挂牌督办重大拐卖儿童犯罪护航被拐卖儿童顺利回家

一、基本情况

近期，福建省泉州市检察院审查办理了拖木日初等13名被告人拐卖儿童、收买被拐卖的儿童案件。在依法严惩各被告人的同时，经检察机关多方努力，全案11名被拐儿童得到妥善安置。此案系最高人民检察院2017年挂牌督办7省（自治区）10起重大拐卖（骗）儿童犯罪案件的一个缩影。挂牌督办拐卖儿童犯罪案件是检察机关为促进全国“打拐”专项行动的深入开展，进一步强化对未成年人司法保护的一项重要举措。最高人民检察院下发督办通知后，各级检察机关高度重视，加强督办指导、加大办案力度，快速批捕起诉了一批拐卖儿童、收买被拐卖儿童的犯罪分子，有力地震慑了此类犯罪。目前，所督办案件中6件已判决。同时，按照最高人民检察院督办要求，各地检察机关在办案中加强对被拐儿童权益保护，注重后续对被拐儿童救助安置机制建设，积极联动其他机关部门，妥善解决被拐儿童安置、抚养、入学、落户等问题，最大限度保障未成年人合法权益，工作成效显著。办理挂牌督办案件中，河北检察机关对遗漏的拐卖儿童犯罪补充起诉，山东检察机关积极向党委政府提出意见建议推进“打拐”专项治理，福建检察机关通过提高审级强化督办案件办理效果，并推动公安机关建立被拐儿童附条件落户机制，为未成年人落户、入学提供绿色通道。各地检察机关积极推动相关部门建立被拐/失踪儿童信息库，及时查找被拐儿童亲生父母，及时跟踪监护抚养动态，努力为其健康成长创造良好的环境和条件。

二、典型意义

拐卖儿童犯罪社会危害大，严重影响家庭幸福、社会稳定。最高人民检察院挂牌督办全国重大拐卖儿童案件，有效回应社会关切，有力打击震慑了拐卖儿童犯罪分子，收到良好社会反响。同时，与普通犯罪案件不同的是，办理拐卖儿童案件的要求更高、工作更多、压力更大。除了要快捕快诉、确保案件质量外，还要更加注重对被拐儿童的心理疏导、解救安置等工作，并积极推动形成打击、保护、救助、安置等各项工作紧密相连、各职能部门相互配合的长效机制，彰显了检察机关严惩侵害未成年人犯罪、保护未成年人健康成长的决心与社会责任感。

典型案（事）例三　依法提出抗诉
准确认定网络猥亵儿童犯罪

一、基本案情

被告人骆某在社交聊天软件上，威胁、恐吓被害女童小羽（化名），迫使其自拍淫秽图片传送给被告人观看。又以公布裸照相威胁，要求与小羽开房并欲进一步实施猥亵，后因被害人报案未得逞。湖北武汉市江汉区检察院以猥亵儿童罪对被告人提起公诉，法院只认定后一行为构成猥亵儿童罪，且系犯罪未遂，对被告人从轻处罚判处有期徒刑一年。检察机关认为，被告人虽未通过身体接触猥亵被害人，但以满足性刺激为目的，迫使被害人发送裸照，严重侵害了被害女童的性羞耻心，已经构成猥亵犯罪既遂，一审判决错误，遂依法提出抗诉。二审法院经开庭审理，采纳检察机关全部抗诉意见，改判被告人骆某有期徒刑两年。

二、典型意义

随着互联网的发展，利用网络实施猥亵等新型违法犯罪行为增多，司法实践中对此类行为是否构成犯罪认识不一，此案的焦点在于通过网络而非直接接触的行为是否构成猥亵犯罪。办案检察机关准确把握利用网络实施猥亵行为的本质特征，并通过抗诉得到法院认可，既有助于统一对类似新型犯罪案件适用法律的认识，为司法办案实践提供有益借鉴，又确保了对各种侵害未成年人犯罪行为的打击力度。

典型案（事）例四　依法惩治利用儿童犯罪督促异地职能部门落实监护职责

一、基本案情

2016年，眭某等三人至上海、湖南、贵州等地，组织并指使何某某（女，8岁）、汪某某（女，7岁）等儿童窃取商店内手机等财物。上海青浦区检察院以组织未成年人进行违反治安管理活动罪对眭某等三人提起公诉。2017年9月，法院分别判处眭某等三人有期徒刑，并处罚金。经审查发现，儿童何某某多次因偷盗行为被遣返原籍，但父母仍将其送回犯罪团伙；儿童汪某某的父亲向其传授犯罪手法，母亲多次带其实施盗窃犯罪。两名儿童父母拒不履行监护职责，任由孩子被利用甚至直接带其实施犯罪，情节严重，检察机关遂向该两名儿童的户籍所在地湖南省某县人民政府发出检察建议，督促其责成相关职能部门提起撤销监护权之诉。2017年9月，该县社会救助站向人民法院提起撤销监护权诉讼，法院依法撤销汪某某父母及何某某父母的监护权，并分别为汪某某、何某某指定了监护人。其后，上海检察机关继续保持与当地有关部门联系，密切关注汪某某与何某某的被监护状况。

二、典型意义

“两怀妇女”（怀孕及怀抱婴儿的妇女的俗称）利用低龄儿童实施盗窃等犯罪，严重影响未成年人的身心健康。且实践中此类犯罪存在调查取证难、适用强制措施难、易复发、对未成年人保护不到位等问题。本案中，检察机关基于两名儿童的父母已不适宜也不可能履行监护人职责的事实，通过督促异地职能部门剥夺监护权，实现犯罪地与儿童居住地跨区域协作，司法机关与行政机关跨部门配合，解决了外流犯罪整治难、儿童保护配合弱的问题，有效衔接了未成年人刑事保护与民事保护，为形成未成年人保护合力提供了有益借鉴。

典型案（事）例五　结合办案强化监督及时消除影响未成年人成长隐患

一、基本案情

2017年，江苏某地检察机关在办理一起社会闲散人员以物质诱惑、言语威胁等手段，引诱、介绍未成年在校女学生卖淫的案件中，发现涉案女生所在学校安全自护等课程缺失、校园保卫制度执行不到位、部分宾馆不按规定执行住宿和会客登记制度、部分网吧违规接纳并留宿未成年人等问题。经深入调查研究后，检察机关提出了应当高度重视相关情况并完善监管的检察建议，该检察建议获市县两级党政主要领导的关注。检察机关推动教育、公安、法院、文广新局等部门，在全县范围内开展校园安全专项治理行动，清查校园周边可能存在的安全隐患。专项行动中，2 名学校校长被免职，40 余家旅馆、洗浴场所和 10 余家网吧被依法查处整顿，3 家无资质的黑网吧被关停。检察机关在对被害女学生开展心理疏导等正向引导教育的同时，在全县中小学校开展“呵护花蕾——女童防性侵行动”巡回宣讲活动，有效提升在校女学生的自我防护安全意识。

二、典型意义

不良社会环境对未成年人的成长影响巨大，为其提供良好健康的成长环境是全社会的责任。在办理本案中，检察机关敏锐发现涉事学校的教育、管理存在缺陷，相关行业执行未成年人保护法等法律规定不到位。这种情况在不少地方较为普遍。为此，检察机关结合办案，发现、总结、分析涉及到的问题，并有针对性提出检察建议，得到当地党委政府的高度重视，推动有关职能部门依法履行监管职责和法定义务，组织专项打击治理，及时清除了影响未成年人身心健康和诱发未成年人犯罪的社会隐患，净化未成年人成长环境，取得了很好的社会效果。

典型案（事）例六　依托“网格化管理”平台促进未成年人检察监督落到实处

一、基本案情

2017 年 6 月 13 日，四川省古蔺县检察院通过“网格化服务管理平台”，发现某小学外存在客运车超员搭载学生行为，督促公安机关查处。6 月 15 日，当地交警部门又在该小学附近查获超员搭载学生的高某某，其运营和驾驶的小型面包车严重超员，核准载客 9 人的车辆搭载了含 10 名小学生在内共 17 名乘客。后检察机关以危险驾驶罪对高某某提起公诉，高某某依法被判处拘役一个月，并处罚金五千元。

2017 年以来，古蔺县检察院在该县已有的“网格化服务管理平台”上增设未成年人事件上报端口，通过检察监督督促相关职能部门依法履职，落实对未成年人的综合保护。该平台由网格员负责采集涉及未成年人权益相关信息，通过平台上报后流转至对应的职能部门，同时抄送县检察院，由检察院履行法律监督。近期，在检察院指导网格员开展“黑校车”专项信息收集行动中，又查获 2 起“黑校车”严重超员搭载幼儿园学生的危险驾驶案件，均已提起公诉。

二、典型意义

如何及时处置侵害未成年人权益的线索，是当前未成年人保护工作面临的一个突出问题。检察机关探索未成年人权益保护与网格化管理有机结合新模式，拓展了未成年人保护线索来源新领域，使侵害未成年人权益的案事件能够及时进入监督视野，有助于充分发挥检察职能，切实把维护未成年人合法权益落到实处，进一步推动了社会化全面保护格局的形成。

典型案（事）例七　依法打击遗弃留守儿童犯罪督促切实履行监护职责

一、基本案情

2017 年 5 月，陈某在未与外出务工的妻子商量的情况下，将自己四个年幼的孩子遗弃家中，拒不履行监护职责，致使四名儿童仅能通过向他人索要粮食、捡垃圾卖钱、依靠政府和学校的资助维持生计。贵州省某地检察机关在联合公安、法院开展打击遗弃留守儿童专项行动中发现此案。检察机关以遗弃罪对陈某提起公诉，2017 年 12 月，法院判处陈某有期徒刑二年，缓刑三年。检察机关办案中，及时联系孩子母亲回乡照看孩子，开展司法救助为四名儿童申请司法救助金四万元，并监督乡政府落实被害人低保及入学保障等问题。陈某认识到自身过错，在家乡就近寻找工作，履行起监护职责，目前四名儿童学习生活正常，心理状况良好。检察机关对四名儿童后续情况持续予以跟踪关注。

二、典型意义

随着我国城市化进程加快，留守儿童成为一个广受社会关注的特殊群体。因缺乏有效监护，得不到关爱，儿童保护出现不少问题，尤其在中西部个别地区问题较为突出，有的甚至出现儿童被伤害、致死等极端事件，造成恶劣社会影响。检察机关聚焦留守儿童，通过办案震慑遗弃犯罪，促使在外打工的父母切实履行监护职责，并加强对留守儿童群体的权益维护和关爱救助，传递司法温情，有效落实儿童利益最大化的原则，收到良好的法律效果和社会效果。

典型案（事）例八　横向联动

跨省开展未成年被害人司法救助

一、基本案情

2017 年，湖北省某地检察机关在办理高某强奸两名亲生女儿案件时，发现未成年被害人身心遭受严重伤害。本案案发后，高某的三个未成年子女先后前去广东投奔母亲。为有效开展未成年被害人救助保护工作，消除本案对未成年被害人造成的伤害，2018 年 1 月 26 日，湖北检察机关书面委托广东省深圳市检察院开展异地救助帮扶工作。受委托检察机关立即走访被害人，了解其当前生活状况和迫切需求，联合“点亮心光”社会工作服务中心组建救助团队，对被害人开展心理救助。针对被害人无学可上的困境，检察机关为弟弟联系学校接受义务教育，为姐姐联系职业技术学校学习劳动技能，并联系做好学费减免工作。目前，被害未成年人学习、生活状态良好，逐步走出心理阴影，重拾对生活的信心。

二、典型意义

随着我国社会经济发展，人员流动性大，未成年被害人需要异地救助的情况日益增多。各地检察机关加强联系配合，主动而为，跨省横向联动，在依法履行司法保护的同时，注意引入社会专业力量，链接各方面资源，多元化做好异地救助工作，为破解未成年被害人异地救助难题提供了有益借鉴。

典型案（事）例九　建立强制报告制度及时严惩侵害未成年人犯罪

一、基本情况

2017 年 7 月，浙江省杭州市萧山区检察院在办理一起严重性侵害未成年人犯罪案件中，发现本案系医院医生在接诊治疗时怀疑女孩疑遭性侵害而报案案发的。为破解侵害未成年人犯罪案件发现难、固定证据不及时等问题，2018 年 4 月，浙江检察机关联合公安、卫生和计划生育部门共同出台《关于建立侵害未成年人案件强制报告制度的意见》，明确医疗机构及其工作人员在工作中发现未成年人遭受或者疑似遭受强奸、猥亵、虐待、遗弃、暴力伤害或工伤、火灾、溺水、自杀等非正常伤害、死亡情况时，应当及时向公安机关报案，并向检察机关、卫生主管部门报告备案，在医治过程中应及时记录、评估和保存相关资料，积极配合调查取证。公安机关接到报案后及时出警、迅速审查，并向检察机关通报是否立案、证据收集情况、侦查进展、处理结果等案件信息。检察机关对于重大、敏感案件提前派员介入侦查，并加强立案监督力度。《意见》建立联系人制度，畅通联系渠道；建立定期交流制度，及时研究工作中出现的新情况、新问题；建立联合培训制度，强化医疗机构医务人员的隐私保护意识、责任意识、法律意识；建立奖励表彰制度，提升医疗机构及其工作人员积极性。

二、典型意义

侵害未成年人犯罪案件存在着犯罪隐秘发现难、客观证据易灭失、被害人救助保护不及时等突出问题。实践中，遭受侵害的未成年人一般会到医院就诊，医疗机构具备第一时间获得未成年被害人遭受性侵害信息的客观条件。检察机关依托此条件，推动建立侵害未成年人犯罪强制报告制度，有利于第一时间发现犯罪、固定证据，提升惩处侵害未成年人犯罪的及时性，有助于第一时间开展保护救助工作，避免未成年被害人遭受二次伤害。

典型案（事）例十　构建春蕾安全员机制
为困境儿童撑起司法保护之伞

一、基本情况

2017年，郑某性侵养女长达三年之久，并致其怀孕，虽曾有群众反映，但公安机关一直未予重视。春蕾安全员发现后向检察机关通报，福建省漳州市检察院对此案进行立案监督，后依法将郑某一案提起公诉，现郑某已被判处无期徒刑。

春蕾安全员机制，系福建省漳州市检察院为解决留守儿童遭侵害发现难、发现晚等问题，联合妇联、公安、法院出台《关于组建春蕾安全员队伍的工作意见（试行）》，组建以农村妇女主任为主体的2000余人、覆盖所有基层组织的春蕾安全员队伍，由检察机关对春蕾安全员进行履职知识技能培训，开通绿色通道，春蕾安全员可以就发现的问题直接联系检察机关反映情况。该机制将处于安全困境的儿童分为环境安全、环境关注、环境危险三个等级，把环境关注等级以上儿童纳入综治网格管理，统一实行建档管理、定期走访、实时介入等系列工作机制，推动预防未成年人受害工作由被动受案向主动预防转变。依托春蕾安全员机制，检察机关联合职能部门关停3家在学校周边容留留守儿童上网娱乐的网吧、游戏厅。

二、典型意义

春蕾安全员机制依托群众组织扎根基层，容易发现侵害留守儿童合法权益的优势，创新了未成年人受害案件线索的发现机制，进一步整合了困境儿童救助保护资源，为实现未成年人检察专业化与社会化有效结合，构建未成年人司法保护社会化支持体系，有效拓展检察机关开展法律监督的渠道作出了有益尝试。

部分新闻链接

1. 人民日报 2018 年 5 月 30 日报道《最高检通报情况　依法惩治侵害未成年人犯罪　未成年人网络安全问题出现新趋势》

2. 新华社 2018 年 5 月 30 日报道《全国检察机关依法严厉惩治侵害未成年人犯罪》

3. 中央广播电视总台央视新闻频道（CCTV–13）2018 年 5 月 29 日报道《最高检：侵害未成年人犯罪案件多发》

4. 中央广播电视总台央视新闻频道（CCTV–13）2018 年 5 月 30 日报道《最高检：北京红黄蓝幼儿园案已提起公诉》《最高检：对未成年人保护，法要跟上》

5. 光明日报 2018 年 5 月 30 日报道《最高检：对侵害未成年人犯罪坚持“零容忍”》

6. 中国日报 2018 年 5 月 30 日报道《检察机关采取措施加大未成年权益保护》

7. 法制日报 2018 年 5 月 30 日报道《最高检发布 10 起加强未成年人司法保护案事例　侵害未成年人强制报告制度破解发现难》

开展监狱巡回检察试点　增强监督针对性实效性

最高人民检察院通报部署开展对监狱巡回检察试点工作情况

发布时间： 2018 年 5 月 31 日 10:00

发布内容： 通报即将开展的对监狱实行巡回检察试点工作情况

发布地点： 最高人民检察院

主 持 人： 最高人民检察院新闻发言人　王松苗

出席嘉宾： 最高人民检察院刑事执行检察厅厅长　王守安①
最高人民检察院刑事执行检察厅副厅长　周伟②

① 现任最高人民检察院第五检察厅厅长。
② 现任最高人民检察院驻司法部燕城监狱检察室主任。

主题发布

王松苗

各位记者朋友，大家上午好！欢迎参加最高人民检察院新闻发布会。今天发布会的主题是：“开展监狱巡回检察试点　增强监督针对性实效性”。主要有两项议程，一是向大家通报检察机关即将开展的对监狱巡回检察试点工作情况，二是回答记者提问。

受邀出席今天发布会的是最高人民检察院刑事执行检察厅厅长王守安和副厅长周伟。下面，我先就部署开展对监狱巡回检察试点工作情况向大家作一简单介绍。

为深入贯彻落实习近平新时代中国特色社会主义政法思想，积极推进监狱检察改革，加强和改进对监狱刑罚执行和监管改造活动的监督，增强检察机关法律监督实效，最高人民检察院决定，自 2018 年 6 月起，8 个省（自治区、直辖市）检察机关开展对监狱实行巡回检察试点工作。试点工作方案已于日前印发。

与大家熟悉的监狱派驻检察不同，监狱巡回检察试点，主要是通过机动式巡回检察，合理调整检察机关与监督对象之间的关系，灵活确定监督重点，及时进行整改纠正，确保检察监督的针对性、实效性。

一、开展试点的主要考虑

党的十九大对深化全面依法治国、推进司法体制改革和落实总体国家安全观作出重要部署，强调努力让人民群众在每一个司法案件中感受到公平正义，加强国家安全法治保障，加强人权法治保障。习近平总书记指出，贯彻落实总体国家安全观，必须既重视外部安全，又重视内部安全。

监狱是国家刑罚执行机关，也是国家内部安全体系的一个重要环节，其刑罚执行和监管改造质量如何，直接关系到刑罚目的的最终实现和社会的公平正义，也直接关系到总体国家安全观的全面落实和社会的安全稳定。

对监狱刑罚执行和监管改造活动实行法律监督是我国法律赋予检察机关的一项重要职责。新的形势对于检察机关创新监狱监督理念，改进监狱监督方式，提升监狱检察工作整体质效提出了新的更高要求。

近年来，在各级党委政法委的正确领导下，在司法行政机关、监狱管理机关和监狱的大力支持与配合下，检察机关监狱检察工作取得了一些发展。

一是刑罚变更执行同步监督取得新的成效。加强对罪犯岗位调整、计分考核、立功奖励、病情鉴定等关键部位和重点环节的监督，从源头上防止违法不当问题的发生。严格执行中央有关意见要求，重点强化对职务犯罪、金融犯罪和黑社会性质犯罪等“三类罪犯”减刑、假释、暂予监外执行各个环节的同步监督，“有权人”“有钱人”减刑快、假释或暂予监外执行比例高、实际服刑期偏短的现象得到有效遏制。

二是罪犯合法权益得到更加有力的保障。坚持惩治犯罪与保障人权相结合，严厉打击“牢头狱霸”，加强对未成年和老弱病残罪犯合法权益的保护，认真受理罪犯举报、控告和申诉，注重纠防冤假错案。近年来检察机关督促纠正的“浙江张氏叔侄强奸杀人案”“海南黄家光故意杀人案”，都是在监狱检察工作中发现的。

三是监狱检察制度机制更加完善。最高人民检察院制定了《人民检察院办理减刑、假释案件规定》等多个相关规范性文件，会同有关部门联合制定了《暂予监外执行规定》，严格落实《人民检察院监狱检察办法》，进一步健全监狱检察工作机制。

四是监狱检察信息化建设迈上新台阶。研发应用了检察机关统一业务应用系统刑事执行检察子系统，会同最高人民法院、司法部共同推进减刑、假释信息化办案平台建设，实现了“减假暂”等案件的网上办理，进一步提升了办案效率和监督效果。

目前，检察机关对监狱刑罚执行和监管改造活动主要是采取同级检察机关派驻检察、上级检察机关不定期巡视检察和针对突出问题开展专项检察等监督方式。其中，派驻检察是最主要的日常监督方式。

截至 2018 年 4 月底，全国检察机关共设置 667 个派驻监狱检察室承担监狱检察任务，对全国监狱派驻检察的比例达到了 97% 以上。

实行派驻检察为主的监督方式，客观上对于强化对监狱刑罚执行和监管改造活动的监督，促进监狱依法严格文明规范执法，强化罪犯合法权益保障发挥了重要的作用。但这一监督方式也存在一些问题，导致监督质效不够理想。

主要是派驻检察人员相对固定，缺乏必要的交流轮岗，有的长期派驻在一个监狱，熟悉监狱工作情况但也会出现熟视无睹，导致监督的敏感性不强，甚至被“同化”，进而出现不愿监督、不敢监督，监督流于形式、缺乏实效的问题。

我们都知道“熟能生巧”，但也要警惕“熟能生懒”，防止“熟能生腐”。俗话说“滚动的石头不长青苔”，实行巡回检察试点，目的就在于防止权力长青苔。

与此同时，2013 年修改后的刑事诉讼法和人民检察院刑事诉讼规则实施后，刑事执行检察部门在人员力量没有明显变化的情况下承担了许多新的职责。随着司法责任制改革的深入推进和 2016 年底统一业务应用系统刑事执行检察子系统的上线运行，如何高质高效地完成大量的日常派驻检察和繁重的“减假暂”案件办理任务，成为必须破解的一道难题。

因此，从必要性方面看，可以说是问题的倒逼。近年来，一些地方检察机关探索对监狱开展巡视检察和巡回检察。这种巡视检察集中发现纠正了监狱一些较为严重的问题，取得了很好的效果。

从实践经验看，最高人民检察院和各省、市级人民检察院刑事执行检察部门近年对辖区的一些监狱，采取随机抽查、突击检察和不定期检察等方式进行的巡视检察，也带有巡回检察性质的意味。还有一些派驻检察室负责两个以上监狱的监督任务，实际上采取的也是“派驻＋巡回”的监督方式。

从可行性方面看，通过近年来全国监狱检察信息化建设，检察机关普遍实现了与监狱监管信息联网，一些地方还实现了与监狱监控联网，监狱整体上执法规范化水平较以往也有了明显提高，为探索实行巡回检察试点提供了条件，奠定了基础。

二、试点工作的研究论证

最高人民检察院党组书记、检察长张军对做好新形势下的监狱检察工作高度重视，就做好巡回检察试点的研究论证工作多次提出明确要求。

最高人民检察院刑事执行检察厅等有关部门对开展对监狱巡回检察试点工作进行了深入研究，组织工作专班起草试点方案稿。在起草试点方案的过程中，通过发函、座谈交流、实地调研等形式，多次征求司法部监狱管理局、拟组织开展试点工作的省（自治区、直辖市）检察机关、监狱管理机关和监狱的意见建议，并认真进行研究、吸纳，同时也学习借鉴了纪检监察部门开展巡视巡察的经验做法。

从征求意见情况看，大家都认为这是监狱检察方式的重大改革，有利于解决目前派驻监狱检察存在的弊端，都表示积极支持和参与改革试点工作。

通过深入调研和广泛听取意见，最高人民检察院研究认为，在部分省（自治区、直辖市）检察机关对监狱实行巡回检察试点确有必要，切实可行。这不仅仅是对监狱的监督方式的改革与创新，也是对监狱检察人员力量的整合，对监狱检察监督理念、工作重点和主要任务的调整。

部署开展巡回检察试点工作，是检察机关深入贯彻落实习近平新时代中国特色社会主义思想，深入贯彻落实中央司法体制改革精神，积极回应新时代人民群众对民主、法治、公平、正义、安全、环境等方面内涵更丰富、水平更高的需求的一项重要举措，对于开创监狱检察工作新局面，增强检察机关法律监督整体实效，推动新时代中国特色社会主义检察事业创新发展具有重要意义。

三、试点工作方案的主要内容

第一，试点时间和地区。试点时间是 2018 年 6 月至 2019 年 5 月，为期一年。试点地区是山西、辽宁、上海、山东、湖北、海南、四川、宁夏等 8 个省（自治区、直辖市）。承担试点任务的省（自治区）检察院要至少确定 3 个、上海市检察院要至少确定 2 个地市级检察院或者刑事执行检察院为试点院。

第二，巡回检察的内容和重点。各试点检察院要以现有派驻检察人员为基础组成若干个检察官办案组，代表本院对监狱执行刑事诉讼法、监狱法等法律规定情况，刑罚执行和监管改造活动是否合法进行全面检察。重点是监管改造、教育改造、劳动改造活动检察；监管安全防范检察；戒具使用和禁闭检察；罪犯合法权益保障情况检察等。

检察官办案组除了负责巡回检察之外，还承担办理减刑、假释、暂予监外执行案件等日常办案任务。巡回检察与以往的日常派驻检察的重点不同，更突出监管改造情况检察，更强调监督的质效。

第三，巡回检察的方式和要求。借鉴以往组织巡视检察工作的经验做法，试点方案规定各试点检察院可以采取不定期检察等方式进行巡回检察。试点期间对监狱巡回检察的次数及每次的时间、人员安排等，可以根据工作实际自行确定，但要保证巡回检察的工作质效。

根据监督工作需要，可以采取不固定人员、不固定监狱的方式，组织开展交叉巡回检察。监狱发生罪犯非正常死亡、脱逃等监管事故的，应当及时进行专门检察。

第四，巡回检察的具体方法措施。主要是：调阅、复制有关案卷材料、档案资料、有关账表、会议记录、罪犯计分考核、奖励材料等资料，调看监控录像和联网监管信息；实地查看禁闭室、会见室、监区、监舍、医疗场所及罪犯生活、学习、劳动场所；抽取一两个监室，找罪犯逐个谈话；找已出监或者即将刑满释放的罪犯谈话；听取监狱工作情况介绍，列席监狱狱情分析会等有关会议，找有关监管民警进行谈话，召开座谈会；开展专项检察等。

第五，巡回检察发现问题的处理。试点方案分三类情形作出规定：

一是发现存在轻微违法情况和工作漏洞、安全隐患的，应当当场向监狱提出口头纠正意见或者建议。

二是发现严重违法情况或者存在可能导致执法不公和重大事故等苗头性、倾向性问题，需要向监狱发出纠正违法通知书或者检察建议书的，应当作为监督案件办理，依法提出纠正意见或者建议并落实专人跟踪督促纠正。对发出纠正违法通知书后十五日内，监狱仍未纠正或者回复意见的，应当及时层报省级人民检察院，由省级人民检察院通报省（自治区、直辖市）监狱管理局进行监督纠正。

三是发现执法司法人员涉嫌贪污受贿、失职渎职等职务违法或者职务犯罪的问题线索的，依法处理或者办理。同时，还强调，要注意加强内部监督制约，适时安排不同的检察官办案组对同一监狱进行巡回检察，及时发现和解决上次巡回检察工作存在的问题和不足，进一步提升巡回检察工作的质效。

我要介绍的就这些。现在进行第二项议程，请各位记者朋友提问。

现场答问

中央广播电视总台国际台记者　吴　倩

请问这次巡回检察改革试点与以往派驻检察相比，有哪些具体的变化？

王守安

开展试点工作后，派驻检察和巡回检察将分别是非试点地区和试点地区检察机关对监狱刑罚执行和监管改造活动进行监督的主要方式。与派驻检察相比，此次巡回检察主要有四点变化：

一是检察方式的变化。派驻检察是检察人员常驻监管场所，对监狱刑罚执行和监管改造活动进行检察，其最大的特点是派驻，要求每一名派驻检察人员每个月派驻检察的时间不得少于 16 个工作日，而且要求每个工作日派驻检察室都要有人员在岗。而巡回检察是不定期检察，虽然对试点期间巡回检察的次数及每次的时间、人员安排没有作具体要求，但必须保证巡回检察的工作质效。各试点单位还可以采取不固定人员、不固定监狱的方式，组织开展交叉巡回检察。

二是工作重点的变化。派驻检察工作职责较多，主要包括对监狱日常监管执法活动的监督和办理监狱提请减刑假释暂予监外执行监督等案件。巡回检察工作的重点有所不同，强调加强对监狱管理改造、教育改造和劳动改造等活动的监督，与监狱共同促进提升监管改造效果，将罪犯改造成守法公民。

三是问责追究的变化。派驻检察工作主要是对发现监狱监管执法和刑罚执行活动中违法问题的监督纠正，要求检察机关对派驻检察工作中发现的违法问题，根据违法程度不同，通过口头或书面的纠正违法和检察建议的方式予以纠正，督促监狱严格规范执法。巡回检察在注重对监狱纠正违法的同时，还注重检察机关内部的监督制约和责任追究，如对监狱存在的违法问题应当发现而未发现，或者对发现的监狱存在的违法问题不予报告、未依法及时提出监督纠正意见的，要依据相关规定追究有关人员失职渎职的责任，更加注重提升监督工作的质效。

四是监督实际节点的变化。按照现在监狱检察工作有关规定，检察机关对监狱出监收监、禁闭等活动都要进行日常监督，并且要求填写监狱检察日志，记录罪犯每日变动情况、开展检察工作等情况。巡回检察后，对监狱出监收监、禁闭等活动不再实行日常监督，而是通过巡回方式检察监狱出监收监、禁闭等是否符合法律规定，是否存在违法情况。

北京青年报记者　董　鑫

从试点方案看，这次试点的时间为一年，选择了山西等8个省份作为试点地区，请问是基于什么考虑的？

周　伟

一是关于试点时间问题。考虑到巡回检察是监狱检察方式的重大变革，对于试点地区而言，基本上是一种新的监督方式，起草具体实施方案、确定试点院、部署落实需要一定时间，同时也需要通过较长一段时间体现试点成效。参加调研座谈的省级检察院同志也都提出试点时间不能太短。综合考虑上述因素，我们确定试点工作从今年 6 月份开始到明年 5 月份结束，为期一年。

二是关于试点地区问题。我们综合考虑东西南北中地域分布因素，选择山西、辽宁、上海、山东、湖北、海南、四川、宁夏 8 个省份进行试点。这里既有东部，也有西部、中部；既有省、自治区，也有直辖市。为保证试点检察院的代表性和考虑试点省份实际状况，我们要求承担试点任务的省（自治区）检察院要至少确定三个、上海市检察院要至少确定两个地市级检察院或者刑事执行检察院为试点院。试点院对辖区内的监狱全面实行巡回检察。

新华社记者　陈　菲

派驻检察改为巡回检察后，目前派驻检察机构会有什么变化，派驻人员将如何安排？巡回检察人员如何配置？

王守安

在试点过程中，各试点院对辖区监狱不再实行派驻检察，以现有派驻检察人员为基础，调整充实和整合力量，组成若干个检察官办案组，负责对监狱进行巡回检察，办理监狱提请减刑假释暂予监外执行监督案件、罪犯又犯罪审查逮捕和审查起诉案件、监管事故检察等案件，这样就可以兼顾巡回检察与日常监督办案工作。检察官办案组组长必须由员额检察官担任，必要时可以由分管副检察长担任，成员不得少于 3 人。

检察官办案组成员要定期调整、轮换。人员之所以要求不少于 3 人，主要是考虑到有些地市级检察院刑事执行检察部门人员不多，如果要求每个办案组人数较多则可能无法成立两个以上的办案组，难以做到定期调整、轮换和实行交叉检察。考虑到开展巡回检察和办案工作的实际需要，需要保持派驻检察室办公办案用房、装备设施以及机构、编制等不变。

中央广播电视总台央视记者　程　琴

派驻检察改为巡回检察后，法律监督的效果会不会减弱，如何保证检察质量？如何保障服刑人员的合法权益？

周　伟

从我们此前调研座谈和征求意见情况看，不论是检察机关还是相关部门，大家都表示积极支持和参与改革试点工作。同时也有一些同志对试点工作表示了担心和顾虑，主要是担心检察机关对监狱不再派驻检察，将难以做到全面及时地掌握监管执法情况和发现纠正存在的问题，一些小问题可能会因没有得到及时发现纠正成为大问题，不利于监狱监管执法活动的及时规范和罪犯合法权益的及时保障。我们将在试点工作中指导试点地区检察机关加强制度设计，提高监督的及时性、同步性，着力防范这些问题的发生。

一是注重治本安全观的落实，督促监狱更加重视对罪犯的教育改造。在试点过程中，要求试点单位不仅注重维护监狱监管秩序的稳定，更要监督监狱加强对罪犯的教育改造，促进监狱把罪犯改造成为守法公民向社会输出，从实际行动上落实好总体国家安全观。

二是注重对罪犯举报控告申诉案件的办理，切实维护罪犯合法权益。巡回检察过程中，抽取部分监室找罪犯逐个谈话，开启查看检察信箱，认真接受罪犯及其法定代理人、近亲属的举报、控告和申诉，按照相关规定认真办理并及时反馈。

三是结合正在开展的“监督维护在押人员合法权益专项活动”，加强对罪犯权益的保护力度。为落实加强人权司法保障的要求，通过强化刑事执行检察监督，加大对监狱、看守所在押人员的人权保障力度，促进监管场所提高监管改造质量，2018 年 4 月，最高人民检察院在全国检察机关部署开展了“监督维护在押人员合法权益专项活动”。我们将要求试点地区将此次试点工作和专项活动有机结合起来，坚持问题导向，监督纠正和预防减少侵犯监狱罪犯合法权益的违法行为，建立健全保障罪犯合法权益长效机制，切实维护罪犯合法权益和社会安全稳定，提高执法司法公信力。

法制网记者　赵　颖

巡回检察过程中，检察机关将采取哪些措施，确保巡回检察能够取得好的效果？

周　伟

一是建立健全工作机制。各试点院要结合试点工作，建立健全巡回检察工作机制，规范巡回检察工作流程，保障人员配备和车辆装备。有条件的地方，可以探索建立专门的巡回检察机构。承担试点任务的省（自治区、直辖市）检察院要统筹、协调、指导试点院开展巡回检察工作，制定巡回检察工作规范，建立完善考核激励机制。同时，要与监狱建立联席会议等工作联系和沟通协作机制，及时了解监狱重要工作部署和发生的重大情况，共同分析监管执法和检察监督工作中存在的问题，研究改进工作的措施。

二是严格规范巡回检察记录和报告工作。每次巡回检察都应当制作检察记录，报告重大事项。记录和报告的内容包括巡回检察工作基本情况、发现的问题、处理措施、有关意见或者建议等，报本院领导和上级人民检察院刑事执行检察部门。巡回检察工作开展情况，可以以适当方式公开，接受人民群众监督。

三是严肃责任追究。对不依法履行巡回检察职责，对监狱存在的违法问题应当发现而未发现，要依据相关规定追究有关人员失职的责任。对发现的监狱存在的违法问题不予报告、未依法及时提出监督纠正意见的，要依据相关规定追究有关人员渎职的责任。对上轮巡回检察发现的监狱存在的违法问题提出监督纠正意见后，不及时采取措施督促监狱整改落实，履行监督职责不到位的，要依据相关规定追究有关人员失职的责任。

对首轮巡回检察发现的问题，要依法适度从宽处理；对此后巡回检察发现的问题，要依法从严处理。同时，要注意加强内部监督制约，适时安排不同的检察官办案组对同一监狱进行巡回检察，及时发现和解决上次巡回检察工作存在的问题和不足，进一步提升巡回检察工作的质效。

中国妇女报记者　王春霞

这次试点工作的目标是什么，下一步还会采取哪些措施保证试点工作顺利实施和试点目标的实现？

周　伟

我们将通过为期一年的试点实践，不断积累和总结巡回检察工作经验做法，指导各地检察机关进一步更新监狱监督理念，健全监狱检察工作机制，提炼出可复制、可推广的巡回检察工作标准和规范，与监狱共同推进严格执法、公正司法，共同落实治本安全观，共同促进提升监管改造效果，更好地满足人们群众在民主、法治、公平、正义、安全、环境等方面内涵更丰富、水平更高的需求，实现监狱检察工作政治效果、社会效果和法律效果的有机统一。

为保证试点工作依法有序推进、扎实有效开展，确保达到预期目标要求，我们将采取以下措施：

一是加强组织领导和执法保障。最高人民检察院将于近期召开全国检察机关刑事执行检察工作座谈会，就做好有关试点工作作进一步的部署，并将在会议期间组织承担试点任务的8个省（自治区、直辖市）检察院的参会同志研究具体落实措施。试点方案也要求承担试点任务的省（区、市）检察院要成立以分管副检察长为组长——试点院要成立以检察长为组长——各有关部门负责人为成员的试点工作领导小组，切实加强组织领导，真正把试点工作摆上重要议事日程抓紧抓好，全力保障巡回检察所需的人员、经费、车辆和装备。

二是加强请示报告和沟通协调。承担试点任务的省（自治区、直辖市）检察院和试点院对于试点工作中的重要问题和重大事项，要及时向地方党委请示报告，积极争取地方党委、人大、政府和有关部门的支持。要建立与省（自治区、直辖市）司法厅（局）、监狱管理局和监狱的协调配合机制，保证试点工作稳步开展。试点工作中遇有重大问题，要及时报告最高人民检察院。

三是加强专题培训和督导检查。有针对性地开展专题培训，认真组织巡回检察人员学习监狱检察有关法律法规、司法解释、规范性文件和典型监督案例，提升巡回检察监督能力和水平。采取切实措施抓好督导检查，督促各项工作措施落到实处。最高人民检察院将跟踪了解试点工作进展情况，对试点工作进行总结评估，提出在全国推广的意见，并对试点工作中成效突出的地方给予通报表扬。

四是加强巡回检察制度建设。我们将结合巡回检察试点工作，及时总结巡回检察经验做法，指导试点地区制定巡回检察规范性文件，同时着手修改《人民检察院监狱检察办法》，为下一步全面推开巡回检察工作，实现常态化、规范化开展提供制度依据和保障。

王松苗

各位记者朋友，部署开展对监狱实行巡回检察试点工作，是检察机关贯彻落实中央精神，按照张军检察长提出的“讲政治、顾大局、谋发展、重自强”要求，加强新时代法律监督工作的重要创新举措。

流水不腐，户枢不蠹。在这项工作的部署、推进和深化过程中，离不开新闻媒体的大力支持和帮助。我们将及时总结试点工作的进展情况和经验做法成效，提供相关新闻素材，希望各家媒体予以关心关注，及时进行宣传报道，为试点工作开展乃至新时代检察工作创新发展提供有力的舆论支持。

部分新闻链接

1. 人民日报 2018 年 5 月 31 日报道《8 省区市试点监狱巡回检察》

2. 新华社 2018 年 5 月 31 日报道《8 地检察机关启动监狱巡回检察试点　剑指监狱监管管理“老大难”》

3. 中央广播电视总台央视新闻频道（CCTV-13）2018 年 5 月 31 日报道《最高检：监狱检察将试点机动巡回检察》

4. 中央广播电视总台央视中文国际频道（CCTV-4）2018 年 6 月 1 日报道《最高检：监狱检察将试点机动巡回检察》

5. 中央广播电视总台央视社会与法频道（CCTV-12）2018 年 6 月 2 日报道《热线发布　最高检：监狱检察将试点机动巡回检察》

6. 中国青年报 2018 年 5 月 31 日报道《最高检：监狱检察改“派驻”为“巡回”》

7. 新京报 2018 年 5 月 31 日报道《“派驻”改“巡回”：防监狱监督“熟而生腐”》

8. 法制晚报 2018 年 5 月 31 日报道《最高检：6 月起对监狱巡回检察》

强化检察服务保障　助力“三大攻坚战”

最高人民检察院发布关于充分发挥检察职能为打好“三大攻坚战”提供司法保障的意见

发布时间： 2018 年 6 月 25 日 10:00

发布内容： 通报检察机关服务保障“三大攻坚战”的工作情况

发布地点： 最高人民检察院

主 持 人： 最高人民检察院新闻发言人　王松苗

出席嘉宾： 最高人民检察院党组成员、副检察长　童建明

最高人民检察院检察委员会委员、法律政策研究室主任　万春

主题发布

王松苗

各位记者朋友，大家上午好。欢迎参加最高人民检察院新闻发布会。今天的新闻发布会，我们非常荣幸地邀请到最高人民检察院党组成员、副检察长童建明和检察委员会委员、法律政策研究室主任万春共同出席。

众所周知，童建明副检察长是上周五刚刚被全国人大常委会任命的，选择今天这个发布会作为童检的“首秀”，足见最高人民检察院领导对这场新闻发布会的重视和发布内容的重要性。

童建明副检察长长期在最高人民检察院和河北省检察院工作，曾是我们最高人民检察院的新闻发言人，也是媒体的老朋友。万春主任大家都比较熟悉，最高人民检察院的很多重要文件都是他和他的团队共同起草的。今天他们两位将会围绕“强化检察服务保障 助力‘三大攻坚战’”这一主题进行新闻发布，回答记者提问。

今天的新闻发布会主要有三项议程：一是发布《最高人民检察院关于充分发挥检察职能为打好“三大攻坚战”提供司法保障的意见》；二是通报近年来特别是党的十九大以来，检察机关服务保障“三大攻坚战”的有关情况；三是回答记者提问。

现在进行第一项议程。首先，请童建明副检察长向大家介绍《最高人民检察院关于充分发挥检察职能为打好“三大攻坚战”提供司法保障的意见》的有关内容。

童建明

各位记者朋友大家上午好。刚刚松苗主任介绍了，10年前我曾经担任松苗主任的角色，和新闻媒体同志们打过交道。现在回到最高人民检察院来，受张军检察长委托，和朋友们再次见面感到非常的亲切。特别感谢各家媒体长期以来对检察新闻宣传工作的支持，对检察工作的监督。希望我们进一步加强合作，更好地推进检察宣传、法治宣传，共同推进法治中国建设。

党的十九大报告鲜明提出，要坚决打好防范化解重大风险、精准脱贫、污染防治的攻坚战，使全面建成小康社会得到人民认可、经得起历史检验。

这是以习近平同志为核心的党中央深刻分析国际国内形势，着眼党和国家事业发展全局作出的重大战略部署，对于夺取全面建成小康社会伟大胜利具有重大的现实意义和深远的历史意义。为深入贯彻党中央这一重大战略部署，日前最高人民检察院印发了《关于充分发挥检察职能为打好“三大攻坚战”提供司法保障的意见》（以下简称《意见》），并于今天正式发布。下面我就有关情况作个简要介绍。

一、《意见》的出台背景

党的十九大以来，习近平总书记作出一系列重要指示，深刻阐明了打好“三大攻坚战”的意义、要求、思路和举措。十三届全国人大一次会议、中央农村工作会议、中央政法工作会议、全国金融工作会议、全国扶贫开发工作会议和全国生态环境保护大会等都对打好“三大攻坚战”进行了具体部署。

近年来，检察机关紧紧围绕防范化解重大风险、精准脱贫、污染防治，积极发挥检察职能作用，严厉打击相关刑事犯罪，加强民事、行政诉讼监督，全面开展公益诉讼工作，有力惩治和预防相关违法犯罪，取得积极成效。

同时，随着经济社会迅速发展，检察机关在参与和服务保障“三大攻坚战”过程中也面临一些问题：

一是有的检察机关自觉服务的意识不够强，对检察职能与服务保障“三大攻坚战”的结合点、着力点把握不全面。

二是在办理涉“三大攻坚战”案件过程中存在着法律和政策供给不足的问题，对于金融、环境、扶贫等领域的一些新模式、新业态、新产品了解不深，一些新型业务的法律性质不清，一些违法行为的罪与非罪、此罪与彼罪不清。

三是办案能力和水平有待提高，个别案件存在瑕疵，质量不高，未能做到法律效果、政治效果和社会效果相统一。

最高人民检察院在深入调查研究的基础上，研究制定《意见》，是聚焦打好“三大攻坚战”这个着力点、谋划推进新时代检察工作的重要部署。

《意见》坚持以人民为中心，围绕人民群众在财产、安全、环境等方面的需求，立足检察机关作为法律监督机关的宪法定位，强化政治自觉和使命担当，明确了检察机关积极参与和主动服务保障打好“三大攻坚战”的路径方法，有利于指导和推动检察机关依法履行法律监督职责，在“三大攻坚战”中切实维护国家安全和社会公共利益，保障法律统一正确实施，保障社会公平正义的实现。

二、《意见》把握的基本原则

一是认真贯彻习近平新时代中国特色社会主义思想，坚决落实党中央的决策部署。主动适应大局、对接大局、服务大局，找准检察机关参与和服务保障“三大攻坚战”的切入点和着力点。

二是充分发挥检察机关的职能作用。《意见》立足检察机关的法律监督职能，对积极参与和服务保障“三大攻坚战”作出具体部署和安排，全面体现了检察机关惩治、预防、监督、教育、保护等职能作用。

三是坚持问题导向，注重增强可操作性和执行力。《意见》提出的服务保障意见，都是从问题中来，为解决问题而发，提出的各项措施都力求务实、可行，具有可操作性。

三、《意见》的主要内容

《意见》共 8 条，主要就以下几个方面内容作出了规定：

一是强调要加强对办理涉“三大攻坚战”案件的组织领导。要求各级检察院将参与和保障“三大攻坚战”作为当前和今后三年的重点任务，坚持以办案为中心，建立健全专门工作机制，制定切实可行的工作方案，加强对办理涉“三大攻坚战”案件的组织领导。要求各级检察院领导干部带头办理涉“三大攻坚战”的重大复杂案件；各检察业务部门可以设立专业化办案组织和指定专门办案人员，集中优势力量，办理涉“三大攻坚战”的案件。

二是明确依法惩治涉“三大攻坚战”犯罪的办案重点和司法政策。要求依法严厉惩处擅自设立金融机构、非法吸收公众存款、集资诈骗、网络传销、高利转贷以及“校园贷”“套路贷”，以故意伤害、非法拘禁、侮辱等非法手段催收民间贷款等严重危害金融安全、破坏社会稳定的犯罪行为；从严惩治金融从业人员搞权钱交易、利益输送、内外勾连的“内鬼”以及进行内幕交易、操纵市场的“金融大鳄”，筑牢金融安全司法防线。

依法严厉打击虚报冒领、套取侵吞、截留私分、挤占挪用、盗窃诈骗扶贫资金的犯罪，发生在群众身边、损害群众利益的“蝇贪”“蚁贪”等“微腐败”犯罪，以及“村霸”等黑恶势力犯罪及其背后的“保护伞”，确保党和国家精准扶贫的惠民政策落到实处。

以零容忍态度坚决打击非法排放、倾倒或者处置有毒有害污染物、非法排放超标污染物等污染环境犯罪，依法严厉惩治群众反映强烈、社会影响恶劣的严重破坏生态环境案事件背后的滥用职权、玩忽职守等职务犯罪，着力保护绿水青山。在刑事司法政策方面，强调要贯彻宽严相济刑事政策，对于认罪认罚、主动退赃挽损、自愿修复生态的涉罪人员，依法区别对待，当宽则宽。

三是明确依法履行民事、行政检察和公益诉讼职责，服务保障“三大攻坚战”的途径方法。要求加大金融、扶贫和环保领域公益诉讼案件办理力度，加强刑事检察与民事行政检察工作衔接，注意发现和及时移送相关公益诉讼案件线索。充分运用调查核实措施，查清违法行为、损害后果及其因果关系，依法运用检察建议、支持起诉、提起公益诉讼等方式，有效维护国家利益和社会公共利益。

《意见》强调要加强对涉“三大攻坚战”民事、行政诉讼的法律监督，加大对涉“三大攻坚战”虚假诉讼以及金融、扶贫、环保案件执行行为的监督，既有效保障当事人的合法权益，维护司法公正，又依法支持人民法院的合法裁判、依法执行，维护司法权威。

四是强调办理涉“三大攻坚战”案件的质量要求。《意见》要求牢固树立案件质量是司法活动生命线的理念，严守罪刑法定、疑罪从无、证据裁判原则，善于运用法治思维和法治方式、政治智慧和法律智慧办理涉“三大攻坚战”案件。要准确把握法律政策界限，严格区分经济纠纷与经济犯罪、金融创新与金融犯罪、正当融资与非法集资，以及个人犯罪与企业违规、单位犯罪等的界限。

办理涉及企业的案件，要落实平等保护各种所有制经济的宪法和法律原则，讲究办案方式，依法维护企业合法权益。要注意听取行业主管、监管部门意见，防止机械司法。要加强对金融、扶贫、环保领域刑事案件侦查活动的监督引导和证据审查，严把事实关、证据关和法律适用关，既体现从严从快惩处相关犯罪要求，又坚持实事求是、依法办案。

五是强调办理涉“三大攻坚战”案件应当坚持办案与追赃挽损并重。《意见》要求依法用好用足法律手段进行追赃挽损，坚决不让违法犯罪人员在经济上获利，切实挽回国家、集体和被害人的损失。对于重大刑事案件要及时介入侦查活动，建议公安机关对涉案财物及时依法采取查封、扣押、冻结措施；对犯罪分子违法所得的一切财物及其孳息，要确保依法予以追缴或者责令退赔。

办理相关公益诉讼案件，应当立即制止违法行为的，要积极协调行政执法部门或者向党委、政府报告、通报，通过有效措施促使违法人员立即停止侵害，防止损失扩大；需要采取财产保全措施的，及时向人民法院建议对被告财产进行保全。对于涉众型经济犯罪案件，要配合、监督公安机关、人民法院依法开展追赃挽损、资产处置等工作，加快涉案资产向被害人返还进度，最大限度减少人民群众的财产损失。

六是强调运用检察建议积极参与“三大攻坚战”社会治理。《意见》要求各级人民检察院结合办案，深入剖析金融、扶贫、环保领域违法犯罪的主要特点、发案规律及深层次原因，查找制度缺陷和监管漏洞，综合运用专题报告、信息简报、综合通报等方式，及时向党委、政府和主管部门提出预测预警及应对风险的检察建议。加强与金融、扶贫、环保等部门的沟通协作，支持相关部门依法强化监管执法活动，对于相关部门不履行职责或怠于监管的，积极运用检察建议督促其依法履行职责，促进加强制度建设、工作创新和监管治理。

七是细化确保办理涉“三大攻坚战”案件“三个效果”有机统一的办案机制。《意见》要求，要主动了解党委、政府关于“三大攻坚战”的整体部署及进展情况，从中确定工作重点，发掘案件线索，依法履行职责。要加强与公安机关、人民法院和金融、扶贫、环保等部门以及监察机关的工作衔接，建立健全行政执法与刑事司法、行政检察衔接平台，行政执法部门与检察机关联席会议，相关违法犯罪线索受理移送等办案协作和监督制约机制。

要坚持稳定压倒一切，对案件办理的法律效果、政治效果和社会效果进行综合考量，建立健全办案风险评估预警处置机制。对违法犯罪行为引发的突发性事件和群体性事件，要与有关部门协作配合，依法妥善化解矛盾纠纷。对涉金融、扶贫、环保的来信来访，严格落实首办责任制，及时就地解决问题，依法息诉息访。对办理案件引发的社会舆情，要及时快速应对，正面引导疏解。

八是提出要加强宣传教育，为打好“三大攻坚战”营造良好法治环境。《意见》要求，各级检察院要认真落实“谁执法谁普法”的普法责任制，结合办理涉“三大攻坚战”案件，深入推进检察官以案释法和法律文书说理工作，加大刑事申诉案件公开审查力度，让司法办案成为生动的普法课堂。要精心选择和及时发布社会关注度高、法律适用准、政策把握好、办案效果佳的金融、扶贫、环保领域典型案例，宣传解读有关“三大攻坚战”的方针政策和法律法规，实现办理一案、教育一片的良好效果。要常态化开展法律“进机关、进乡村、进社区、进学校、进企业、进单位”等普法活动，围绕金融安全、扶贫助贫、污染治理等热点难点问题开展法治宣讲，推动形成全社会依法办事的良好局面。

四、《意见》的贯彻落实

为确保《意见》得到不折不扣的落实，最高人民检察院专门下发通知，提出以下工作要求：

一是要统一思想认识。要及时组织全体检察人员认真学习《意见》，把思想认识统一到党中央的部署和《意见》要求上来，形成积极参与和服务保障“三大攻坚战”的思想自觉、行动自觉。要结合本地实际，研究制定贯彻落实的具体措施。

二是要加强调研指导。最高人民检察院和各省级检察院要加强对相关法律政策问题的调查研究，及时制发配套的司法解释和规范性文件，特别是对办理非法集资、利用未公开信息交易、操纵证券期货市场、涉地下钱庄等刑事案件以及公益诉讼案件中涉及的法律适用问题，要及时明确法律政策界限和办案程序。

三是要切实加大办案力度。服务保障“三大攻坚战”，最终要通过依法办理案件来落到实处。依法办案，为人民群众提供满意的法治产品、检察产品是检察机关的本职，也是检察机关的主业。各级检察院要坚持以办案为中心，探索通过设立专业化办案机构、专业化办案组织或指定专门办案人员等方式，增强办理涉“三大攻坚战”案件的专业化能力和水平，让人民群众在每一起案件中都感受到公平正义。

四是要加强协作配合。要加强与监察机关、公安机关、审判机关以及金融监管、扶贫、环境保护部门等的沟通联系和协作配合，建立常态化的联席会议、信息通报、案件协调工作机制，共同推动“三大攻坚战”顺利开展。

五是要加强法治宣传。充分利用各种媒体，宣传解读有关“三大攻坚战”的方针政策和法律法规，及时报道检察机关的部署、举措、进展和成效，大力宣传参与和服务保障“三大攻坚战”工作中涌现的先进人物、先进经验和典型案例。通过以案释法，提升全社会的法治意识。

各位记者朋友，多年来，广大新闻媒体对检察工作给予了大力支持和有力监督。借此机会，我代表最高人民检察院，向各位记者朋友表示衷心的感谢。

王松苗

下面进行第二项议程，通报近年来特别是党的十九大以来，检察机关服务保障“三大攻坚战”的有关情况。我们已将这部分内容与《意见》稿一起作为新闻发布会材料二、材料三印发给大家，由于时间关系，在这里就不一一宣读了。

值得说明的是最高人民检察院党组对《意见》很重视，多次研究讨论，反复修改，可以说这份《意见》是检察机关掷地有声的政治表态，也是检察机关义无反顾的履职承诺。

现场答问

法制网记者　莫亚奇

在防范金融风险方面检察机关有何部署举措？在办案工作中需要坚持哪些法律原则和法律底线呢？

万　春

近年来检察机关把打击金融犯罪、防范化解金融风险作为检察工作服务党和国家工作大局的重要内容，采取的措施主要有：

一是坚持以办案为中心，加大金融案件办案力度，严肃查办互联网金融、证券期货、银行保险等重点领域、重点环节的金融犯罪案件，加强对新型疑难案件、跨区域涉众型案件的研究和指导，及时制定司法解释和规范性文件。

二是加快推进专业化建设，通过设立专门机构、专门办案组织集中办理涉金融刑事、民事、行政案件，北京、上海三级检察机关都设立了金融办案部门，加大金融检察专门人才培训力度，切实提高办案专业化水平。

三是加强与金融监管部门和公安机关的办案协作，建立健全重大案件提前介入侦查、引导取证的制度机制，积极寻求金融监管部门对检察办案工作的专业支持，建立经常性联络机制，共同应对防控金融风险所面临的新情况新问题。

四是加强对金融案件典型案例的研究分析，有针对性地运用典型案例，指导各地正确适用法律，向金融监管部门提出防控金融风险的检察建议，教育引导群众正确认识和有效防范投资风险。

在办案工作中，我们需要坚持的法律原则和底线包括：

一是坚持罪刑法定的基本原则，严格依法办理金融犯罪案件，正确区分罪与非罪、此罪与彼罪的界限。

二是坚持实质判断的基本方法，深入分析各类新型金融活动的本质特征，正确区分金融创新与金融犯罪，在惩治犯罪的同时依法保护创新发展。

三是坚持宽严相济的刑事政策，对涉案人员注意区别对待、分类处理，综合运用刑事追诉和非刑事手段处置和化解风险，合理把握打击范围，做到打击少数、教育挽救大多数。

四是坚持司法办案政治效果、法律效果、社会效果有机统一，特别是要把维护人民群众的合法权益贯穿检察办案工作始终，同步做好释法说理、风险防控、追赃挽损等工作，最大限度维护人民群众的合法权益。

人民日报记者　彭　波

精准脱贫攻坚战过程中，哪些环节容易出现问题？检察机关应该如何应对？

万 春

结合检察机关办案和定点扶贫工作看，我们认为目前在精准脱贫攻坚中主要存在两个方面的问题。

一方面是在扶贫资金使用上，涉及部门和环节多，由于资金数量大、涉及部门和环节多，容易存在资金监管责任落实不到位，以及扶贫资金信息透明度不高、政策宣传力度不够、监管缺位等问题。

对此，一是要依法严厉打击涉扶贫资金职务犯罪。配合纪检监察机关，继续保持惩处扶贫领域职务犯罪的高压态势，加大对虚报冒领、套取侵吞、截留私分扶贫资金犯罪行为的打击力度，特别是依法惩处发生在群众身边、损害群众利益的蝇贪、蚁贪等微腐败犯罪，确保形成震慑，将压力传导到基层。

二是要依法严惩涉扶贫资金的其他各类犯罪。严厉打击挤占挪用、盗窃诈骗扶贫资金的犯罪，严厉打击销售伪劣产品、销售伪劣农药、兽药、化肥、种子和寻衅滋事等刑事犯罪，以及村霸等黑恶势力犯罪及其背后的保护伞，对涉扶贫资金的案件，要求各级检察机关加快办案进度，及时处理发还涉案款物，确保扶贫资金及时落地落实，发挥效用。

三是要督促加强对扶贫资金的监督管理。各级检察机关要切实发挥法律监督机关的职能作用，积极主动开展民事行政检察监督，充分运用检察建议等方式，来促使有关方面加强对扶贫资金使用各层次、各环节的管理监督，督促行政机关全面正确履行好职责，推动堵塞漏洞、完善机制，促进阳光扶贫。

四是要推动提升扶贫资金管理使用的透明度。积极开展法治宣传、政策解读、以案释法，推动扶贫资金项目内容、使用情况等重要信息的公开，便于群众参与监督，确保公众的知情权和参与权。

另一方面是在定点扶贫具体工作中，还存在脱贫攻坚工作不精准、贫困群众缺乏内生动力，以及扶贫领域一定程度上存在形式主义和官僚主义等问题。

对此，一是要求各级检察机关提高扶贫攻坚的精准度。积极协助地方党委、政府认真落实精准扶贫、精准脱贫基本方略，把握精准要义，按照“六个精准”的要求，切实做到扶贫对象精准、项目安排精准、资金使用精准、措施到户精准、脱贫成效精准，变“大水漫灌”为“精准滴灌”。

二是要进一步激发贫困群众脱贫致富的内生动力。协助地方党委、政府注重扶贫同扶志、扶智相结合，把贫困群众积极性和主动性充分调动起来，引导贫困群众树立主体意识，克服等、靠、要思想，激发改变贫困面貌的干劲和决心。

三是要认真解决扶贫领域一定程度上存在的形式主义和官僚主义现象。今年是脱贫攻坚作风建设年，各级检察机关要立足检察职能，协助地方党委、政府认真开展扶贫领域腐败和作风问题专项治理，认真解决脱贫攻坚工作中的形式主义、官僚主义，惩治和防范扶贫领域的腐败行为。

中央广播电视总台央广记者　朱　敏

在惩治污染环境行为方面，检察机关提起公益诉讼自试点到入法，一直发挥着其他手段难以起到的作用。未来，最高人民检察院在这方面有何新部署？

王松苗

近年来我们检察机关充分发挥职能作用，依法严惩严重犯罪，不但加大对生态环境的司法保护，同时健全完善生态制度体系，坚决打好污染环境攻坚战。确实如您所说，在惩治污染环境违法行为方面，检察公益诉讼发挥了独特的作用。

一方面，检察公益诉讼实现了惩治污染环境行为责任形态的全覆盖。实践中，有的污染环境的违法行为利润高、违法成本低，即使追究刑事责任，也是刑期短、罚金少，远远不足以弥补违法行为给环境造成的损害。通过检察公益诉讼，提高了违法者的违法成本，不仅要求违法行为人损害赔偿，更强调生态环境的治理修复。

另一方面，检察公益诉讼进一步完善了公共利益的司法保护体系。通过民事公益诉前程序，督促相关社会组织提起诉讼，发挥社会组织保护公益的积极作用。通过行政公益诉前程序，督促相关行政机关主动纠正违法行政行为，依法履行保护国家利益和社会公共利益的法定职责。

2017 年 7 月公益诉讼入法以来，行政机关主动整改的比例进一步提高。通过检察公益诉讼，形成了行政机关、审判机关、检察机关和社会组织合理保护公共利益的制度体系。

2018 年 3 月 2 日，《最高人民法院、最高人民检察院关于检察公益诉讼案件适用法律若干问题的解释》公布，明确并细化了检察公益诉讼案件的具体程序，为地方人民法院、人民检察院办理检察公益诉讼案件提供了统一的规范依据。

党中央和中央有关部门对公益诉讼工作高度重视，要求检察机关采取有力措施，进一步加强公益诉讼工作。下一步，检察机关将深入贯彻党的十九大精神，以习近平新时代中国特色社会主义思想为指导，牢记总书记“检察官作为公共利益的代表，肩负着重要责任”的嘱托，以解决人民群众反映强烈的突出生态环境问题为重点，进一步加强检察公益诉讼工作，有效助力“污染防治攻坚战”，不断增强人民群众的生态环境获得感、幸福感和安全感。

一是围绕中心，主动作为，努力赢得党委、政府领导支持。积极向党委、人大汇报检察公益诉讼重大工作部署和生态环境领域公益诉讼重点案件办理情况，积极与人民法院、行政机关沟通协调，赢得理解和支持，努力实现双赢多赢共赢。

二是突出重点，加大力度，努力解决人民群众反映强烈的突出问题。“绿水青山就是金山银山”“良好的生态环境是最普惠的民生福祉”。检察机关将聚焦群众关心、社会关注的大气污染治理、水污染治理、土壤污染治理等领域，以重点江河保护修复、水源地保护、固体废物污染等环境治理中的热点、难点、焦点问题为切入点，进一步加大办案力度，全力助推美丽中国建设。

三是加强指导，注重实效，充分发挥检察一体化办案机制作用。最高人民检察院和各省级检察院要充分发挥一体化办案机制作用，以挂牌督办、实地督办、开展专项监督活动等方式，加强对下指导督促，发挥办案引领作用。

四是密切沟通，建立机制，形成污染防治合力。积极加强与生态环保、自然资源、林业等部门的沟通协调，建立联席会议和信息共享机制，共同出台规范性文件，形成检察机关与环保督察、国土督察合力，协同推进对生态环境和自然资源的有效保护。

中央广播电视总台央视记者　左　力

下一步，检察机关将如何充分发挥检察职能，提升精准服务“三大攻坚战”的水平，确保相关案件的办案质量？

童建明

关于如何确保案件的办案质量，前面介绍时已专门讲过，这里重点讲讲如何提升精准服务“三大攻坚战”的水平。主要是四句话：

一是打击犯罪要精准。要准确领会和把握党中央关于打好“三大攻坚战”的指示精神，明确打击的重点领域和重点行为，准确运用法律武器惩治犯罪。对于法律有明确规定的犯罪行为，要依法严肃追究刑事责任；对于新型危害社会的行为，要善于运用法律智慧进行分析，符合法律规定犯罪构成实质要件的，依法坚决打击；不构成犯罪的，建议相关部门通过行政手段予以规制。

二是法律适用要精准。严格遵循罪刑法定、疑罪从无、证据裁判原则，在事实认定、证据审核、法律适用方面严格把关。坚持实体公正与程序公正并重，严格遵循诉讼程序，充分发挥检察机关在审前阶段的引导侦查、证据把关作用。办理公益诉讼案件要按照法律规定加强调查取证，准确适用归责原则，依法履行诉前程序和提起诉讼，有效维护国家利益和社会公共利益。

三是政策把握要精准。注重研究相关领域违法犯罪的新情况、新特点，以及创新发展中出现的新业态、新模式，严格区分经济纠纷与经济犯罪、金融创新与金融犯罪、正当融资与非法集资、个人犯罪与企业违规以及单位犯罪等的界限，努力做到既依法打击违法犯罪，又依法保障改革创新，切实维护人民群众和企业的合法权益。

贯彻宽严相济刑事司法政策，对涉案人员较多的犯罪，坚持区分对待的原则，打击少数，教育挽救大多数。比如，对于非法集资等金融犯罪的组织者、核心成员、骨干，造成扶贫资金重大损失、严重损害群众利益的国家公职人员，实施环境违法犯罪行为的主要获利者、直接负责的主管人员，依法从严从重打击；对于在犯罪过程中作用较小、认罪认罚、主动退赃退赔、自愿修复生态的涉案人员，依法当宽则宽，做到罚当其罪、罪责刑相适应，争取案件办理的法律效果、政治效果和社会效果有机统一。

四是业务指导要精准。最高人民检察院将积极与国家金融、扶贫、环保等主管部门加强协调，会同这些部门就解决三大领域突出问题、合力打好“三大攻坚战”制定出台具体指导性意见，并适时制定相关司法解释，为检察机关办理相关案件和形成执法司法合力提供指导。

检察机关将通过以上这些措施提升检察机关服务“三大攻坚战”的水平，同时努力使办理的每一起案件都经得起法律和历史的检验，让人民群众在每一起司法案件中都感受到公平正义。

王松苗

因为时间关系，提问就到这里。各位记者朋友，打好打赢防范化解重大风险、精准脱贫、污染防治“三大攻坚战”，是以习近平同志为核心的党中央着眼党和国家事业全局作出的重大战略部署，对夺取全面建成小康社会伟大胜利、实现“两个一百年”奋斗目标、实现中华民族伟大复兴中国梦具有重要意义。

全国检察机关将坚持以习近平新时代中国特色社会主义思想为指导，深入学习领会习近平总书记关于打好“三大攻坚战”的重要指示精神，坚决把思想和行动统一到党中央决策部署上来，按照新一届最高人民检察院党组和张军检察长提出的“讲政治、顾大局、谋发展、重自强”的工作要求，充分发挥各项检察职能，为打好打赢“三大攻坚战”提供坚强有力的司法保障。

在此，要特别感谢媒体朋友对于检察机关服务保障“三大攻坚战”工作的关注和支持。我们将及时梳理工作情况、总结经验成效、提供新闻素材，希望各家媒体继续予以关注报道，让我们携手共同努力，为打赢决胜全面建成小康社会“三大攻坚战”贡献检察力量和媒体智慧。

发布会文件

《关于充分发挥检察职能为打好“三大攻坚战”提供司法保障的意见》

打好防范化解重大风险、精准脱贫、污染防治的攻坚战（以下简称“三大攻坚战”），是以习近平同志为核心的党中央深刻分析国际国内形势，着眼党和国家事业发展全局作出的重大战略部署，对于夺取全面建成小康社会伟大胜利、开启全面建设社会主义现代化强国新征程具有重大的现实意义和深远的历史意义。为充分发挥检察职能作用，努力为“三大攻坚战”顺利推进提供优质法治环境和司法保障，确保党中央重大决策部署得到贯彻落实，提出如下意见：

一、加强组织领导，完善办案机制，集中力量办好涉“三大攻坚战”案件

各级人民检察院要深刻认识打好“三大攻坚战”的重大意义，深刻认识检察机关参与和保障“三大攻坚战”的职责使命，将之作为当前和今后三年的重点任务。要坚持以办案为中心，建立健全专门工作机制，检察长负总责，亲自谋划部署，分管副检察长具体抓，确保贯彻落实。院党组和检察委员会要对落实参与和保障“三大攻坚战”任务的具体措施、相关案件办理机制、法律政策把握指导等进行专门研究，制定切实可行的工作方案。检察长、副检察长、检察委员会委员和业务部门负责人要带头办理涉“三大攻坚战”的重大复杂案件。各相关业务部门可通过设立专业化办案组织和指定专门办案人员，集中优势力量加大办案力度。案件管理部门对涉“三大攻坚战”案件要专项统计，及时分析，定期通报。上级院业务部门对下级院业务部门要加强指导。办理重大复杂敏感案件要精心制定工作预案，主动向党委和上级人民检察院请示报告。

二、从严惩处危害金融安全、妨害精准扶贫、破坏生态环境刑事犯罪

始终坚持“严”字当头，加强审查逮捕、审查起诉工作，强化刑事诉讼法律监督，形成高压态势。要排除阻力和干扰，依法严厉惩处擅自设立金融机构、非法吸收公众存款、集资诈骗、网络传销、高利转贷以及“校园贷”“套路贷”和以故意伤害、非法拘禁、侮辱等非法手段催收民间贷款等严重危害金融安全、破坏社会稳定的犯罪行为；从严惩治金融从业人员搞权钱交易、利益输送、内外勾连的“内鬼”以及进行内幕交易、操纵市场的“金融大鳄”，筑牢金融安全司法防线。依法严厉打击虚报冒领、套取侵吞、截留私分、挤占挪用、盗窃诈骗扶贫资金的犯罪，发生在群众身边、损害群众利益的“蝇贪”“蚁贪”等“微腐败”犯罪，以及“村霸”等黑恶势力犯罪及其背后的“保护伞”，维护农村稳定，确保党和国家精准扶贫的惠民政策落到实处。以零容忍态度坚决打击非法排放、倾倒或者处置有毒有害污染物、非法排放超标污染物等污染环境犯罪，依法严厉惩治群众反映强烈、社会影响恶劣的严重破坏生态环境案事件背后的滥用职权、玩忽职守等职务犯罪，着力保护绿水青山。贯彻宽严相济刑事司法政策，对于认罪认罚、主动退赃挽损、自愿修复生态的涉罪人员，依法区别对待，当宽则宽。

三、依法履行民事、行政检察和公益诉讼职责，积极助力“三大攻坚战”有效推进

加大金融、扶贫和环保领域公益诉讼案件办理力度。加强刑事检察与民事、行政检察工作衔接，办理审查逮捕、审查起诉、刑事诉讼监督案件，要注意发现和及时移送相关公益诉讼案件线索；民事、行政检察部门要充分运用调查核实措施，查清违法行为、损害后果及其因果关系，依法运用检察建议、支持起诉、提起公益诉讼等方式，有效维护国家利益和社会公共利益。加强对涉“三大攻坚战”民事、行政诉讼的法律监督，既有效保障当事人的合法权益，维护司法公正，又依法支持人民法院的合法裁判，维护司法权威。加大对涉“三大攻坚战”虚假诉讼的监督和惩治。依法支持人民法院重点审查金融、扶贫、环保案件中被执行人规避执行、抗拒执行和违法干预执行的行为，对于拒不执行人民法院生效裁判构成犯罪的，依法追究刑事责任。对违法采取执行措施、违法处置执行标的物等情形，及时提出检察建议督促纠正。

四、坚持严格依法办案，加强证据审查把关，夯实案件质量基础

牢固树立案件质量是司法活动生命线的理念，严守罪刑法定、疑罪从无、证据裁判原则，善于运用法治思维和法治方式、政治智慧和法律智慧办理涉“三大攻坚战”案件。要准确把握法律政策界限，严格区分经济纠纷与经济犯罪、金融创新与金融犯罪、正当融资与非法集资、个人犯罪与企业违规、单位犯罪等的界限。办理涉及企业的案件，要落实平等保护各种所有制经济的宪法和法律原则，讲究办案方式，依法维护企业合法权益。办理案件要注意听取行业主管、监管部门意见，防止机械司法，确保案件的质量和效果。认真贯彻落实以审判为中心的刑事诉讼制度改革要求，加强对金融、扶贫、环保领域刑事案件侦查活动的监督引导和证据审查，严把事实关、证据关和法律适用关，既体现从严从快惩处相关犯罪要求，又实事求是、依法办案，确保批捕、起诉的案件都成为经得起法律和历史检验的铁案，让人民群众在每一起案件中都感受到公平正义。

五、办理案件与追赃挽损并重，尽最大可能减少违法犯罪造成的损失

办理涉“三大攻坚战”案件，要重视追赃挽损并制定切实可行的工作预案，依法用好用足法律手段进行追赃挽损，坚决不让违法犯罪人员在经济上获利，切实挽回国家、集体和被害人的损失。对于重大刑事案件要及时介入侦查活动，建议公安机关对涉案财物及时依法采取查封、扣押、冻结措施；对犯罪分子违法所得的一切财物及其孳息，要确保依法予以追缴或者责令退赔。办理相关公益诉讼案件，应当立即制止违法行为的，要积极协调行政执法部门或者向党委、政府报告、通报，通过有效措施促使违法人员立即停止侵害，防止损失扩大；需要采取财产保全措施的，及时向人民法院建议对被告财产进行保全。对于涉众型经济犯罪案件，要严格执行中共中央办公厅、国务院办公厅《关于进一步规范刑事诉讼涉案财物处置工作的意见》（中办发〔2015〕7号）、《最高人民检察院、公安部关于公安机关办理经济犯罪案件的若干规定》（公通字〔2017〕25号）等文件规定，配合、监督公安机关、人民法院依法开展追赃挽损、资产处置等工作，加快涉案资产向被害人返还进度，最大限度减少人民群众的实际损失。

六、充分发挥检察建议功能，积极参与“三大攻坚战”社会治理

各级人民检察院要结合办案，深入剖析金融、扶贫、环保领域违法犯罪的主要特点、发案规律和深层次原因，以及相关领域社会治理的新隐患、新矛盾、新特点，查找制度缺陷和监管漏洞，综合运用专题报告、信息简报、综合通报等方式，及时向党委、政府和主管、监管部门提出对各类社会风险的预测预警及应对风险的检察建议，并抄报上一级人民检察院。树立“助对防错”“双赢”“共赢”的法律监督理念，在办理涉“三

大攻坚战”案件时，加强与金融、扶贫、环保等部门的沟通协作，支持相关部门依法强化监管执法活动，对于相关部门不履行职责或怠于监管的，积极运用检察建议督促其依法履行职责，促进其加强制度建设、工作创新和监管治理。对各类风险要做到早发现、早处置、早化解，努力从源头上预防和减少违法犯罪行为发生。

七、进一步增强工作预见性、主动性，确保办案“三个效果”有机统一

树立积极履责意识，克服等案上门的消极思想，主动了解党委、政府关于“三大攻坚战”的整体部署及进展情况，分析掌握“三大攻坚战”中存在的困难问题和对检察工作的需求，从中确定工作重点，发掘案件线索，依法履行职责。加强与公安机关、人民法院和金融、扶贫、环保等部门以及监察机关的工作衔接，建立健全行政执法与刑事司法、行政检察衔接平台，行政执法部门与检察机关联席会议，相关违法犯罪线索受理移送等多元化办案协作和监督制约机制。充分利用“信、访、网、电”等诉求表达渠道，对涉及“三大攻坚战”的控告、申诉及时受理、仔细甄别。要坚持稳定压倒一切，对案件办理的法律效果、政治效果和社会效果进行综合考量，依法妥善处理。建立健全办案风险评估预警处置机制，对重大敏感案件、涉众型案件，要做好风险评估和预警，研究制定处置预案，依法及时有效处置。对违法犯罪行为引发的突发性事件和群体性事件，要与有关部门协作配合，依法妥善化解矛盾纠纷，有效维护社会和谐稳定。对涉金融、扶贫、环保的来信来访，严格落实首办责任制，及时就地解决问题，依法息诉息访。对办理案件引发的社会舆情，要及时快速应对，正面引导疏解，确保司法办案和维护稳定依法顺利进行。

八、加强宣传教育，积极为打好“三大攻坚战”营造良好法治环境

认真落实国家机关“谁执法谁普法”的普法责任制，结合办理涉“三大攻坚战”案件，深入推进检察官以案释法和法律文书说理工作，加大刑事申诉案件公开审查力度，让司法办案成为生动的普法课堂。精心选择和及时发布社会关注度高、法律适用准、政策把握好、办案效果佳的金融、扶贫、环保领域典型案例，充分利用报刊、广播、电视和门户网站、微信、微博、新闻客户端等平台，宣传解读有关“三大攻坚战”的方针政策和相关法律法规，把国家政策讲透彻，把法律法规讲明白，把责任风险讲清楚，实现办理一案、教育一片的良好效果。常态化开展法律“进机关、进乡村、进社区、进学校、进企业、进单位”等普法活动，围绕金融安全、扶贫助贫、污染治理等人民群众关心的热点难点问题开展法治宣讲，引导人民群众自觉守法、遇事找法、维权靠法，推动形成全社会依法办事的良好局面。

部分新闻链接

1. 人民日报 2018 年 6 月 25 日报道《最高检出台意见为打好“三大攻坚战”提供司法保障》

2. 新华社 2018 年 6 月 25 日报道《最高检将重拳严惩金融、扶贫、生态领域刑事犯罪》

3. 中央广播电视总台央视新闻频道（CCTV-13）2018 年 6 月 25 日报道《最高检　加大对生态环境司法保护》《最高检　打击“金融大鳄”严格把握入罪标准》《最高检　促进国家扶贫开发攻坚战顺利实施》

4. 中央广播电视总台央广 2018 年 6 月 25 日报道《最高检：从严惩治金融从业人员搞权钱交易和利益输送》

5. 光明日报 2018 年 6 月 25 日报道《最高检：发挥检察职能　精准服务“三大攻坚战”》

6. 法制日报 2018 年 6 月 25 日报道《发挥检察职能精准服务“三大攻坚战”》

充分发挥检察职能　依法惩治毒品犯罪

最高人民检察院通报检察机关打击毒品犯罪工作情况

发布时间： 2018年6月26日10:00

发布内容： 通报检察机关依法打击毒品犯罪工作情况，发布检察机关惩治毒品犯罪典型案件

发布地点： 最高人民检察院

主 持 人： 最高人民检察院新闻发言人　肖玮

出席嘉宾： 最高人民检察院公诉二厅副厅长　黄卫平①
最高人民检察院公诉二厅二级高级检察官　刘明超②

---

① 现任最高人民检察院第二检察厅副厅长。
② 现任最高人民检察院第二检察厅二级高级检察官。

主题发布

肖 玮

各位记者朋友，大家上午好！欢迎参加最高人民检察院新闻发布会。今天是国际禁毒日，我们发布会的主题是“充分发挥检察职能，依法惩治毒品犯罪”。共有三项议程：一是通报近年来检察机关依法打击毒品犯罪工作情况；二是发布检察机关惩治毒品犯罪典型案例；三是回答记者提问。出席今天发布会的是最高人民检察院公诉二厅副厅长黄卫平、二级高级检察官刘明超。

各位记者朋友都知道，昨天，习近平总书记就禁毒工作作出重要批示，强调禁毒工作事关国家安危、民族兴衰、人民福祉，毒品一日不除，禁毒斗争就一日不能松懈。走中国特色的毒品问题治理之路，坚决打赢新时代禁毒人民战争，检察机关责无旁贷。近年来，检察机关充分发挥检察职能，积极惩治和预防毒品犯罪，切实维护社会和谐稳定和人民群众健康安全。

现在进行第一项议程，请黄卫平副厅长向大家通报近年来检察机关依法打击毒品犯罪工作情况。

黄卫平

近年来，全国各级检察机关深入学习贯彻习近平总书记关于禁毒工作的系列重要指示精神，全面贯彻落实《中共中央、国务院关于加强禁毒工作的意见》要求，积极融入国家禁毒工作大局，认真履行检察职能，惩治和预防毒品犯罪工作取得了新成效，为社会和谐稳定作出了重要贡献。我现在就五年来的基本情况作一介绍。

一、加大惩治力度，保持打击毒品犯罪的高压态势

一是依法批捕、起诉毒品犯罪案件。依法严厉打击职业毒犯和毒品再犯、累犯、主犯，严厉打击武装掩护、暴力拒捕的毒品犯罪分子以及源头性毒品犯罪。2013 年 1 月至 2018 年 4 月，全国检察机关共批捕毒品犯罪案件 536704 件 660600 人，分别占全部刑事案件逮捕数的 15.3%、13.6%；起诉毒品犯罪案件 597608 件 741260 人，分别占全部刑事案件起诉数的 10.8%、9.7%。其中，2018 年 1 月至 4 月，全国检察机关共批捕毒品犯罪案件 26248 件 31679 人，起诉 28951 件 35193 人，起诉数与 2013 年同期相比分别上升 29.7%、18.8%，保持了打击毒品犯罪案件的高压态势。

二是加强对毒品犯罪案件的侦查监督，依法监督立案，纠正漏捕漏罪漏犯。2013 年 1 月至 2018 年 4 月，全国检察机关共监督公安机关立案毒品犯罪案件 11092 件；共纠正漏捕 8752 人，其中纠正漏捕后起诉 6091 人，161 人被判处无期徒刑以上刑罚；共纠正移送起诉遗漏罪行 18986 人，纠正遗漏同案犯 8686 人，其中 419 人被判处无期徒刑以上刑罚。

如河南省检察院在办理李某等人贩卖毒品上诉案时，经调查核实发现涉案人员王某、许某等 5 人参与了毒品犯罪，应当进行追诉，即向河南省公安厅发出检察建议。王某、许某等 5 人被追诉后判处死缓、无期

徒刑等刑罚。

三是强化对毒品犯罪案件的刑事抗诉工作。2013 年 1 月至 2018 年 4 月，全国检察机关共提出二审抗诉和再审抗诉 2950 件，其中一批因裁判认定事实、适用法律错误导致量刑畸轻甚至无罪的案件得到依法纠正，有力地打击了毒品犯罪。

如广东郭某贩卖毒品案，一审宣告郭某无罪。检察机关认为一审判决认定郭某无罪确有错误，依法提出抗诉。二审法院采纳了检察机关的意见，改判郭某有期徒刑十五年。又如海南陈某贩卖毒品案，一审判决认为指控陈某贩卖毒品的证据不足，认定陈某犯非法持有毒品罪，判处有期徒刑一年八个月。检察机关认为一审判决认定事实、适用法律错误，依法提出抗诉。二审法院改判陈某犯贩卖毒品罪，判处有期徒刑十年。

二、健全机制，增强打击毒品犯罪实效

一是强化组织领导，加强毒品犯罪办案专业化建设。最高人民检察院党组高度重视检察机关禁毒工作，多次作出部署安排及重要指示。2017 年 6 月，最高人民检察院将死刑复核检察厅更名为公诉二厅，其中一项主要职责是对毒品犯罪案件公诉业务进行指导，同时承担了最高人民检察院与国家禁毒委员会的联络工作。

各地检察机关也加强了对禁毒工作的组织领导，不少地方成立了以检察长任组长、部门负责人为成员的禁毒工作领导小组，全面加强对本地区检察机关禁毒工作的领导协调。云南、甘肃、青海等地检察机关设立了以查办毒品犯罪案件为主的办案机构。不少地方已初步建立起一支熟悉毒品专业知识、办案经验丰富的专业化办案队伍，并有针对性地加强教育培训，提升人员素质，创新工作方法，积极适应办理毒品犯罪案件的需要。

二是提升毒品犯罪案件刑事指控水平。全国检察机关积极发挥检察职能，切实担负起诉前主导、指控主体、庭审主角的职责，不断提升毒品犯罪指控水平。强化引导侦查取证，有效履行证明责任。引导侦查机关及时、准确收集、固定证据，确定取证方向和范围，促使侦查活动由“抓人破案”向“查证定案”转变，把牢毒品犯罪案件证据质量关。

强化审前过滤，防止案件“带病”进入审判程序。严把毒品案件事实审查关，必要时复勘案发现场，增强办案亲历性。针对毒品犯罪案件倚重言词证据，物证提取、扣押、称量等程序问题较多等特点，突出证据合法性和客观性审查，坚决排除非法证据。规范退回补充侦查，强化补查质量。进一步规范和细化退侦提纲，明确退侦原因、目的以及补证方向。加强沟通交流，跟踪补侦动态，及时引导公安机关准确补充取证，确保补查效果。

强化庭审指控，全面落实庭审实质化要求。检察机关主动适应诉讼制度改革，更新司法理念，提高出庭公诉工作能力，推进庭审实质化。对重大复杂毒品犯罪案件主动建议人民法院召开庭前会议，充分发挥庭前会议的积极作用。对部分定性或量刑存有争议的毒品犯罪案件，主动申请证人、鉴定人和侦查人员等出庭作证。充分发挥多媒体示证在庭审中指控和证明毒品犯罪的作用，强化庭审效果。

三是进一步加强与禁毒办、公安机关、法院等部门的协作配合。作为禁毒成员单位，各级检察机关进一步加强了与禁毒办的沟通联络，积极参与禁毒综合治理。检察机关还在工作中进一步加强了与公安机关、人民法院、司法行政等部门的协调配合，形成打击毒品犯罪合力。各地也在毒品犯罪案件证据收集、固定、审查运用，法律适用以及检察机关提前介入侦查工作等方面会签了一些重要的规范性文件，为惩治和预防毒品犯罪发挥了积极作用。办案中充分保障辩护人的阅卷权和知情权，认真听取辩护人意见建议，促进了毒品犯罪案件依法公正办理。

四是加强毒品犯罪司法解释、规范性文件的研究制定。2013 年至今，最高人民检察院参加制定了《关于规范毒品名称表述若干问题的意见》《办理毒品犯罪案件毒品提取、扣押、称量、取样和送检程序若干问题的规定》《关于适用犯罪嫌疑人、被告人逃匿、死亡案件违法所得没收程序若干问题的规定》等一批重要的司法解释和规范性文件，对惩治毒品犯罪提供了强有力的支持。

三、下一步工作打算

一是提高政治站位，推进检察机关禁毒工作向纵深发展。全国各级检察机关要进一步提高政治站位，认真学习贯彻习近平总书记昨天关于禁毒工作作出的重要指示，进一步加强组织领导，积极发挥检察机关的法律监督职能作用，持之以恒把检察机关禁毒工作深入开展下去。要按照国家禁毒委员会工作部署，加强与其他成员单位的协调配合，依法打击各类毒品犯罪活动。

二是加强调研督导，提升毒品犯罪案件办理质量。检察机关对打击毒品犯罪相对薄弱的地方要加强调研督导，严格按照案件事实和法律规定，履行批捕和公诉职能，突出打击重点。加强对毒品犯罪案件的侦查监督和审判监督，切实维护司法公正。强化证据意识，按照客观性证据审查模式要求，引导侦查方式的升级转型。强化对裁判和审判活动监督，对于符合抗诉条件的毒品犯罪案件，依法及时提出抗诉。进一步推进毒品犯罪案件办理的职业化、专业化水平。

三是进一步融入国家禁毒工作大局，推动完善禁毒综合治理体系。今天是第31个国际禁毒日，习近平总书记指出，禁毒工作事关国家安危、民族兴衰、人民福祉，毒品一日不除，禁毒斗争就一日不能松懈。检察机关要积极参与禁毒综合治理工作，加大对重点地区毒品犯罪的打击力度。

对于毒品案件办理中存在的普遍性的问题，加强调查研究，与公安机关、人民法院等部门会签相关文件，共同研究解决，认真做好涉毒资产查缴和证据审查工作，彻底摧毁毒品犯罪的经济基础。贯彻落实“谁执法谁普法”的要求，发布指导案例和经验做法，在司法办案中开展禁毒宣传教育工作，营造全民禁毒的浓厚氛围，真正实现“健康人生，绿色无毒”。

肖玮

下面进行第二项议程，发布检察机关惩治毒品犯罪典型案例。这些案例已经作为“新闻发布会材料二”印发给大家。为了便于大家更好地了解掌握这些案例，现在请刘明超检察官简要介绍一下典型案例的遴选情况和主要特点。

刘明超

各位记者朋友，我现在简要向大家介绍一下这次发布的检察机关依法惩治毒品犯罪典型案例情况。今年初，我们对全国检察机关毒品犯罪案件公诉工作开展了调研，其间要求各省级检察院选择一批本省检察机关办理的法律效果、社会效果比较好的且已有生效判决的毒品犯罪典型案件上报最高人民检察院。全国共上报了60余件，在此基础上，我厅筛选出6件典型案例向社会发布。这6件案例是检察机关发挥法律监督职能、依法办理的毒品犯罪案件的代表。其中，追诉漏罪漏犯案例2件，抗诉案例4件。下面，就这6起案件简要向各位媒体朋友介绍如下。

追诉案例之一：王慧娜等人贩卖毒品、王优生贩卖、运输毒品、故意伤害案。检察机关主动发现遗漏的毒品犯罪上家的监督线索，深挖关联犯罪，成功追诉多名漏犯及相关漏罪，有效打击了犯罪。

追诉案例之二：周瑜、杨占华贩卖毒品案。检察机关发现遗漏同案犯和遗漏罪行的监督线索，成功追诉幕后主犯。通过提前介入侦查，引导公安机关查明共同犯罪人的地位作用，使罪责最大的主犯受到了严惩，防止了对作用相对较小的被告人错误适用死刑，确保了办案质量。

抗诉案例之一：郭锡儒等人贩卖毒品案，是被告人“零口供”、主要同案被告人翻供导致的无罪判决案件，检察机关通过构建以客观性证据为核心的审查模式使案件得到改判，对今后类似案件办理提供了有益借鉴。

抗诉案例之二：马亚贵等人贩卖、运输毒品案。检察机关通过对无罪判决提出抗诉得到法院认同，对司法实践中准确认定主观明知提供了示范，确保了对此类犯罪的有效打击。

抗诉案例之三：倪爱勤运输毒品案。本案是对财产刑适用不当提出的抗诉，有助于统一对毒品犯罪涉案财物追缴及财产刑适用的法律认识，对从源头上治理和预防毒品犯罪具有重要意义。

抗诉案例之四：谢伟强、邹俊等人贩卖、运输毒品案。本案检察机关通过抗诉，进一步明确了对贩卖、运输新类型毒品氯胺酮案件的法律适用标准，为司法办案实践提供了有益的借鉴。同时检察机关对量刑畸重提出抗诉，在坚持整体从严惩处毒品犯罪、突出打击重点的同时，贯彻宽严相济刑事政策，达到了预防和减少毒品犯罪的目的。

这些案例，既涉及毒品犯罪上下家关联犯罪和共同犯罪人的追诉，又涉及证据体系的构建、主观明知的认定、财产刑的适用、新类型毒品的法律适用等毒品犯罪案件常见、多发、疑难问题，检察机关充分发挥职能作用，通过开展立案监督和侦查监督，引导公安机关取证，成功追诉遗漏罪犯；通过对错误判决的抗诉开展审判监督，得到法院的改判，对毒品犯罪案件证据的审查和认定、法律适用等提供了有益的借鉴，并促进形成打击毒品犯罪的合力。谢谢各位媒体朋友的关注和支持。

现场答问

新华社记者　余俊杰

请结合检察机关的办案情况，介绍一下当前毒品犯罪呈现出哪些特点。

黄卫平

目前，从检察机关公诉部门办理的案件来看，毒品犯罪主要有以下特点：

一是近年来毒品犯罪案件数量大，禁毒形势依然严峻。虽然从2016年起，检察机关起诉的毒品犯罪案件数量有所下降，国家禁毒工作取得了积极成效，但毒品犯罪案件总数、涉案人数仍十分巨大。如2017年全国检察机关共起诉11万余件13.6万人。特别是近年来以冰毒、麻古、氯胺酮为主的新型合成毒品犯罪案件增长迅速，犯罪低龄化趋势明显，全国毒情形势依然严峻。

二是毒品犯罪类型集中。走私、贩卖、运输、制造毒品罪、容留他人吸毒罪、非法持有毒品罪等三个罪名，案件量在毒品犯罪中居前三位，占比很大。五年来，该三类犯罪案件数和人数分别占全部毒品犯罪总数的98.8%、98.4%。

三是毒品犯罪高发地相对集中。全国各省、直辖市、自治区（包括新疆生产建设兵团）均有毒品犯罪案件，其中广东、湖南、四川、云南和贵州等案件量居前 5 位的省份，案件量之和占全国毒品犯罪的 40% 以上。案件量前 10 位省份，包括浙江、广西、重庆、江苏、湖北等，案件量之和占全国毒品犯罪的 60% 以上。

四是毒品零包贩售加剧的同时，大宗化明显。统计数据显示，近年来零包贩卖等末端毒品犯罪增长迅速，10 克以下零包贩卖毒品案件占比很高。与此同时，走私、贩卖、运输、制造毒品大宗化明显，公斤级的案件猛增。如海南谢某等人制造毒品案，制造氯胺酮达 1200 多公斤。广东姚某等人运输毒品案，查获的冰毒数量高达 66 公斤。

五是毒品犯罪职业化明显，手段翻新，侦办难度大。当前毒品犯罪团伙组织严密、分工明确，一些大宗毒品犯罪还配备了枪支弹药。反侦查意识强化，往往采取单线、假名、暗语、密码联系；频繁更换联络方式、银行账户；人货分离、钱货分离、住货分离等。

此外，当前网络毒品犯罪高发，犯罪分子利用现代化的通讯、交通和金融服务体系进行毒品犯罪活动，查缉、打击难度加大。

南方都市报记者　刘　嫚

对于毒品犯罪案件，检察机关如何强化法律监督，维护司法公正？

黄卫平

近年来，全国各级检察机关依法履行法律监督职责，加大对毒品犯罪案件的监督力度，切实维护司法公正。主要做了以下几方面的工作：

一是依法履行不批捕、不起诉职能。检察机关坚决贯彻疑罪从无原则，强化把关过滤，防止“带病”起诉。2013 年至 2018 年 4 月，全国检察机关共不批准逮捕涉嫌毒品犯罪案件 65618 件 96998 人，其中因证据不足的 71836 人，不构成犯罪的 4064 人，调查后排除非法证据 595 人次。共不起诉涉嫌毒品犯罪案件 6442 件 10987 人，其中因证据不足不起诉 7863 人，没有犯罪事实 323 人，排除非法证据 216 人次。

二是加强侦查监督。监督侦查机关依法、全面、及时收集和固定证据，重点加强对刑讯逼供、暴力取证等问题的监督，加大对漏罪和漏犯的追诉力度。同时，对逮捕后羁押必要性进行审查，规范非羁押性强制措施的适用。

对不严格执法问题发出书面纠正意见，2013 年至 2018 年 4 月，全国检察机关公安机关对侦查活动提出书面纠正意见 34003 件次。

三是加强审判和刑罚执行监督。各地检察机关进一步加强对裁判的审查，依法对定性错误、量刑不当、严重违反程序的裁判提出抗诉，对于审判活动违法行为依法提出纠正意见。

2013 年至 2018 年 4 月，全国检察机关对毒品犯罪案件共提出抗诉 2950 件，已审结 2126 件，其中改判 1152 件，发回重审 463 件；对审判活动提出书面纠正意见 3910 件次，已纠正 3635 件次。检察机关还依法监督法院和监管场所规范保外就医、减刑、假释的适用，督促解决患有严重疾病、自伤自残涉毒人员收押难问题。

四是严查毒品犯罪背后的职务犯罪。在办理毒品犯罪案件时，检察机关注重深挖案件背后可能存在的职务犯罪。如四川省检察院办案时发现某法院副庭长袁某帮助毒贩逃避处罚、收受贿赂，袁某被判处有期徒刑十二年。又如广东省检察院办案时发现某看守所民警涉嫌为被判处死刑的被告人做虚假的立功线索，有 5 人因涉嫌帮助犯罪分子逃避处罚、收受贿赂被查处。

中国妇女报记者　王春霞

毒品犯罪是一个严重的社会问题。我想问的是，这些年来检察机关在禁毒综合治理方面做了哪些工作？

刘明超

近年来，全国检察机关主动融入禁毒工作大局，延伸司法办案效果，坚持以问题为导向，创新工作思路，积极参与禁毒严打、重点整治、普法宣传、预防教育等综合治理，有效瓦解毒品犯罪的根基，巩固禁毒成果。

主要做法有：

一是认真参与重点地区禁毒整治。对于国家禁毒委员会予以挂牌整治或者重点关注的地区，当地检察机关高度重视，强化大局意识和担当意识，根据当地党委的具体部署，加强与相关部门的沟通协作，加大办案力度，提升打击毒品犯罪的效果。

二是开展形式多样的禁毒宣传活动。各地检察机关严格落实“谁执法谁普法”的要求，以庭审为主要阵地，开展禁毒预防宣传教育工作。各地还组织“禁毒宣传周”活动，深入农村、社区宣讲禁毒知识，派员担任中小学法治副校长，提高未成年人禁毒意识。一些地方还利用微博、微信、网站、城市广告等媒体，召开禁毒新闻发布会，以及微电影、以案说法等易于群众接受的形式广泛宣传禁毒，取得良好效果。

三是积极落实共管责任。针对毒品犯罪的社会管理漏洞，特别是易制毒物品、制毒工具、材料的销售监管环节，以及快递业实名投递、房屋租住协议实名登记、手机卡、银行卡实名登记的落实等问题，利用检察建议书等方式促进有效监管，取得了积极成效。云南等地检察机关在办案中发现在校学生涉毒引发犯罪情况时有发生，吸毒和毒品犯罪有向校园蔓延的势头，及时向学校、教育局和公安机关发出检察建议书，督促全面排查校园吸毒贩毒情况，加大力度整治学校内外治安环境，取得较好的社会效果。四川省检察机关积极回应全国人大代表关于整治铁路沿线地区毒品问题的建议，牵头建立了“路地合作”机制，对打击预防毒品犯罪起到积极作用。

四是加强毒品犯罪调研，推进禁毒工作。最高人民检察院和地方检察机关高度重视毒品犯罪调研工作，及时研判毒品犯罪的新特点、新问题，积极向党委政府及相关部门提出对策建议，推动构建更严密的禁毒防控体系。

近年来，最高人民检察院与法国驻中国大使馆召开了合成毒品犯罪治理研讨会，派员参加第三届海峡两岸暨香港澳门禁毒执法研讨会、涉毒反洗钱工作研讨会、涉毒资产调查工作研讨会、打击涉麻黄碱毒品犯罪研讨会等等，为禁毒工作提出有价值的意见建议。各地检察机关也加强了对毒品犯罪研究和毒品问题治理的探索，推动禁毒斗争深入开展。

肖　玮

各位记者朋友，厉行禁毒是党和国家的一贯立场和主张。面对严峻的毒品犯罪形势和艰巨的禁毒工作任务，各级检察机关将进一步提高政治站位，深入学习贯彻党的十九大精神和习近平总书记关于禁毒工作系列重要指示精神，深入贯彻落实《中共中央、国务院关于加强禁毒工作的意见》要求，以更加坚定的决心、更加有力的措施、更加扎实的工作，推进检察机关禁毒工作向纵深发展。

同时，我们深知，禁毒工作是一项需要全社会参与的系统工程，依法严厉打击毒品违法犯罪，深入开展毒品预防宣传教育，离不开新闻媒体的关注和支持。希望各位媒体朋友对检察机关禁毒工作的进展成效多多关注、多多报道，共同营造打击毒品犯罪的强大声势，为社会和谐稳定营造良好的舆论氛围。

典型案例

检察机关依法惩治毒品犯罪典型案例

追诉案例之一　王慧娜等人贩卖毒品、王优生贩卖、运输毒品、故意伤害案

一、基本案情

河南省人民检察院在审查被告人李景瀛、王镇南、李季贩卖毒品上诉案过程中，发现毒品上家及毒品来源未能查清。通过要求公安机关补充侦查提取了李景瀛等人的手机通话、短信记录等证据，显示案发当天王镇南多次同“王小猴”联系交易毒品。经再次提审，王交代出上家“王小猴”的真实姓名为王慧娜，贩毒成员还有“茜茜”、“清亮”、“二孩”等人。为尽快抓获相关嫌疑人，检察机关建议公安机关对王慧娜等人立案侦查。检察官会同侦查人员到看守所，让王镇南从近百人的照片中辨认出王慧娜，掌握了王慧娜的准确信息，并迅速将其抓捕到案。后又二次到当地跟踪督查，经过调查走访平顶山市两个戒毒所，接触近百名吸毒、戒毒人员，终于查清“茜茜”等三人的真实身份为王玉琳、许清亮和郑龙非，后王玉琳、许清亮被抓获归案。经查，2014 年 5 月，王慧娜带领被告人李景瀛、李季、王镇南，向郑龙非购买甲基苯丙胺 685.69 克，向王玉琳、许清亮购买甲基苯丙胺 1500 克。

审查中还发现，案卷中王镇南的一份讯问笔录显示，其曾向“永胜”购买毒品。经调查，“永胜”真实姓名是王优生。检察机关向公安机关发出通报，并派员前往当地现场协调查办，建议对王优生犯罪问题开展调查。在抓捕王优生时，提前介入

侦查的检察官及时建议对从王住处搜出的毒品包装物进行生物物证检验。经鉴定，该毒品包装袋上提取的两枚指纹系王优生左手食指、拇指所留，有力证实了毒品系王优生所有。鉴于王优生拒不供认犯罪，检察机关建议运用大数据系统查询王优生行踪，发现其多次往返于平顶山、北京之间，并有大额银行转款记录，经与北京市公安机关协调，查清其向北京下家贩卖、运输毒品甲基苯丙胺1625.43克、氯胺酮2.58克。另查明其故意伤害致人轻伤的犯罪事实。

2016年9月28日，河南省平顶山市中级人民法院分别以贩卖毒品罪判处王慧娜、王玉琳无期徒刑，判处许清亮有期徒刑十五年。2017年8月25日，平顶山市中级人民法院以贩卖、运输毒品罪、故意伤害罪数罪并罚判处王优生死刑，缓期二年执行。

经公安机关上网追逃，于2017年5月将郑龙非抓获归案，根据郑龙非的交代，又抓获了其毒品上家宋某某。

二、典型意义

毒品犯罪的隐蔽性较强，上下家之间一般以绰号相称，真实身份往往难以查清，给依法严惩大宗贩卖毒品等源头性犯罪造成困难。实践中，部分毒品犯罪案件也因此未能深挖细查，打击上下家等关联犯罪。检察机关在办理本案时，没有就案办案，而是主动监督，根据蛛丝马迹，深挖关联犯罪，并通过引导侦查取证，跟踪监督，锲而不舍，历时三年多时间，成功追诉多名漏犯及相关漏罪。

追诉案例之二　周瑜、杨占华贩卖毒品案

一、基本案情

被告人杨占华因贩卖毒品一审被判处死刑，2015 年 2 月浙江省人民检察院在审查其上诉案过程中，发现杨占华租住在简陋的民房中，银行卡平时仅有小额资金出入，从其经济状况分析，不像是贩卖大量毒品的主犯；从其手机通话记录看，杨占华与其供称是同案犯的罗时应仅联系一次，而跟周瑜联系非常频繁，初步判断杨占华可能受周瑜指使贩卖毒品。检察官反复审查了相关材料，发现周瑜在通话中指使杨占华放置毒品，并谈论毒品剩余情况。经再次提审杨占华，展示相关证据，杨占华交代其系受周瑜指使贩卖毒品，一审阶段之所以编造罗时应是幕后主犯，主要是考虑其和周瑜二人是同乡，情同手足，想为周瑜隐瞒、承担罪责。此外，杨占华又交代了一起受周瑜指使贩卖毒品的事实。检察机关建议公安机关对周瑜立案侦查。周瑜被抓获后，提前介入侦查的检察官就杨、周二人在共同犯罪中的地位、作用等提出引导取证意见。经查，二人共同贩卖甲基苯丙胺 2592.24 克，在共同犯罪中，周瑜提供毒资、联系购买和销售毒品、收取货款，杨占华负责保管毒品、与买家交接毒品，周瑜作用明显大于杨占华，一审认定杨占华单独贩卖毒品并对其判处死刑，确有错误，检察机关建议二审法院撤销原判，发回重审，对杨占华案与另提起公诉的周瑜案并案审理，重新作出判决。

2015 年 11 月 24 日，浙江省温州市中级人民法院以贩卖毒品罪判处杨占华无期徒刑。2017 年 9 月 27 日，浙江省高级人民法院以贩卖毒品罪判处周瑜死刑，缓期二年执行。

二、典型意义

当前，我国毒品犯罪形势严峻，职业化明显，共同犯罪较多。对毒品共同犯罪应当依法区分主犯间的罪责大小，体现区别对待，做到罚当其罪。此外，毒品共同犯罪中，由于部分共同犯罪人未到案，往往影响对各共同犯罪人罪责的认定。检察机关通过侦查监督，发现并追诉遗漏的同案犯和遗漏罪行，成功追诉幕后主犯，并使真正罪责最大的主犯受到了严惩，防止对作用相对较小的被告人错误适用死刑，确保了办案质量。

抗诉案例之一　郭锡儒等人贩卖毒品案

一、基本案情

2014年7、8月间，王某（另案处理）欲向被告人李本新、刘振华、马么二苏等人购买毒品。马么二苏联系被告人郭锡儒提供毒品用于贩卖给王某，并派吴建林从郭锡儒处拿到毒品，后吴建林与王某在广州某大厦门前准备交易时被公安机关抓获，当场查获甲基苯丙胺1995克。随后抓获刘振华、李本新，当场查获毒资人民币8.3万元。在被告人李本新的协助下，抓获马么二苏、郭锡儒。

广东省广州市中级人民法院一审认为，被告人郭锡儒归案后一直否认贩毒，庭审中，直接与其交易毒品的吴建林翻供否认侦查阶段辨认郭锡儒及其车辆的辨认笔录的真实性，遂以事实不清、证据不足为由判决郭锡儒无罪。广州市人民检察院通过对照地图对交易毒品的位置、郭锡儒汽车的行动轨迹以及抓获郭锡儒所在的公寓位置进行精准复核，结合案发当天郭与马么二苏之间20余次通话，证明郭锡儒关于与马系偶遇，开车搭载其并非取毒资的辩解明显不合常理。关于被告人吴建林在庭审中翻供的原因，通过讯问马么二苏了解到，在押解去开庭的囚车上，郭锡儒向吴建林许诺如果不指认他，今后可以负担吴家人的生活费。其他三名同案人亦证实听到类似的谈话。在确凿证据面前，吴建林承认了上述事实并表示愿意再次指证郭锡儒。通过复核证据，广州市人民检察院认为一审判决认定郭锡儒无罪确有错误，于 2016 年 6 月 22 日依法提出抗诉。广东省人民检察院支持抗诉。广东省高级人民法院二审认为，检察机关抗诉理由成立，于 2017 年 10 月 24 日改判郭锡儒犯贩卖毒品罪，判处有期徒刑十五年（其他同案被告人判决情况略）。

二、典型意义

毒品犯罪分子到案后，为逃避罪责而不供认犯罪、供认后又翻供的现象在司法实践中较为普遍。在本案被告人“零口供”，主要同案被告人翻供的情况下，检察机关加强调查核实，复勘案发现场，增强办案亲历性，构建以客观性证据为核心的审查模式，并通过其他证据相互印证，形成完整的证据链，有效证明了被告人的罪责，抗诉后得到改判。

抗诉案例之二　马亚贵等人贩卖、运输毒品案

一、基本案情

2013 年 8 月至 9 月初，被告人李鹏、何小虎预谋从被告人王超宁处购买甲基苯丙胺运回宁夏银川贩卖。9 月 3 日，何小虎联系被告人马亚贵驾车帮助运输，并于当日下午由马亚贵驾车赴庆阳市与王超宁见面，取得毒品样品。在驾车返回银川途中及此后在银川的宾馆住宿期间，三人多次吸食李鹏提供的毒品，李鹏又送给马亚贵少量毒品，让马看看是否有人购买。9 月 9 日，李鹏告诉马亚贵去广州，马当即表示同意。12 日 22 时许，三人从广东东莞王超宁处购买毒品返回途中被公安机关查获，当场查获甲基苯丙胺 708 克。

甘肃省平凉市中级人民法院一审认为，被告人马亚贵供述称不知道取毒品之事，李鹏及何小虎对马亚贵是否明知运输毒品时供时翻，且没有证据证明马亚贵此行获取不同寻常的高额、不等值报酬，根据疑罪从无原则，对被告人马亚贵宣告无罪。平凉市人民检察院认为，根据在案证据，马亚贵驾车载何小虎、李鹏去庆阳途中以及在银川住宿期间，李鹏除提供毒品供何、马二人吸食外，还给马亚贵少量毒品，并明确提出让马亚贵拿上看有无他人购买，该事实足以证明马亚贵明知李鹏从事毒品犯罪活动；被告人李鹏明确供述，其向何小虎、马亚贵提出过合伙进行毒品犯罪，何小虎、马亚贵知道去广东的目的是购买毒品；李鹏提出让马开车去广东时，马亚贵立即答应并即刻出发，对于此行的目的、费用等事项不闻不问，到达广东后，在李鹏取得毒品后又立即开车返回，行为诡秘，不符常理。综上，应当认定马亚贵明知李鹏去广东购买毒品而提供帮助，其行为构成运输毒品罪。一审判决宣告马亚贵无罪确有错误，依法提出抗诉。甘肃省人民检察院支持抗诉。甘肃省高级人民法院二审认为，检察机关抗诉理由成立，于2016年4月11日改判马亚贵犯运输毒品罪，判处有期徒刑七年（其他同案被告人犯罪事实和判决情况略）。

二、典型意义

毒品犯罪案件特别是运输毒品案件中，被告人到案后否认其明知是毒品的情形较为常见。主观明知的认定一直以来是办理毒品犯罪案件的难点问题，虽然相关司法解释和规范性文件已对推定明知作出规定，但在具体适用上还存在一定的认识分歧。本案就是在被告人否认明知是毒品的情形下，检察机关综合运用在案的其他证据，并根据被告人实施犯罪时的具体情形，包括犯罪的方式、过程等，结合其个人情况，如马亚贵本人是吸毒人员等，来认定其主观明知，从而抗诉成功的案例。

抗诉案例之三 倪爱勤运输毒品案

一、基本案情

2016年5月3日，被告人倪爱勤受林杨委托，帮助运输甲基苯丙胺130余克及其他少量毒品。

被告人倪爱勤曾因犯容留他人吸毒罪，于2010年7月被江苏省扬州市广陵区人民法院判处有期徒刑七个月，并处罚金人民币三千元；因犯贩卖毒品罪，于2012年7月被扬州市广陵区人民法院判处有期徒刑四年，并处罚金人民币五千元，2015年2月18日释放。

江苏省扬州市邗江区人民法院一审认定，被告人倪爱勤犯运输毒品罪，判处有期徒刑十五年，剥夺政治权利五年，并处罚金人民币二万元。扬州市邗江区人民检察院认为，根据刑法第三百四十七条的规定，运输毒品犯罪被判处十五年有期徒刑的，应当并处没收财产。本案中，被告人倪爱勤运输毒品数量大，且系累犯、毒品再犯，原审法院判处其十五年有期徒刑适当，但"并处罚金人民币二万元"明显不当，应当对其并处没收财产，因此提出抗诉。扬州市人民检察院支持抗诉。扬州市中级人民法院二审认为，检察机关抗诉理由成立，于2017年3月30日将对其的财产刑改判为并处没收个人财产人民币五万元。

二、典型意义

毒品犯罪是典型的贪利型犯罪，依法追缴毒品犯罪分子的违法所得及其产生的收益，以及供犯罪使用的本人财物，并对其准确适用财产刑，是剥夺其再犯经济基础的重要手段，对有效打击毒品犯罪具有重要作用。对被告人判处有期徒刑，同时并处没收财产的，应当结合其毒品犯罪的性质、情节、危害后果及其获利情况、经济状况等因素，确定没收个人财产的数额。

而实践中，司法机关往往对财产刑的处罚不够严格，本案是对财产刑适用不当而抗诉成功的案例。

抗诉案例之四　谢伟强、邹俊等人贩卖、运输毒品案

一、基本案情

2014年11月至12月，被告人谢伟强向被告人刘志方等人贩卖、运输氯胺酮3500克以及含氯胺酮、MDMA成分的其他少量毒品。

2014年12月至2015年2月，被告人邹俊、袁志强等人向刘志方、万宇晴等人贩卖、运输氯胺酮2500克以及含氯胺酮、MDMA成分的其他少量毒品。

江西省吉安市中级人民法院一审以贩卖、运输毒品罪，判处被告人谢伟强死刑，缓期二年执行，判处被告人邹俊无期徒刑。吉安市人民检察院认为，涉案的主要毒品氯胺酮，俗称K粉，根据《非法药物折算表》，氯胺酮与传统毒品海洛因按照10：1的比例折算，说明其致瘾癖性和对人体的危害与海洛因、甲基苯丙胺相比，还有一定差异，在量刑时应当予以考虑。综合本案的毒品数量、犯罪性质、情节及危害后果等因素，被告人谢伟强贩卖、运输氯胺酮3500克，对其尚不足以适用死刑，对被告人邹俊判处无期徒刑，亦属于量刑过重，依法提出抗诉。江西省人民检察院支持抗诉。江西省高级人民法院认为，检察机关抗诉理由成立，于2017年3月3日改判谢伟强无期徒刑，邹俊有期徒刑十五年（其他同案被告人犯罪事实和判决情况略）。

二、典型意义

当前毒品犯罪案件涉案毒品种类呈多样化，新类型毒品犯罪不断涌现，其中涉氯胺酮犯罪所占比例增大。如何对被告人

准确适用刑罚是司法机关面临的重要问题。本案是针对贩卖、运输氯胺酮案件量刑畸重抗诉成功的案例。

检察机关办理毒品犯罪案件，在坚持整体从严惩处毒品犯罪、突出打击重点的同时，要贯彻宽严相济刑事政策，根据案件的具体情况予以区别对待，对于罪行较轻、或者具有从犯、自首、立功等法定、酌定从宽处罚情节的毒品犯罪分子，根据罪刑相适应原则，依法予以从宽处罚，以分化瓦解毒品犯罪分子，预防和减少毒品犯罪。

部分新闻链接

1. 人民日报 2018 年 6 月 27 日报道《最高检通报打击毒品犯罪情况　五年起诉毒品犯罪案件近六十万件》

2. 新华社 2018 年 6 月 27 日报道《过去五年全国检察机关批捕涉毒品犯罪超 66 万人》

3. 中央广播电视总台央视新闻频道（CCTV-13）2018 年 6 月 27 日报道《最高检　强化法律监督　有力惩处毒品犯罪》《最高检　去年共起诉涉毒品案件 11 万余件》

4. 光明日报 2018 年 6 月 27 日报道《最高检：强化追诉抗诉　彰显打击毒品犯罪的检察力量》

5. 法制日报 2018 年 6 月 27 日报道《最高检发布 6 起惩治毒品犯罪典型案例　保持打击毒品犯罪高压态势强化追诉抗诉》

6. 南方都市报 2018 年 6 月 27 日报道《最高检：5 年批捕毒品犯罪 66 万余人，占刑案逮捕数 13.6%》

12309，检察牵您手

最高人民检察院通报12309检察服务中心建设情况

发布时间： 2018年6月28日 11:00

发布内容： 通报12309检察服务中心建设情况，介绍12309检察服务中心实体大厅主要功能特点

发布地点： 最高人民检察院

主 持 人： 最高人民检察院新闻发言人　王松苗

出席嘉宾： 最高人民检察院检察委员会委员、控告检察厅厅长　许山松[①]
最高人民检察院控告检察厅副厅长　刘太宗[②]

① 现任中华全国总工会书记处书记、党组成员。
② 现任最高人民检察院第四检察厅副厅长。

主题发布

王松苗

尊敬的各位全国人大代表、全国政协委员，各位记者朋友，大家上午好！欢迎参加最高人民检察院“12309，检察牵您手”主题新闻发布会。

今天的发布会作为最高人民检察院机关第25次检察开放日活动的一个重要环节，我们非常荣幸地邀请到17位全国人大代表、全国政协委员现场观摩指导，首先我们对各位代表委员的到来表示热烈欢迎和衷心感谢！

这是自2014年最高人民检察院新闻办成立以来，我们举办的第52场新闻发布会，但邀请代表、委员观摩还是第一次。我们的开放日活动到今天一共举办了25场，请代表、委员观摩新闻发布会，这也是第一次。最高人民检察院举行的77场活动中，让各路精英济济一堂，这还是第一次。可以说，今天各位都是历史的见证者、记录者、参与者。我们与有荣焉。大家都知道，检察工作是法律监督，人大代表是立法执法监督，媒体是舆论监督，都在各自领域发挥着不可替代的作用。让这三种监督汇聚一起，三剑合璧，目的只有一个，就是要共同努力，为人民提供更加优质的服务。特别是检察机关要在人大代表和新闻舆论的监督下，努力改进工作，不断增强人民群众的幸福感、安全感和获得感。

今天的新闻发布会主要有两项议程：一是通报12309检察服务中心建设情况，介绍最高人民检察院12309检察服务中心实体大厅主要功能特点；二是回答记者提问。出席今天发布会的是最高人民检察院检察委员会委员、控告检察厅厅长许山松同志、控告检察厅副厅长刘太宗同志。

在今天上午最高人民检察院西办公区举行的揭牌仪式中，张军检察长向大家简要介绍了 12309 检察服务中心有关情况，与全国人大代表揭牌，陪同代表、委员实地参观了新启用的 12309 实体大厅。为了让代表、委员和媒体记者朋友对 12309 检察服务中心有更加全面深入的了解，我们先请许山松厅长对 12309 检察服务中心实体大厅的建设情况和功能特点做个介绍。在许厅长介绍的同时，请我们的工作人员配合进行 PPT 演示。

许山松

各位全国人大代表、政协委员，记者朋友们，大家上午好！党的十九大明确将“坚持以人民为中心”作为新时代中国特色社会主义的基本方略。张军检察长多次强调，要始终把人民放在心中的最高位置，努力让人民群众有更多和更实在的获得感、幸福感、安全感，为人民群众提供更优质的法治产品、检察产品。建设 12309 检察服务中心是检察机关全面贯彻落实党的十九大精神，践行以人民为中心的发展思想，不断满足新时代人民群众日益增长的新需求的一项重要举措。

12309 检察服务中心整合检察机关所有服务群众功能，是检察机关统一对外的综合服务平台，包括网络平台和实体大厅两部分。建设统一的检察服务平台，目的就是最大限度地方便群众、服务群众，为群众提供更好地检察服务。之前，网络平台已开通运行，在拓展群众诉求渠道、推进更高层次的阳光检察、利用信息技术提供更加高效便捷的检察服务等方面发挥了应有的作用，受到广大群众欢迎。

在深入推进网络平台建设应用的同时，我们积极推进实体大厅建设。最高人民检察院先后下发了《最高人民检察院关于 12309 检察服务中心建设的指导意见》和《关于12309检察服务中心建设运行有关问题的通知》，对实体大厅建设的原则、功能、配置、名称等提出具体要求。今年5月，最高人民检察院在重庆举办了12309检察服务中心建设应用动员部署暨培训班，要求各级检察机关务实稳妥推进12309检察服务中心实体大厅建设。

刚才，我们举行了12309检察服务中心揭牌仪式，标志着12309检察服务中心实体大厅在最高人民检察院正式投入使用，并以此推动各地稳步推进实体大厅建设应用。各位代表、委员和媒体记者也已视察、体验了最高人民检察院12309检察服务中心实体大厅建设和应用情况。这里，我再对12309检察服务中心实体大厅的特点和功能作一归纳梳理：

一是实现一个窗口对外、一站式服务，构建检察为民服务新体验。12309检察服务中心实体大厅是在原有控告申诉接待大厅基础上进行改造建设，将分散在不同部门、不同场所的对外服务功能进行集中整合，由原来单一接待来访功能改造升级成集控告申诉、案件管理、检务公开、检察宣传等功能于一体的“一站式”服务中心。

从分散到集中，从单一到集成，实现了一个窗口对外，让人民群众“只进一个门”就能办成事。12309检察服务中心实体大厅的具体功能主要包括：受理人民群众控告、申诉和举报，受理案件程序性信息查询、国家赔偿、国家司法救助等事项，接待律师，受理和审核案件，提供法律咨询，收集、反馈人民群众意见建议，开展检务公开和检察宣传等。

二是推进全国检察服务的一体化、规范化，打造检察为民服务新模式。最高人民检察院加强12309检察服务中心实体大厅的顶层设计，坚持高起点谋划、高标准设计，对职能定位、场所建设、功能设置、工作规范等作出统一部署要求，推进全国检察服务的一体化和规范化，提高检察机关整体服务质量和水平，推动依法及时就地解决群众合理诉求，真正实现群众的司法需求在哪里，优质高效的检察服务就跟到哪里，让人民群众切实感受到检察服务就在身边，公平正义就在当下。

具体来说，12309检察服务中心实体大厅要做到“四个统一”，即：统一外观，包括使用统一的名称、牌匾和标识，增强中心的辨识度，便于群众识别检察服务场所并获得面对面服务；统一功能和工作区域，即统一设立业务咨询、控告申诉、国家赔偿与国家司法救助、案件管理等四类工作区域，各工作区域功能明确，且相对独立和隔离，确保中心的功能齐全、安全有序；统一场所设置，根据工作需要设置接待区、等候区、安检区以及检察长接待室、远程视频接访室、集体访接待室、律师接待室、公开审查（宣告）室、咨询室、情绪疏导室等配套区，为群众提供宽敞舒适的服务环境；统一管理，明确控告检察部门是统一管理和牵头建设部门，案件管理等相关部门各司其职，密切配合，形成服务合力，将统一制定管理办法、操作指引、服务规范等规范性文件，提高检察服务规范化水平。

三是提高检察服务的精准度、满意度，实现检察为民服务新成效。12309 检察服务中心是人民群众表达诉求，了解、参与、监督检察工作的重要窗口，也是检察机关履行检察职能、提供检察服务、开展检务公开、展示检察形象的前沿阵地。

12309 检察服务中心投入使用后，工作重心就从“有没有”向“好不好”转变，着重在服务实效和服务体验上下功夫。

一要坚持司法为民理念，提供更加温馨周到的检察服务。坚持以人民为中心，牢固树立宗旨意识和服务意识，紧紧围绕新时代人民群众在合法权益保障、公平正义需求、尊严情感满足等方面的新期待，有针对性地加强和改进检察服务工作。如 12309 检察服务中心拓展了服务空间和功能，为群众提供宽敞、明亮、舒适、温馨的服务场所。再如，开设检务公开宣传栏，在入口显眼处放置受案范围、受理标准、工作流程、便民手册等办事指南，让群众进门就知道自己的诉求是否属于检察机关管辖，了解表达诉求和解决问题的办事流程。又如，配备饮水设备、防寒降温设施、应急药品、物品寄存、残疾人绿色通道等便民设施，为群众尽可能地提供便利。

二要畅通入口，提供更加精准的检察服务。坚持依法、规范、文明、热情的基本原则，综合运用依法导入、解释疏导、司法救助、衔接配合等方式，分类受理和处理群众诉求，对符合条件的涉法涉诉案件及时受理、依法导入，对不符合受理条件的耐心释法说理、积极引导或主动移送，对确有困难的群众提供司法救助，敞开真心真意为群众服务的大门、心门，密切检民关系，促进良性互动。

三要强化办理，提供更加优质高效的检察服务。在解决好“进得了门”的同时，确保“办得了事”，着力把解决群众实际问题贯穿于服务工作始终，切实加大群众诉求的受理、办理、交办督办力度，尽量缩短处理、办理时间，严把质量关，切实用实际效果打造12309品牌，赢得群众信任。

为民服务没有止境。目前，各地检察机关正在积极推进12309检察服务中心建设应用，实体大厅陆续投入使用。下一步，我们将同步推进12309检察服务中心实体大厅和网络平台的建设应用，打造“实体12309、网上12309、掌上12309、热线12309”四位一体的检察服务中心，实现线上线下一体化，将检察服务触角延伸到人民群众需要的每一个角落，形成全方位、全覆盖、立体式的检察服务综合平台，开启新时代检察机关为民服务的新篇章。

现场答问

光明日报记者 龚 亮

检察机关在开通了12309检察服务中心网络平台的同时，又建立了12309检察服务中心实体大厅，主要是出于什么考虑？

刘太宗

张军检察长反复强调，为民服务没有止境。建设统一的12309检察服务中心，就是为了适应新时代社会主要矛盾转化，不断满足人民群众在民主、法治、公平、正义、安全、环境等方面日益增长的需求，为人民群众提供更优质的法治产品、检察产品。

之前，12309检察服务中心网络平台已开通运行。如果说网络平台实现了检察机关和人民群众的“键对键”，群众动动手指就能获得便捷高效的检察服务，那么实体大厅就是要实现检察机关和人民群众的“面对面”，提供更加精准、亲和、周到的检察服务。

具体来说，建立12309检察服务中心实体大厅主要是基于以下考虑：

一是千方百计满足不同群体需要，真正让群众“找得到地”“见得到人”。12309检察服务中心网络平台开通以来，虽然满足了人民群众的一些新需求，但仍要看到一些诉求还需要当面解决，特别是一些群众对网络服务模式还不了解、不熟悉、不习惯，仍然习惯于走访、面谈。因此，当前“面对面”“人见人”等传统服务模式尚不可或缺。建立12309检察服务中心实体大厅，就是为了满足有“见面”“见人”需求的群众的实际需要，实现检察服务全覆盖、无死角。

二是千方百计整合优化传统服务功能，实现“一个窗口”对外，为群众提供“一站式”检察服务。此前，检察机关服务群众功能分散到各相关部门，服务群众场所名称也不尽相同，给群众带来诸多不便，已不适应新时代发展需要。这次实体大厅建设，坚持问题导向，紧紧围绕便民、利民、为民办实事这条主线，既要求将原先分散的服务功能集中整合，统一名称、牌匾、背景墙和标识，又要求依法及时快速受理办理群众诉请，把解决群众实际问题作为根本要求，切实用功能更加齐全的服务场所、更加醒目的服务标识、更加优质高效的服务、更加良好的办事实效来获得群众的满意和信任，真正让群众一听到、一看到“12309”就想起“检察院”，就感到“靠得住”。

三是千方百计构建多层次检察服务平台，真正让群众获得更多更好地服务产品。12309检察服务中心网络平台和实体大厅优势互补，相辅相成，相得益彰，形成检察机关全方位立体式服务平台，服务触角延伸到社会各个角落，深入到千家万户，为群众提供更多服务选择，最大限度地方便群众。今后，当事人可根据自身实际需要，选择“网络”或者“面对面”等适合自己的方式，也可就同一事项在不同阶段选择不同的方式。如当事人到实体大厅控告申诉后，后续可通过网络平台补充诉求、提交证据、了解进展、听取答复等。

新华社记者　陈　菲

12309 检察服务中心实体大厅能实现哪些办事功能？具体的职责范围是什么？

许山松

12309 检察服务中心实体大厅是集控告申诉、案件管理、检务公开、检察宣传等功能于一体的“一站式”综合性服务大厅，主要是通过四类工作区实现为群众提供检察服务的功能。

一是业务咨询工作区。对群众诉请事项进行初步审查，属于检察机关管辖的，引导其进入相应窗口或接待室，不属于检察机关管辖的，为其指明表达诉请方向，并做好释法说理工作。此外，提供法律咨询，宣传检察职能，承担综合协调工作等。

二是控告申诉工作区。主要受理人民群众的控告、申诉等事项。为切实维护群众合法权利，促进矛盾化解，在该区还设立了以律师为主的第三方化解矛盾纠纷工作窗口，利用律师的独特优势，推动矛盾纠纷依法及时就地有效化解。

三是国家赔偿与国家司法救助工作区。主要是受理国家赔偿、国家赔偿监督、国家司法救助申请，并初步审查申请材料和相关证明材料。

四是案件管理工作区。主要接待辩护人、诉讼代理人，提供案件信息公开服务，受理、审核案件等。为提供更周到的服务，在这一工作区还专门设立了律师阅卷室、涉案财物保管室、电子卷宗制作室、公开审查室等功能场所。

检察日报记者　史兆琨

12309检察服务中心实体大厅在配套设施方面有哪些便民的举措呢？

刘太宗

检察机关贯彻以人民为中心的发展思想，将服务、为民、便民的理念融入12309检察服务中心实体大厅建设应用的各个方面、各个环节。在配套设施方面，主要有以下便民举措：

一是设立功能齐全、相对独立的配套场所。根据工作需要设立专用的功能场所。如设立检察长接待室、集体访接待室、信访听证室、远程视频接访室等，承担特定的服务功能；设立值班律师接访室，由值班律师提供现场法律咨询，参与化解和代理涉法涉诉信访案件；设立情绪疏导室，营造放松、温馨的环境，帮助群众释放压力、疏导情绪、化解矛盾等。

二是配备安全设施。设立安检区，并在大厅内外安装全视角监控系统和安检系统，确保工作场所和来访群众安全。

三是配备便民服务设施。最高人民检察院修建了既方便群众排队又能遮风挡雨的简易棚；制作了最高人民检察院接谈范围、路标及楼内指使等便民标识；建立了包含检务公开、受案范围、涉法涉诉信访改革问答等内容的便民服务系统；设立等候区，并配备物品寄存、饮水设备、防寒降温设施，让群众累了能坐一坐、渴了能喝上热水；配备了应急药品、残疾人绿色通道等，关心关注特殊人群。

四是配备检务公开设施。安装检务公开显示屏、触摸屏，开设检务公开宣传栏，放置宣传资料和办事指南等，增进群众对检察机关的了解，引导群众依法依程序表达诉求。

法制晚报记者 朱健勇

12309检察服务中心网络平台开通以来，运行情况如何？网络平台有很多“智慧检务”元素应用，实体大厅方面如何体现“智慧检务”？

许山松

12309检察服务中心网络平台开通以来，深受广大群众欢迎，网站访客数20余万人，浏览量70余万次，注册用户2万余人，接收控告申诉等6万余件。检察机关依法审查办理，及时答复反馈，取得了良好的法律效果和社会效果。特别是将人工智能、大数据分析等智慧元素应用到网络平台，通过平台自动识别、分析、筛选和评估，提供更加精准的数据分析和个性化的内容推送。

12309检察服务中心实体大厅也包含了很多“智慧检务”的元素，具体体现在以下几个方面：

一是实现服务管理智能化。建立全国检察机关信访信息系统，把来信、来访、网络、电话等不同形式反映的信访事项，把受理流转、督查督办、答复反馈、进展查询、统计分析、监督评价等各业务环节，把全国各级检察机关的信访业务等全覆盖，实现全国四级检察院的接访数据、网上信访数据、案件信息互联互通以及实时动态管理，彻底改变了实体大厅“面对面”服务信息与网络等其他服务信息相对孤立隔绝的状态。

一位群众在实体大厅提出控告申诉，我们可以通过信访信息系统查询其此前是否在其他检察院、是否通过来信和网络等其他方式反映过，作出如何处理，为正确处理本次控告申诉提供重要参考。此外，还建立了动态人像识别系统，能够实现实时监控、查询、人脸检索、智能比对、数据分析等功能，第一时间掌握来访动态。有的检察院还研发了实体案管机器人，为当事人、律师等提供快速调卷、刻录电子卷宗、业务咨询、案件信息公开等智能服务。

二是实现受理查询信息化。配备多种信息服务系统和设备，为群众提供自助服务。如安装了排队叫号机，自动分流叫号，有序指引来访人进入相应的工作区或接待室；设立检务公开电子屏，滚动显示相关法律规定和办事指南，提高检察工作的透明度，引导来访群众依法表达诉求。

三是实现远程服务可视化。全国四级 3000 多个检察院在实体大厅建立了远程视频接访室，群众在当地基层检察院就可以通过远程视频接访系统向市级检察院、省级检察院和最高人民检察院反映问题，实现了跨越千里的“面对面”检察服务；也可以由多个检察院联合接访、公开听证、公开答复，建立了上下级、跨区域同时接访的新模式，既有效解决了群众舟车劳顿之苦，大大减少了信访成本，又促使群众诉求更加及时妥善地解决，就地化解矛盾。

王松苗

此次启用 12309 检察服务中心实体大厅，是检察机关全面贯彻落实党的十九大精神，适应新时代社会主要矛盾变化，坚持以人民为中心，从司法供给侧努力为人民群众提供更优质的法治产品、检察产品的重要举措。

刚才，许厅长、刘厅长介绍了 12309 的情况并回答了记者的提问，我理解，这项举措的重要导向，可以用四个“心”字进行简要地介绍，即：让群众更省心，简单输入几个数字，就可以依法快捷地表达自己的诉求。如果说 12306 是给购买车票带来了快捷服务，那么，12309 则是给人民群众带来了便捷化的法治服务。更贴心，诉求便捷化、精细化，答复自然就可以精准化。更安心，这里有很好的信息安全保护措施，投诉举报都有保障的，请大家尽可放心。更舒心，多帮群众忙，少让群众跑，少费群众心，努力让群众更舒心。

下一步我们将继续践行司法为民、司法便民宗旨，努力为社会公众提供更加便捷高效的检察服务，不断满足新时代人民群众日益增长的法治新需求。

感谢各位媒体朋友对 12309 检察服务中心工作的关注和支持，希望你们把镜头、话筒、笔触更多地对准这个检察新产品，通过你们的专业报道，让人大代表、政协委员、人民群众更多地了解它、知道它、使用它，使之能够真正走进千家万户，在为民服务方面发挥更大的效用。

部分新闻链接

1. 人民日报 2018 年 6 月 28 日报道《最高检 12309 检察服务中心大厅揭牌　只进一个门 就能办成事》

2. 新华社 2018 年 6 月 28 日报道《最高检启用 12309 检察服务大厅承诺群众“只进一个门”就能办成事》

3. 中央广播电视总台央视综合频道（CCTV-1）2018 年 6 月 28 日报道《最高检 12309 检察服务实体大厅启用》

4. 中央广播电视总台央视新闻频道（CCTV-13）2018 年 6 月 28 日报道《最高检 12309 服务实体大厅启用　集中受理群众控告申诉等事项》

5. 光明日报 2018 年 6 月 28 日报道《最高检升级 12309 检察服务　只进一个门，就把事办成》

6. 法制晚报 2018 年 6 月 28 日报道《最高检 12309 检察服务中心实体大厅启用　今起提供一站式服务》

7. 北京日报 2018 年 6 月 28 日报道《最高检力推便民措施：一站式受理控告、申诉和举报》

加强案例指导　依法惩防金融犯罪

最高人民检察院围绕依法惩防金融犯罪主题发布第十批指导性案例

发布时间：2018 年 7 月 12 日 10:00

发布内容：围绕依法惩防金融犯罪主题发布第十批指导性案例

发布地点：最高人民检察院

主 持 人：最高人民检察院新闻发言人　肖玮

出席嘉宾：最高人民检察院党组成员、副检察长　童建明

最高人民检察院检察委员会委员、法律政策研究室主任　万春

上海市人民检察院第一分院检察官　顾佳

浙江省人民检察院检察官　赵宝琦

浙江省丽水市人民检察院检察官　邹利伟

主题发布

肖　玮

各位记者朋友，大家上午好。欢迎参加最高人民检察院新闻发布会。今天发布会将围绕“加强案例指导，依法惩防金融犯罪”这一主题，发布最高人民检察院第十批指导性案例。出席今天发布会的是最高人民检察院党组成员、副检察长童建明，检察委员会委员、法律政策研究室主任万春，以及上海市人民检察院第一分院检察官顾佳、浙江省人民检察院检察官赵宝琦、浙江省丽水市人民检察院检察官邹利伟。

邀请地方检察机关的办案检察官出席最高人民检察院新闻发布会还是首次，主要是考虑到接下来将要发布的指导性案例是由他们主办的，为了更好地向社会以案释法，让大家对这批案例有更加深入的了解，三位办案检察官将向大家讲述办案故事、分享办案体会。

今天的新闻发布会有两项议程：一是发布最高人民检察院第十批指导性案例，通报有关情况；二是回答记者提问。现在进行第一项议程。请童建明副检察长发布最高人民检察院第十批指导性案例，通报有关情况。

童建明

各位记者朋友，很高兴再次和大家见面，也很高兴今天与我们三位来自基层一线的主办今天发布的三起典型案例的检察官一起参加新闻发布会。今天发布的三起案例是最高人民检察院第十批指导性案例，都是金融证券领域的犯罪。

金融是现代经济的核心和血脉。习近平总书记指出：金融安全是国家安全的重要组成部分，是经济平稳健康发展的重要基础。维护金融安全，是关系我国经济社会发展全局的一件带有战略性、根本性的大事，也是新时代以习近平同志为核心的党中央治国理政的一件大事。金融犯罪案件高发多发，不仅破坏我国正常的经济秩序，而且影响到我国金融安全和社会稳定，成为金融系统性风险的重要隐患，必须依法采取措施进行规制、打击、防范。

近年来，全国检察机关自觉以习近平新时代中国特色社会主义思想为指导，积极履行检察职能，服务党和国家中心工作，服务经济社会发展，在参与和服务保障三大攻坚战工作中，严厉打击各类破坏金融秩序的犯罪。

今天发布的最高人民检察院第十批指导性案例，包括朱炜明操纵证券市场案、周辉集资诈骗案、叶经生等组织领导传销活动案三件案例，它们都是近年检察机关依法成功办理的具有一定社会影响和典型意义的金融犯罪案例。2018 年 6 月，最高人民检察院检察委员会审议通过了这批指导性案例，今天正式发布。下面我简要介绍一下这三件案例的主要情况及指导意义。

一、第十批指导性案例的简要案情和基本要旨

朱炜明操纵证券市场案。该案的基本案情是：2013 年 2 月至 2014 年 8 月，被告人朱炜明在担任国开证券有限责任公司上海龙华西路证

券营业部证券经纪人期间，先后多次在其受邀担任上海电视台第一财经频道“谈股论金”节目特邀嘉宾之前，使用实际控制的三个证券账户，事先买入多支股票，并于当日或次日在上述电视节目中，对其先期买入的股票进行公开评价、预测及推介，于节目在电视台首播后一至两个交易日内抛售相关股票，人为地影响前述股票的交易量与交易价格，获取利益。

经查，其买入股票交易金额共计人民币2094.22万余元，卖出股票交易金额共计人民币2169.70万余元，非法获利75.48万余元。2017年7月28日，上海市第一中级人民法院以操纵证券市场罪判处被告人朱炜明有期徒刑十一个月，没收其违法所得，并处罚金人民币76万元。一审宣判后，被告人未上诉，判决已生效。

该案明确了证券公司、证券咨询机构、专业中介机构及其工作人员，违背从业禁止规定，买卖或者持有证券，并在对相关证券作出公开评价、预测或者投资建议后，通过预期的市场波动，反向操作谋取利益，构成“抢帽子”交易操纵行为，情节严重的，应当以操纵证券市场罪追究其刑事责任。

周辉集资诈骗案。该案的基本案情是：被告人周辉注册成立中宝投资公司，并担任法定代表人。公司上线运营“中宝投资”网络平台，借款人（发标人）在网络平台注册、缴纳会费后，可发布各种招标信息，吸引投资人投资。运行前期，周辉通过网络平台为13个发标人提供总金额约170余万元的融资服务，因部分发标人未能还清借款造成公司亏损。

此后，周辉除用本人真实身份信息在公司网络平台注册2个会员外，自2011年5月至2013年12月陆续虚构34个发标人，并利用上述虚假身份自行发布大量虚假抵押标、宝石标等，以支付投资人约20%的年化收益率及额外奖励等为诱饵，向社会不特定公众募集资金。所募资金未进入公司账户，全部由周辉个人掌控和支配。除部分用于归还投资人到期的本金及收益外，其余主要用于购买房产、高档车辆、首饰等，这些资产绝大部分登记在周辉名下或供周辉个人使用。

2015 年 8 月 14 日，浙江省衢州市中级人民法院作出一审判决，认定被告人周辉犯集资诈骗罪，判处有期徒刑十五年，并处罚金人民币 50 万元。继续追缴违法所得，返还各集资参与人。一审宣判后，浙江省衢州市人民检察院以一审判决量刑过轻提出抗诉，被告人周辉以量刑畸重为由提出上诉。

本案二审期间，《刑法修正案（九）》通过并生效实施。浙江省高级人民法院经审理后认为，《刑法修正案（九）》修改了集资诈骗罪法定刑设置，根据从旧兼从轻原则，作出裁定，维持原判。终审判决作出后，周辉及其父亲不服判决提出申诉，浙江省高级人民法院受理申诉并经审查后，认为原判事实清楚，证据确实、充分，定性准确，量刑适当，于 2017 年 12 月 22 日驳回申诉，维持原裁判。

该案明确了网络借贷信息中介机构或其控制人，利用网络借贷平台发布虚假信息，非法建立资金池募集资金，所得资金大部分未用于生产经营活动，主要用于借新还旧和个人挥霍，无法归还所募资金数额巨大的，应认定为具有非法占有目的，以集资诈骗罪追究刑事责任。

叶经生等组织、领导传销活动案。该案的基本案情是：被告人叶经生等人成立上海宝乔网络科技有限公司，以“经销商管理系统网站”“金乔网商城网站”作为平台，采取上线经销商会员推荐并交纳保证金发展下线经销商，保证金或购物消费额双倍返利；在全国各地设区域代理，给予区域代理业绩比例提成奖励的方式发展会员。

被告人叶青松是金乔网浙江省区域总代理。至案发，金乔网注册会员 3 万余人，其中注册经销商会员 1.8 万余人，在全国各地发展省、地区、县三级区域代理 300 余家，涉案金额 1.5 亿余元。叶青松直接或间接发展下线经销商会员 1886 人，收取浙江省区域会员保证金、参与返利的消费额 10% 现金、区域代理费等共计 3000 多万元，通过银行转汇给叶经生。叶青松通过抽取保证金推荐奖金、股权分红、天天返利等提成的方式非法获利 70 多万元。

2013 年 8 月 23 日，浙江省松阳县人民法院判决认定被告人叶经生、叶青松构成组织、领导传销活动罪，判处被告人叶经生有期徒刑七年，并处罚金人民币150万元，判处被告人叶青松有期徒刑三年，并处罚金人民币30万元，扣押和冻结的涉案财物予以没收，继续追缴两被告人的违法所得。一审宣判后，二被告人不服提出上诉。浙江省丽水市中级人民法院经审理，认定原判事实清楚，证据确实、充分，定罪准确，量刑适当，审判程序合法，驳回上诉，维持原判。

该案明确了对于组织者或者经营者利用网络发展会员，要求被发展人员以缴纳或者变相缴纳“入门费”为条件获得提成和发展下线的资格，通过发展人员组成层级关系，并以直接或者间接发展的人员数量作为计酬或者返利的依据，引诱被发展人员继续发展他人参加，骗取财物，扰乱经济秩序的行为，应以组织、领导传销活动罪追究刑事责任。

二、第十批指导性案例的创新

第十批指导性案例相对以往发布的最高人民检察院指导性案例，在体例上和制发思路上都作了较大的创新调整。以往制发的指导性案例，主要是介绍案情、要旨、结果和典型意义，这次公布的指导性案例，不仅有案情、要旨、诉讼过程、裁判结果和典型意义，更重要的是，通过在体例内容上增加“指控与证明犯罪”，再现检察机关以事实为根据、以法律为准绳，组织、运用证据指控与证明犯罪的过程，还原诉讼过程中控辩争议的焦点和法庭审理的冲突，揭示犯罪行为的本质特征，既体现检察机关指导性案例的“检察”特色，又能较好发挥案例本身的指导意义和普法意义。

在办理朱炜明操纵证券市场案时，针对审查起诉中朱炜明的辩解，检察官通过认真审查证据、依法退回补充侦查，查明了案件的关键事实，补强了相关证据。在检察官出示的证据面前，朱炜明对实施“抢帽子”交易操纵证券市场牟利的事实供认不讳。此案例完整地呈现了检察机关针对证券犯罪隐蔽性强的特点，引导公安机关全面收集相关证据，构建严密证据锁链，从而有力证明犯罪的过程。

周辉集资诈骗案，展现了检察官针对辩护人提出的被告人周辉系利用互联网从事P2P借贷融资，主观上不具有非法占有集资款目的的辩护意见，组织、运用证据进行答辩，有力地证明了被告人具有非法占有目的，其行为与 P2P 网络借贷有本质区别，已构成集资诈骗罪的过程。

叶经生等组织、领导传销活动案，涉及人数众多，犯罪组织形式复杂。针对庭审中被告人叶经生提出的宝乔公司系依法成立，金乔网模式是消费模式的创新，没有组织、领导传销的故意，会员之间没有层级关系，不构成组织、领导传销活动罪的辩解，检察官通过当庭讯问被告人、通知鉴定人出庭作证和出示相关证据等，证明了金乔网没有实质性的经营活动，所谓经营活动和利润来源纯粹依靠后加入人员缴纳的费用；金乔网会员层级呈现金字塔状，上线会员可通过下线、下下线会员发展会员获得收益，从而揭示了被告人的行为具有组织、领导传销活动骗取财物的本质特征。

我们期待，指导性案例制发思路和形式的创新，能让专业人士和社会各界更加全面地了解检察官的作用和检察工作的特色。刑事案件庭审的过程是指控和证明犯罪的过程，检察官通过法庭上的示证、质证，运用证据、运用逻辑、运用法律指控与证明犯罪，与辩护人控辩论战，直接决定案件的走向，直接影响庭审的质量和效果。

这些庭审过程的再现，能让公众有身临其境回到庭审现场的感觉，既能直观地感受到被告人在事实和证据面前认罪服法的过程，又能深切体会到检察官在庭审中的重要地位和作用，从中受到生动的法治宣传教育。

三、发布第十批指导性案例的意义

依据《最高人民检察院关于案例指导工作的规定》，对于最高人民检察院发布的指导性案例，各级人民检察院在办理类似案件时要参照适用。同时，最高人民检察院发布指导性案例，也是开展检察官以案释法，强化法治宣传教育，落实检察环节普法责任制的具体举措。

最高人民检察院围绕金融犯罪主题发布第十批指导性案例，其意义在于：

一是彰显检察机关积极参与防控金融风险的鲜明态度立场。金融安全关系国计民生，社会各方面极为关注。第十批指导性案例，包括操纵证券市场，集资诈骗，利用网络组织、领导传销等突出犯罪。发布这些案例，体现了检察机关保障国家金融监管法律政策实施，积极参与防范化解金融风险的鲜明立场和态度。

例如，证券犯罪严重破坏资本市场“公开公平公正”原则，严重扰乱金融管理秩序，通过发布朱炜明操纵证券市场案，体现了检察机关对以不正当手段在证券市场兴风作浪的犯罪行为依法严惩不贷的鲜明态度。又如，涉众型金融犯罪，涉案金额大，参与人员广，犯罪分子往往大肆开展虚假宣传，极易蒙蔽群众，造成众多参与者巨额财产损失，是当前风险性和危害性极大的金融犯罪。通过发布周辉集资诈骗案和叶经生等组织、领导传销活动案，彰显了检察机关加大对涉众型金融犯罪打击力度的坚定决心。

二是明确多发疑难及新型金融犯罪法律适用标准。金融犯罪中法律适用疑难问题较多，且犯罪手段翻新快，极易复制扩散。最高人民检察院发布指导性案例，具有进一步明确法律条文和司法解释具体涵义，统一检察工作法律适用标准的功能和作用。这批发布的三件案例，涉及的法律问题较为复杂，司法实践中亟待统一认识和明确办案标准。通过展示这些案例成功办理的过程和结果，揭示蕴含其中的法律精神和内涵，可以较为直观地回答办理同类案件可能遇到的疑难复杂法律问题。

三是加强对检察机关办理类似案件工作的指导。操纵证券市场和非法集资，利用网络形式组织、领导传销都是当前常见多发的金融犯罪，第十批指导性案例对检察机关办理类似案件应当注意和把握的事项进行归纳分析，强化了对办理类似案件的指导作用。如朱炜明操纵证券市场案，指出了检察机关办理证券类犯罪案件中，证券监管部门在行政执法和查办案件中收集的物证、书证、视听资料、电子数据等证据材料，在刑事诉讼中可以作为证据使用。

周辉集资诈骗案，指出了检察机关办理集资诈骗案，要围绕融资项目真实性、资金去向、归还能力等收集运用证据，对被告人非法占有的目的予以清晰证明。叶经生等组织、领导传销活动案，说明了对利用网络从事传销活动，要重点收集涉及入门费、设层级、拉人头等传销基本特征的证据及企业资金投入、人员组成、资金来源去向、网站功能等方面的证据，证明传销犯罪没有创造价值，经营模式难以持续，用后加入者的财物支付给先加入者，通过发展下线牟利骗取财物的本质特征。

四是发挥以案释法的教育作用。金融证券活动专业性、创新性强，法律政策规定较为复杂，一些不法分子利用金融证券知识和信息的不对称，以各种名义和招牌在社会上大肆进行欺诈活动，很容易使善良百姓上当受骗。第十批指导性案例通过体例的创新，通过展示举证、质证和辩论的过程，清晰揭示金融犯罪分子在各种堂皇面纱下肆意吞噬社会财富、聚敛巨额资金的非法目的和危害本质，不仅可以为专业人士研究新型金融犯罪和法庭审理活动提供新的视角和维度，而且对人民群众了解金融知识、自觉防范金融风险起到很好的教育作用。

肖　玮

值得说明的是，第十批指导性案例历经多次研究讨论，是从全国检察机关办理的金融犯罪案件中精选出来的“样本”，可谓百里挑一，对各地检察机关依法惩治和预防金融犯罪，防范和化解金融风险，依法保障金融健康有序发展具有重要指导意义。一个案例胜过一打文件。检察机关服务保障三大攻坚战，主要是通过办案来体现的。欢迎记者朋友对这三个指导性案例进行深入了解和充分报道。

现场答问

金融时报记者　杨　毅

发布金融犯罪主题的指导性案例，体现了检察机关加大打击金融犯罪的决心和力度。请问当前金融犯罪发案数量有哪些变化？金融犯罪有哪些比较典型的发案特点？

万　春

从发案数量看，当前，金融犯罪发案率在总体上仍然呈现频发但略有下降的态势。2017 年 1 月至 2018 年 6 月，全国检察机关就金融犯罪（含刑法第三章第四节“破坏金融管理秩序罪”35 种罪名和第五节“金融诈骗犯罪”8 种罪名）案件向人民法院提起公诉 30570 件 49553 人。其中，2017 年提起公诉 21842 件 35301 人，同比分别下降 7.89% 和 3.01%。金融犯罪发案率下降，主要在于公安司法机关不断加大打击力度，并采取多重措施，积极防治金融犯罪的发生，取得了一定效果。

但是，仍处于多发状态，特别是涉众型金融犯罪案件持续高发。2017 年，检察机关共就非法集资类金融犯罪案件（含集资诈骗罪和非法吸收公众存款罪）提起公诉 8252 件 17144 人，同比分别上升 6.18% 和

4.50%。就组织、领导传销活动罪提起公诉2233件7186人，同比分别上升38.18%和35.51%。

近年来，新型金融案件不断增多，疑难复杂程度明显加大，呈现出以下发案特点：

一是犯罪手法不断翻新，隐蔽性和迷惑性增强。以这次发布案例涉及的犯罪为例，证券类犯罪发展为综合运用资金、持股、持仓、信息、价格、速度等各种交易优势，破坏市场公平秩序，隐蔽性不断增强。非法集资类案件，多假借投资理财名义，利用互联网集资，集资模式、犯罪手段不断翻新。涉案公司从层级简单的“作坊式”组织向现代化企业模式转变，具有金融专业背景的涉案人员明显增多。

二是金融犯罪影响面广、处置难度大。例如，证券类犯罪以小散投资者亏损为基础，非法获利数额巨大，严重破坏证券市场“三公”秩序。非法集资类犯罪大肆开展“无风险性、高回报率”的虚假宣传，易导致集资参与人损失惨重，严重影响社会稳定和金融安全。

三是犯罪手段呈现网络化、专业化发展趋势。例如证券期货交易类犯罪，往往是精通证券期货方面知识的专业人员作案，善于捕捉作案时机，也懂得采取各种手段来掩盖犯罪活动，逃避查处。非法集资类犯罪，往往借助互联网开展宣传，其所谓“理财产品”的销售、资金支付和归集都借助互联网完成，网上资金互助平台与线下代理中心、服务中心相结合，辐射全国，资金归集流转迅速，导致集资参与人数、犯罪金额迅速扩张。

四是犯罪多层级集团化作案，欺骗性较强。金融类犯罪集团层级分明、分工明确，常有具体的经营场所、完备的组织架构、固定的工作人员，在全国各地设有分公司或营业部，对社会公众的欺骗性很大。

五是内外勾连作案，追赃难度大，被害人往往损失惨重。从查办的案件看，出现了金融机构内部员工与外部不法分子相互勾结，金融机构、金融从业人员利用社会公众的信任销售虚假理财产品，跨机构跨行业跨市场的重大案件频发的特征，直接造成金融犯罪案件追赃难，严重侵害人民群众的财产权益。

北京青年报记者 潘 悦

我们注意到检察机关在办理朱炜明案时，认定朱炜明以“抢帽子”交易的手段操纵证券市场谋取利益，构成操纵证券市场罪。我想请问办案检察官，什么是“抢帽子”交易？为什么“抢帽子”交易构成犯罪？另外，作为一线办案检察官，对防治证券违法犯罪有什么好的意见建议？

顾 佳

朱炜明案是上海市检察院近年来办理的证券犯罪中具有典型性的案例。朱炜明案是以“抢帽子”交易的手段操纵证券市场。这一犯罪手法比较新颖，我在这里向大家作个简要介绍。

“抢帽子”交易这个名称起源于早期证券交易所内交易员喊价的动作，引申含义是指证券机构及其从业人员公开评价推荐自己买卖或持有的证券，通过期待的市场波动取得经济利益的行为。按照我国证券法的规定，当天买入的股票，必须隔天才能卖出。“抢帽子”交易之所以能够获利，构成犯罪，关键因素有三个方面：

一是“人”。实施抢帽子交易的人，往往对股市的预测能够让很多人产生信任，当行为人是证券从业人员时，这种信任度就更高，例如本案中朱炜明就是所谓股市名嘴，是证券公司经纪人，同时受聘担任《谈股论金》电视节目嘉宾，每周五晚上节目评论股票，其节目拥有大批观众，足以形成影响股市交易价量的资金流。

二是“反向交易”。实施“抢帽子”的人，总是事先打好了埋伏，对其推荐的股票，自己抢先买入，一旦股价上涨，在他人买入的当天，他就已先期卖出，抢了时间差，赚了利润，把跟风买进的散户“套牢”。例如本案中，朱炜明就是违背证券经纪人不得买卖股票的从业禁止规定，用父母、祖母户名的股票账户每周四提前买入大量股票，周五上电视节目进行公开推介，引诱收看节目的投资者在下周一的交易日内跟风购买，推动股价上涨，自己却反向抛售牟利，获取非法利益数额巨大，且造成严重的危害。我们在办案中询问过几名朱炜明曾经的“粉丝”，他们在跟从朱炜明建议买卖股票后，纷纷遭遇股价下跌而损失惨重的情况。

三是“情节严重”。按照我国法律规定，“抢帽子”交易，必须情节严重才能构成犯罪。本案中，朱炜明获利 75 万元，操纵多支股票，明显影响被操纵股票交易价量，属于情节严重的情形。

通过办理朱炜明案，我目睹了证券市场一些不规范操作，从承办人的角度，我认为证券市场存在一些需要完善的地方。例如，我们的证券市场监管要进一步从严。朱炜明案件表明，证券违法犯罪的新手法、新类型层出不穷，对金融监管也提出了新的挑战。金融监管要跟上金融发展的步伐，补齐监管短板，实现穿透式监管、全面性监管。

司法机关在其中也要发挥推动性作用。如上海市检察机关每年都发布《上海金融检察白皮书》，集中通报上一年度金融案件发案情况，提出完善监管的建议。这一做法已经连续坚持了六年，取得了良好的社会效果。又如，立足朱炜明案件，我们对不正当股评干扰证券市场等问题，开展法治宣传，结合调研提出建议，促进了证券市场股评行为规范开展。

对证券从业人员的职业道德教育和违法行为的监管要加强。朱炜明身为证券公司人员，诱骗投资者跟风投资，自己预先打好埋伏，攫取巨额利润。我们在实践中也发现，一些金融机构及其工作人员缺乏职业道德，利用内幕信息或违反从业禁止规定参与证券犯罪，扰乱证券市场秩序。我们认为，金融机构对从业人员执业规范的关注和监督有待加强，对证券从业人员的职业教育刻不容缓。

此外，证券资本市场投资者的风险意识也要加强。投资者要有自我保护意识，不能盲目听信小道消息，对股市要多一些理性判断，不能被人当作“韭菜”，要多一份风险意识，看紧自己的钱袋子。

新华网记者　于子茹

当前互联网非法集资类犯罪高发频发，周辉案涉案金额巨大。我想问的是：在办理周辉非法集资案中有哪些难点？非法集资犯罪高发的原因有哪些？通过周辉案，民众该如何辨识披着民间借贷外衣的集资诈骗？

赵宝琦

好的，非常感谢这位记者的提问，您的提问分三个问题，首先回答第一个问题，在办案过程中遇到的难点。周辉案是利用互联网实施非法集资犯罪的典型案例，作为案件二审承办人，在受案之初，我感觉办理该案存在两方面的难点：第一，周辉开展P2P平台业务，是进行互联网金融创新，还是实施非法集资犯罪行为，即案件罪与非罪的问题；第二，如果周辉的行为构成非法集资犯罪，是构成非法吸收公众存款罪，还是集资诈骗罪，即此罪与彼罪的问题。

通过对案件证据的梳理，我内心逐步形成确信：周辉的行为不属于互联网金融创新，而是假借P2P外衣实施的非法集资行为，同时也构成了非法集资犯罪中性质最为恶劣的集资诈骗罪。之所以作出这样的判断，主要基于三方面的因素。

第一，周辉对投资人进行欺诈，建立资金池，直接违反国家相关规定。根据国家监管规定，P2P 平台必须坚持网贷信息中介的性质，不能自建资金池。本案中，周辉形成了总额达 10 亿元的巨额资金池，明显构成违法，脱离了互联网金融创新的范畴。

第二，周辉虚构了事实来诱骗投资人。周辉运用个人账户，共虚构了 34 名借款人，虚构融资项目、抵押物，欺骗投资人，在其个人账户中形成了总额达 10 亿元的巨额资金池，明显构成违法，脱离了互联网金融创新的范畴。

第三，周辉具有非法占有目的。根据在案证据，周辉主要将资金存放在银行，用于个人活期储蓄和个人挥霍，不可能产生足额利润来支持周辉向投资人宣称的年化 20% 的投资回报。向投资人归还的本金和利息都是用后续投资人的钱款，属于典型的庞氏骗局。同时，其又花费 6600 万元购买了 20 辆豪华跑车，花费 2800 万元购买服饰、用于旅游等生活开支。基于上述情况，根据相关法律规定，足以认定其具有非法占有目的。综合以上方面，我们认为他的行为认定为集资诈骗罪具有充分的事实和法律依据。这是我对第一个问题的回答。

关于第二个问题，对于互联网非法集资犯罪多发的原因，以及第三个问题预防问题，我合并作答。通过周辉案的办理，我也对互联网集资案件的发生原因和预防作了一些思考。个人认为，当前此类案件多发，可能主要存在以下三方面原因：

一是互联网金融业的快速发展在客观上使像周辉这样的不法分子得以浑水摸鱼，“挂羊头卖狗肉”，打着金融创新的旗号，行非法集资之实。

二是对这类非法集资行为，由于多种原因，很难在早期对募集人到底从事的是正常的 P2P 业务，还是非法集资行为，以及真实资金使用人的身份、资金用途进行调查核实、甄别和监管。

三是部分投资人危机意识不强，容易被不法分子虚构的高息回报所诱惑，即便有所认识，又存在侥幸心理，认为自己不会是最后的接盘人或者对自身极度自信，抱着“薅羊毛”，捞一把就跑的心理。

上述情况导致了现在互联网非法集资案件的多发。个人认为，要实现对互联网非法集资犯罪的预防，投资人必须要提高警惕，在高息诱惑面前，保持理性，审慎投资，控制投资风险，一旦发现自身可能卷入非法集资行为，要及时向有关部门反映，依法维护自身合法权益。

红星新闻记者 高 鑫

现在传销组织经常打着“金融创新”的旗号，我想请办理叶经生案网络传销案的检察官结合该案讲讲，检察机关如何如何区分金融创新与网络传销，作为老百姓，怎样才能防止坠入新型网络传销的陷阱。

邹利伟

叶经生案是当前新型网络传销的典型代表。新型网络传销与传统传销的主要区别就在于，新型网络传销傍上了互联网 +，打着金融创新的旗号，披着科技的外衣，隐蔽性、欺骗性更强。如何区别合法的互联网企业与传销组织（金融创新与网络传销），也是我们在办案过程中碰到的一大难点。

在叶经生案办理过程中，叶经生等人就辩解金乔网是消费模式的创新，实现了顾客、商家和平台的共赢，不应该对金乔网进行打击。但我们在审查全案证据后发现，叶经生等人没有投入足够的资金建立与其宣传相匹配的电子商务系统，网站功能也非常简单，不能适应复杂的电子商务的需求。公司除了收取保证金、10% 的消费款（实质上是入门费），没有其他经营收入，金乔网所有人财物的安排及主动活动都是围绕如何引诱消费者缴纳入门费、自己从中牟利展开。

在法庭讯问过程中，叶经生也承认金乔网就是用后加入者缴纳的费用支付给前期的加入者。这就符合传销犯罪活动没有创造价值，用加入者的财物支付给前加入者，通过发展下线牟利的骗取财物本质。

现在的网络传销犯罪花样形式非常多，除了叶经生案这种网络购物返利模式，我们在办案过程中，接触和了解到的案件类型还有虚拟币模式（以投资、销售虚拟币为名，以静态、动态收益为诱饵，发展下线）、原始股模式（鼓吹原始股暴富，以推荐奖引诱他人加入）、微商传销模式（在微信、微商平台上以造假炫富的手段发展人员）、点击广告返利模式（宣称只要点击广告就能获利）、慈善互助模式（打着慈善互助的口号欺骗用户）等。

针对这一系列新型的网络传销案件，如何判断是不是传销，我们把握的一条基本原则是，只要组织者、领导者以拉人头、发展下线作为他的生存方式，组成金字塔式的层级关系敛财，以直接或间接发展的人员数量作为计酬或返利的依据，就是传销活动。这个也是查办叶经生案掌握的标准，是办案人员的专业判断。

那么，在实践中，老百姓如何识别、防范这些让人眼花缭乱的新型传销活动呢？个人认为可以从几个方面着手：

第一，了解新型网络传销的惯用词。如果我们看到资本动作、消费返利、爱心互助、原始股、虚拟币、动态收益、静态收益、推荐奖、报单奖、对碰奖这些传销惯用词，就要有所警觉。不要被这些花哨的概念炒作所蒙蔽。这次我们办理的叶经生案，就是通过前面提到的消费返利、推荐奖去引诱、欺骗老百姓。

第二，判断高额收益来源是否合理。有些公司打着一夜暴富、躺着赚钱的口号，我们就要判断所谓的高额回报是不是符合正常的经营规律、商业逻辑。不要被高收益迷住了双眼，要保持头脑清楚，理性判断。叶经生就是承诺说只要缴纳 10% 的消费款，就能获得 200% 的返利，这明显不符合正常的商业规律。

第三，遇到收入门费、拉下线就要高度警惕。传销实质上就是上线瓜分下线投入资金的圈钱游戏，要想获得传销资格就要缴纳入门费，想要获取收益就要拉人头加入。叶经生的金乔网就是以保证金形式收取经销商会员的入门费，会员通过发展下线获得推荐奖，发展人数越多收益就越多，层级也越高。网上有人编了句顺口溜：“入会只需把钱交、一拉人头就回报，拉人越多层级高。”符合这些特征的，基本上就可以判断是传销了。

检察日报记者　戴　佳

从您的介绍中可以看到，涉众型金融犯罪已成为当前发案率高、危害性极大的一类金融犯罪。请问检察机关在打击涉众型金融犯罪方面有哪些具体举措？

万　春

近年来涉众型金融犯罪重特大案件频发，社会各界高度关注。涉众型金融犯罪隐蔽性、欺骗性强，蔓延速度快，涉案人员多，波及地域广，涉案金额大，严重损害人民群众财产权益，严重危害国家金融安全，因此始终是检察机关打击的重点。检察机关在这方面主要采取了以下举措。

一是持之以恒加大对涉众型金融犯罪的打击力度。检察机关要立足法律监督职能，始终坚持“严”字当头，加强审查批捕、审查起诉和出庭公诉工作，强化刑事诉讼法律监督，始终保持对涉众型金融犯罪打击的高压态势。要健全办案制度，创新办案机制，加强对公安机关办理取证工作的介入和指导，增强刑事追诉和指控证明犯罪能力水平，上级检察机关要加大对大案要案的督办、指导力度。要充分利用行政执法与刑事司法衔接信息共享平台，及时发现金融犯罪案件线索，强化对有案不移、有案不立、以罚代刑等违法行为的监督。要加强与公安机关、法院的沟通协调，建立部门间联席会议制度，统一法律适用标准，稳步推进诉讼进程。

二是把对涉众型金融犯罪案件的办理和化解风险、追赃挽损、维护稳定结合起来，防止和避免引发次生风险。检察机关要牢固树立防控金融风险意识，在依法办理案件的同时，要注重风险评估预警，做到依法处置、舆论引导、风险防控“三同步”。在审查逮捕、审查起诉环节，要加强对案件事实和证据的审查，又对涉案款物进行专门审查，督促公安机关依法对赃款赃物进行查封、扣押、冻结。对犯罪分子违法所得及其孳息，要依法予以追缴或者责令退赔。要做到对涉众型金融犯罪既精准打击，又妥善处置，实现办案的政治效果、法律效果和社会效果相统一。

三是结合办案，积极参与促进金融监管，强化犯罪预防。早识别、早预警、早发现、早处置是防控涉众型金融犯罪的重要措施。检察机关要立足办案职能，针对办案中发现的金融监管漏洞等提出检察建议，促进相关部门堵漏建制，完善相关预防预警措施。同时，按照“谁执法谁普法”的普法责任制要求，结合涉众型金融犯罪典型案件办理，广泛开展以案释法等金融法治宣传教育活动，引导社会公众养成金融法治观念，增强金融风险意识，提高识别和抵制金融骗局的能力，做到理性投资、依法维权，达到办理一案、教育一片的良好效果。

法制日报记者　张　昊

我们注意到，近年来，最高人民检察院非常重视案例指导工作。请问，最高人民检察院如何通过制发指导性案例工作进一步回应社会关切、提升检察工作能力水平？

童建明

习近平总书记指出：“一个案例胜过一打文件。”案例是实践中发生的鲜活生动的法治教材，是最好的法治教科书。张军检察长高度重视案例指导和案例研究，要求最高人民检察院机关进一步做好案例指导工作，并对案例发布的思路创新和内容形式创新提出了明确的指导意见。这次发布的案例在体例和内容形式上的创新就是根据张军检察长的指示调整的。建立中国特色的人民检察院案例指导制度，是我国司法改革的一项成果。

最高人民检察院发布指导性案例，对于统一司法适用标准、规范司法行为，明确法律适用中的疑难复杂问题，开展以案释法，宣传普及法治等方面，都发挥着重要作用。当然，当前指导性案例工作也还存在一些问题，如反映检察工作的特色不够鲜明，制发指导性案例对实践中问题的回应还不够及时，针对性有待进一步加强，指导性案例在司法实践中的应用以及社会影响力还有待提升等。

下一步，我们要进一步结合检察工作特点，围绕人民群众关注的热点问题，及时制发指导性案例，回应社会关切。

一是要围绕人民群众关切的问题选好案例。检察工作涉及面广，选取指导性案例要坚持围绕中心、服务大局，体现以人民为中心的思想，积极回应人民群众的关切，不断满足人民群众对民主、法治、公平、正义、安全环境等的需求。

二是要围绕指导性案例讲好检察故事。每一起案件都是一个生动的教材，每一个办案过程都是精彩的法治故事。我们要通过发布指导性案例，再现还原案件真相，揭示犯罪危害的本质特征和危害，让老百姓看得懂、喜欢看，使指导性案例成为案例故事、普法教材，充分发挥以案释法的普法教育作用。

三是要赋予指导性案例更多的指导意义。指导性案例的生命在于应用，意义在于指导。要使指导性案例制度真正扎根于中国特色社会主义司法土壤，关键就是要推进指导性案例在实践中的应用，发挥指导作用。

我们要进一步采取措施，发挥指导性案例相对于司法解释更加灵活及时的优势，加大案例发布的频次。推进一线办案检察官重视案例研究，将案例研究作为夯实法律适用根基、研究解决法律疑难问题的标本，通过精研案例，“解剖麻雀”，提升法律专业素养和办案能力。

肖　玮

各位记者朋友，坚决打好防范化解重大风险、精准脱贫、污染防治“三大攻坚战”，是党的十九大部署的重大战略任务，是决胜全面建成小康社会的关键之举。服务保障打好“三大攻坚战”，是当前和今后一个时期检察机关的重点任务。

前不久，最高人民检察院专门出台为打好“三大攻坚战”提供司法保障的意见。7 月 9 日至 10 日，最高人民检察院在武汉召开了长江经济带检察工作座谈会，对检察机关助力“三大攻坚战”，服务保障长江经济带发展进行了具体部署。今天发布第十批指导性案例，也是检察机关贯彻落实党中央战略部署的一项具体举措，就是要通过案例加强对办案的指导，回应群众关切，向社会释放出依法严惩金融犯罪的态度和决心，进一步提升检察机关服务保障打好防范化解重大风险攻坚战的能力水平。

下一步，检察机关将紧紧围绕党和国家工作大局，积极发挥检察职能作用，依法惩防金融犯罪、坚决维护金融安全，为打好防范化解重大风险攻坚战作出积极贡献。

指导性案例

最高人民检察院第十批指导性案例

朱炜明操纵证券市场案

（检例第 39 号）

【关键词】

操纵证券市场　“抢帽子”交易　公开荐股

【基本案情】

被告人朱炜明，男，1982 年 7 月出生，原系国开证券有限责任公司上海龙华西路证券营业部（以下简称国开证券营业部）证券经纪人，上海电视台第一财经频道《谈股论金》节目（以下简称《谈股论金》节目）特邀嘉宾。

2013 年 2 月 1 日至 2014 年 8 月 26 日，被告人朱炜明在任国开证券营业部证券经纪人期间，先后多次在其担任特邀嘉宾的《谈股论金》电视节目播出前，使用实际控制的三个证券账户买入多支股票，于当日或次日在《谈股论金》节目播出中，以特邀嘉宾身份对其先期买入的股票进行公开评价、预测及推介，并于节目首播后一至二个交易日内抛售相关股票，人为地影响前述股票的交易量和交易价格，获取利益。经查，其买入股票交易金额共计人民币 2094.22 万余元，卖出股票交易金额共计人民币 2169.70 万余元，非法获利 75.48 万余元。

【要旨】

证券公司、证券咨询机构、专业中介机构及其工作人员违背从业禁止规定，买卖或者持有证券，并在对相关证券作出公开评价、预测或者投资建议后，通过预期的市场波动反向操作，谋取利益，情节严重的，以操纵证券市场罪追究其刑事责任。

【指控与证明犯罪】

2016年11月29日，上海市公安局以朱炜明涉嫌操纵证券市场罪移送上海市人民检察院第一分院审查起诉。

审查起诉阶段，朱炜明辩称：1.涉案账户系其父亲朱某实际控制，其本人并未建议和参与相关涉案股票的买卖；2.节目播出时，已隐去股票名称和代码，仅展示K线图、描述股票特征及信息，不属于公开评价、预测、推介个股；3.涉案账户资金系家庭共同财产，其本人并未从中受益。

检察机关审查认为，现有证据足以认定犯罪嫌疑人在媒体上公开进行了股票推介行为，并且涉案账户在公开推介前后进行了涉案股票反向操作。但是，犯罪嫌疑人与涉案账户的实际控制关系，公开推介是否构成“抢帽子”交易操纵中的“公开荐股”以及行为能否认定为“操纵证券市场”等问题，有待进一步查证。针对需要进一步查证的问题，上海市人民检察院第一分院分别于2017年1月13日、3月24日二次将案件退回上海市公安局补充侦查，要求公安机关补充查证犯罪嫌疑人的淘宝、网银等IP地址、MAC地址（硬件设备地址，用来定义网络设备的位置），并与涉案账户证券交易IP地址做筛选比对；将涉案账户资金出入与犯罪嫌疑人个人账户资金往来做关联比对；进一步对其父朱某在关键细节上做针对性询问，以核实朱炜明的辩解；由证券监管部门对本案犯罪嫌疑人的行为是否构成“公开荐股”“操纵证券市场”提出认定意见。

经补充侦查，上海市公安局进一步收集了朱炜明父亲朱某等证人证言、中国证监会对朱炜明操纵证券市场行为性质的认定函、司法会计鉴定意见书等证据。中国证监会出具的认定函认定：2013年2月1日至2014年8月26日，朱炜明在《谈股论金》节目中通过明示股票名称或描述股票特征的方法，对 15 支股票进行公开评价和预测。朱炜明通过其控制的三个证券账户在节目播出前一至二个交易日或当天买入推荐的股票，交易金额 2094.22 万余元，并于节目播出后一至二个交易日内卖出上述股票，交易金额 2169.70 万余元，获利 75.48 万余元。朱炜明所荐股票次日交易价量明显上涨，偏离行业板块和大盘走势。其行为构成操纵证券市场，扰乱了证券市场秩序，并造成了严重社会影响。

结合补充收集的证据，上海市人民检察院第一分院办案人员再次提讯朱炜明，并听取其辩护律师意见。朱炜明在展示的证据面前，承认其在节目中公开荐股，称其明知所推荐股票价格在节目播出后会有所上升，故在公开荐股前建议其父朱某买入涉案 15 支股票，并在节目播出后随即卖出，以谋取利益。但对于指控其实际控制涉案账户买卖股票的事实予以否认。

针对其辩解，办案人员将相关证据向朱炜明及其辩护人出示，并一一阐明证据与朱炜明行为之间的证明关系。1. 账户登录、交易 IP 地址大量位于朱炜明所在的办公地点，与朱炜明出行等电脑数据轨迹一致。例如，2014 年 7 月 17 日、18 日，涉案的朱某证券账户登录、交易 IP 地址在重庆，与朱炜明的出行记录一致。2. 涉案三个账户之间与朱炜明个人账户资金往来频繁，初始资金有部分来自于朱炜明账户，转出资金中有部分转入朱炜明银行账户后由其消费，证明涉案账户资金由朱炜明控制。经过上述证据展示，朱炜明对自己实施“抢帽子”交易操纵他人证券账户买卖股票牟利的事实供认不讳。

2017 年 5 月 18 日，上海市人民检察院第一分院以被告人朱炜明犯操纵证券市场罪向上海市第一中级人民法院提起公诉。7 月 20 日，上海市第一中级人民法院公开开庭审理了本案。

法庭调查阶段，公诉人宣读起诉书指控被告人朱炜明违反从业禁止规定，以“抢帽子”交易的手段操纵证券市场谋取利益，其行为构成操纵证券市场罪。对以上指控的犯罪事实，公诉人出示了四组证据予以证明：

一是关于被告人朱炜明主体身份情况的证据。包括：1.国开证券公司与朱炜明签订的劳动合同、委托代理合同等工作关系书证；2.《谈股论金》节目编辑陈某等证人证言；3.户籍资料、从业资格证书等书证；4.被告人朱炜明的供述。证明：朱炜明于2013年2月至2014年8月担任国开证券营业部证券经纪人期间，先后多次受邀担任《谈股论金》节目特邀嘉宾。

二是关于涉案账户登录异常的证据。包括：1.证人朱某等证人的证言；2.朱炜明出入境及国内出行记录等书证；3.司法会计鉴定意见书、搜查笔录等；4.被告人朱炜明的供述。证明：2013年2月至2014年8月，“朱某”“孙某”“张某”三个涉案证券账户的实际控制人为朱炜明。

三是关于涉案账户交易异常的证据。包括：1.证人陈某等证人的证言；2.证监会行政处罚决定书及相关认定意见、调查报告等书证；3.司法会计鉴定意见书；4.节目视频拷贝光盘、QQ群聊天记录等视听资料、电子数据；5.被告人朱炜明的供述。证明：朱炜明在节目中推荐的15支股票，均被其在节目播出前一至二个交易日或播出当天买入，并于节目播出后一至二个交易日内卖出。

四是关于涉案证券账户资金来源及获利的证据。包括：1.证人朱某的证言；2.证监会查询通知书等书证；3.司法会计鉴定意见书等；4.被告人朱炜明的供述。证明：朱炜明在公开推荐股票后，股票交易量、交易价格涨幅明显。“朱某”“孙某”“张某”三个证券账户交易初始资金大部分来自朱炜明，且与朱炜明个人账户资金往来频繁。上述账户在涉案期间累计交易金额人民币4263.92万余元，获利人民币75.48万余元。

法庭辩论阶段，公诉人发表公诉意见：

第一，关于本案定性。证券公司、证券咨询机构、专业中介机构及其工作人员，买卖或者持有相关证券，并对该证券或其发行人、上市公司公开作出评价、预测或者投资建议，以便通过期待的市场波动取得经济利益的行为是“抢帽子”交易操纵行为。根据刑法第一百八十二条第一款第（四）项的规定，属于“以其他方法操纵”证券市场，情节严重的，构成操纵证券市场罪。

第二，关于控制他人账户的认定。综合本案证据，可以认定朱炜明通过实际控制的“朱某”“孙某”“张某”三个证券账户在公开荐股前买入涉案15支股票，荐股后随即卖出谋取利益，涉案股票价量均因荐股有实际影响，朱炜明实际获利75万余元。

第三，关于公开荐股的认定。结合证据，朱炜明在电视节目中，或明示股票名称，或介绍股票标识性信息、展示K线图等，投资者可以依据上述信息确定涉案股票名称，系在电视节目中对涉案股票公开作出评价、预测、推介，可以认定构成公开荐股。

第四，关于本案量刑建议。根据刑法第一百八十二条的规定，被告人朱炜明的行为构成操纵证券市场罪，依法应在五年以下有期徒刑至拘役之间量刑，并处违法所得一倍以上五倍以下罚金。建议对被告人朱炜明酌情判处三年以下有期徒刑，并处违法所得一倍以上的罚金。

被告人朱炜明及其辩护人对公诉意见没有异议，被告人当庭表示愿意退缴违法所得。辩护人提出，考虑被告人认罪态度好，建议从轻处罚。

法庭经审理，认定公诉人提交的证据能够相互印证，予以确认。综合考虑全案犯罪事实、情节，对朱炜明处以相应刑罚。

2017年7月28日，上海市第一中级人民法院作出一审判决，以操纵证券市场罪判处被告人朱炜明有期徒刑十一个月，并处罚金人民币76万元，其违法所得予以没收。一审宣判后，被告人未上诉，判决已生效。

【指导意义】

证券公司、证券咨询机构、专业中介机构及其工作人员，违反规定买卖或者持有相关证券后，对该证券或者其发行人、上市公司作出公开评价、预测或者提出投资建议，通过期待的市场波动谋取利益的，构成"抢帽子"交易操纵行为。发布投资咨询意见的机构或者证券从业人员往往具有一定的社会知名度，他们借助影响力较大的传播平台发布诱导性信息，容易对普通投资者交易决策产生影响。其在发布信息后，又利用证券价格波动实施与投资者反向交易的行为获利，破坏了证券市场管理秩序，违反了证券市场公开、公平、公正原则，具有较大的社会危害性，情节严重的，构成操纵证券市场罪。

证券犯罪具有专业性、隐蔽性、间接性等特征，检察机关办理该类案件时，应当根据证券犯罪案件特点，引导公安机关从证券交易记录、资金流向等问题切入，全面收集涉及犯罪的书证、电子数据、证人证言等证据，并结合案件特点开展证据审查。对书证，要重点审查涉及证券交易记录的凭据，有关交易数量、交易额、成交价格、资金走向等证据。对电子数据，要重点审查收集程序是否合法，是否采取必要的保全措施，是否经过篡改，是否感染病毒等。对证人证言，要重点审查证人与犯罪嫌疑人的关系，证言能否与客观证据相印证等。

办案中，犯罪嫌疑人或被告人及其辩护人经常会提出涉案账户实际控制人及操作人非其本人的辩解。对此，检察机关可以通过行为人资金往来记录，MAC地址（硬件设备地址）、IP地址与互联网访问轨迹的重合度与连贯性，身份关系和资金关系的紧密度，涉案股票买卖与公开荐股在时间及资金比例上的高度关联性，相关证人证言在细节上是否吻合等入手，构建严密证据体系，确定被告人与涉案账户的实际控制关系。

非法证券活动涉嫌犯罪的案件，来源往往是证券监管部门向公安机关移送。审查案件过程中，人民检察院可以与证券监管部门加强联系和沟通。证券监管部门在行政执法和查办案件中收集的物证、书证、视听资料、电子数据等证据材料，在刑事诉讼中可以作为证据使用。检察机关通过办理证券犯罪案件，可以建议证券监管部门针对案件反映出的问题，加强资本市场监管和相关制度建设。

【相关规定】

《中华人民共和国刑法》第一百八十二条

《最高人民检察院、公安部关于公安机关管辖的刑事案件立案追诉标准的规定（二）》第三十九条

周辉集资诈骗案

（检例第40号）

【关键词】

集资诈骗　非法占有目的　网络借贷信息中介机构

【基本案情】

被告人周辉，男，1982年2月出生，原系浙江省衢州市中宝投资有限公司（以下简称中宝投资公司）法定代表人。

2011年2月，被告人周辉注册成立中宝投资公司，担任法定代表人。公司上线运营“中宝投资”网络平台，借款人（发标人）在网络平台注册、缴纳会费后，可发布各种招标信息，吸引投资人投资。投资人在网络平台注册成为会员后可参与投标，通

过银行汇款、支付宝、财付通等方式将投资款汇至周辉公布在网站上的8个其个人账户或第三方支付平台账户。借款人可直接从周辉处取得所融资金。项目完成后，借款人返还资金，周辉将收益给予投标人。

运行前期，周辉通过网络平台为13个借款人提供总金额约170万余元的融资服务，因部分借款人未能还清借款造成公司亏损。此后，周辉除用本人真实身份信息在公司网络平台注册2个会员外，自2011年5月至2013年12月陆续虚构34个借款人，并利用上述虚假身份自行发布大量虚假抵押标、宝石标等，以支付投资人约20%的年化收益率及额外奖励等为诱饵，向社会不特定公众募集资金。所募资金未进入公司账户，全部由周辉个人掌控和支配。除部分用于归还投资人到期的本金及收益外，其余主要用于购买房产、高档车辆、首饰等。这些资产绝大部分登记在周辉名下或供周辉个人使用。2011年5月至案发，周辉通过中宝投资网络平台累计向全国1586名不特定对象非法集资共计10.3亿余元，除支付本金及收益回报6.91亿余元外，尚有3.56亿余元无法归还。案发后，公安机关从周辉控制的银行账户内扣押现金1.80亿余元。

【要旨】

网络借贷信息中介机构或其控制人，利用网络借贷平台发布虚假信息，非法建立资金池募集资金，所得资金大部分未用于生产经营活动，主要用于借新还旧和个人挥霍，无法归还所募资金数额巨大，应认定为具有非法占有目的，以集资诈骗罪追究刑事责任。

【指控与证明犯罪】

2014年7月15日，浙江省衢州市公安局以周辉涉嫌集资诈骗罪移送衢州市人民检察院审查起诉。

审查起诉阶段，衢州市人民检察院审查了全案卷宗，讯问了犯罪嫌疑人。针对该案犯罪行为涉及面广，众多集资参与人财产遭受损失的情况，检察机关充分听取了辩护人和部分集资参与人意见，进一步核实了非法集资金额，对扣押的房产等作出司法鉴定或价格评估。针对辩护人提出的非法证据排除申请，检察机关审查后发现，涉案证据存在以下瑕疵：公安机关向部分证人取证时存在取证地点不符合刑事诉讼法规定以及个别辨认笔录缺乏见证人等情况。为此，检察机关要求公安机关予以补正或作出合理解释。公安机关作出情况说明：证人从外地赶来，经证人本人同意，取证在宾馆进行。关于此项情况说明，检察机关审查后予以采信。对于缺乏见证人的个别辨认笔录，检察机关审查后予以排除。

2015 年 1 月 19 日，浙江省衢州市人民检察院以周辉犯集资诈骗罪向浙江省衢州市中级人民法院提起公诉。6 月 25 日，衢州市中级人民法院公开开庭审理本案。

法庭调查阶段，公诉人宣读起诉书指控被告人周辉以高息为诱饵，虚构借款人和借款用途，利用网络 P2P 形式，面向社会公众吸收资金，主要用于个人肆意挥霍，其行为构成集资诈骗罪。对于指控的犯罪事实，公诉人出示了四组证据予以证明：一是被告人周辉的立案情况及基本信息；二是中宝投资公司的发标、招投标情况及相关证人证言；三是集资情况的证据，包括银行交易清单，司法会计鉴定意见书等；四是集资款的去向，包括购买车辆、房产等物证及相关证人证言。

法庭辩论阶段，公诉人发表公诉意见：被告人周辉注册网络借贷信息平台，早期从事少量融资信息服务。在公司亏损、经营难以为继的情况下，虚构借款人和借款标的，以欺诈方式面向不特定投资人吸收资金，自建资金池。在公安机关立案查处时，虽暂可通过“拆东墙补西墙”的方式偿还部分旧债维持周转，但根据其所募资金主要用于还本付息和个人肆意挥霍，未投入生产经营，不可能产生利润回报的事实，可以判断其后续资金缺口势必不断扩大，无法归还所募全部资金，故可以认定其具有非法占有的目的，应以集资诈骗罪对其定罪处罚。

辩护人提出：一是周辉行为系单位行为；二是周辉一直在偿还集资款，主观上不具有非法占有集资款的故意；三是周辉利用互联网从事 P2P 借贷融资，不构成集资诈骗罪，构成非法吸收公众存款罪。

公诉人针对辩护意见进行答辩：第一，中宝投资公司是由被告人周辉控制的一人公司，不具有经营实体，不具备单位意志，集资款未纳入公司财务进行核算，而是由周辉一人掌控和支配，因此周辉的行为不构成单位犯罪。第二，周辉本人主观上认识到资金不足，少量投资赚取的收益不足以支付许诺的高额回报，没有将集资款用于生产经营活动，而是主要用于个人肆意挥霍，其主观上对集资款具有非法占有的目的。第三，P2P 网络借贷，是指个人利用中介机构的网络平台，将自己的资金出借给资金短缺者的商业模式。根据中国银行业监管委员会、工业和信息化部、公安部、国家互联网信息办公室制定的《网络借贷信息中介机构业务活动管理暂行办法》等监管规定，P2P 作为新兴金融业态，必须明确其信息中介性质，平台本身不得提供担保，不得归集资金搞资金池，不得非法吸收公众资金。周辉吸收资金建资金池，不属于合法的 P2P 网络借贷。非法吸收公众存款罪与集资诈骗罪的区别，关键在于行为人对吸收的资金是否具有非法占有的目的。利用网络平台发布虚假高利借款标募集资金，采取借新还旧的手段，短期内募集大量资金，不用于生产经营活动，或者用于生产经营活动与筹集资金规模明显不成比例，致使集资款不能返还的，是典型的利用网络中介平台实施集资诈骗行为。本案中，周辉采用编造虚假借款人、虚假投标项目等欺骗手段集资，所融资金未投入生产经营，大量集资款被其个人肆意挥霍，具有明显的非法占有目的，其行为构成集资诈骗罪。

法庭经审理，认为公诉人出示的证据能够相互印证，予以确认。对周辉及其辩护人提出的不构成集资诈骗罪及本案属于单位犯罪的辩解、辩护意见，不予采纳。综合考虑犯罪事实和量刑情节，2015 年 8 月 14 日，浙江省衢州市中级人民法院作出一审判决，以集资诈骗罪判处被告人周辉有期徒刑十五年，并处罚金人民币 50 万元。继续追缴违法所得，返还各集资参与人。

一审宣判后，浙江省衢州市人民检察院认为，被告人周辉非法集资 10.3 亿余元，属于刑法规定的集资诈骗数额特别巨大并且给人民利益造成特别重大损失的情形，依法应处无期徒刑或者死刑，并处没收财产，一审判决量刑过轻。2015 年 8 月 24 日，向浙江省高级人民法院提出抗诉。被告人周辉不服一审判决，提出上诉。其上诉理由是量刑畸重，应判处缓刑。

本案二审期间，2015 年 8 月 29 日，第十二届全国人大常委会第十六次会议审议通过了《中华人民共和国刑法修正案（九）》，删去《刑法》第一百九十九条关于犯集资诈骗罪“数额特别巨大并且给国家和人民利益造成特别重大损失的，处无期徒刑或者死刑，并处没收财产”的规定。刑法修正案（九）于 2015 年 11 月 1 日起施行。

浙江省高级人民法院经审理后认为，刑法修正案（九）取消了集资诈骗罪死刑的规定，根据从旧兼从轻原则，一审法院判处周辉有期徒刑十五年符合修订后的法律规定。上诉人周辉具有集资诈骗的主观故意及客观行为，原审定性准确。2016 年 4 月 29 日，二审法院作出裁定，维持原判。终审判决作出后，周辉及其父亲不服判决提出申诉，浙江省高级人民法院受理申诉并经审查后，认为原判事实清楚，证据确实充分，定性准确，量刑适当，于2017年12月22日驳回申诉，维持原裁判。

【指导意义】

是否具有非法占有目的，是正确区分非法吸收公众存款罪和集资诈骗罪的关键。对非法占有目的的认定，应当围绕融资项目真实性、资金去向、归还能力等事实、证据进行综合判断。行为人将所吸收资金大部分未用于生产经营活动，或名义上投入生产经营，但又通过各种方式抽逃转移资金，或供其个人肆意挥霍，归还本息主要通过借新还旧来实现，造成数额巨大的募集资金无法归还的，可以认定具有非法占有的目的。

集资诈骗罪是近年来检察机关重点打击的金融犯罪之一。对该类犯罪，检察机关应着重从以下几个方面开展工作：一是强化证据审查。非法集资类案件由于参与人数多、涉及面广，受主客观因素影响，取证工作易出现瑕疵和问题。检察机关对重大复杂案件要及时介入侦查、引导取证。在审查案件中要强化对证据的审查，需要退回补充侦查或者自行补充侦查的，要及时退查或补查，建立起完整、牢固的证据锁链，夯实认定案件事实的证据基础。二是在法庭审理中要突出指控和证明犯罪的重点。要紧紧围绕集资诈骗罪构成要件，特别是行为人主观上具有非法占有目的、客观上以欺骗手段非法集资的事实梳理组合证据，运用完整的证据体系对认定犯罪的关键事实予以清晰证明。三是要将办理案件与追赃挽损相结合。检察机关办理相关案件，要积极配合公安机关、人民法院依法开展追赃挽损、资产处置等工作，最大限度减少人民群众的实际损失。四是要结合办案开展以案释法，增强社会公众的法治观念和风险防范意识，有效预防相关犯罪的发生。

【相关规定】

《中华人民共和国刑法》第一百九十二条

《最高人民法院关于审理非法集资刑事案件具体应用法律

若干问题的解释》第四条

《最高人民检察院、公安部关于公安机关管辖的刑事案件立案追诉标准的规定（二）》第四十九条

叶经生等组织、领导传销活动案

（检例第 41 号）

【关键词】

组织、领导传销活动　网络传销　骗取财物

【基本案情】

被告人叶经生，男，1975 年 12 月出生，原系上海宝乔网络科技有限公司（以下简称宝乔公司）总经理。

被告人叶青松，男，1973 年 10 月出生，原系宝乔公司浙江省区域总代理。

2011 年 6 月，被告人叶经生等人成立宝乔公司，先后开发“经销商管理系统网站”“金乔网商城网站”（以下简称金乔网）。以网络为平台，或通过招商会、论坛等形式，宣传、推广金乔网的经营模式。

金乔网的经营模式是：1. 经上线经销商会员推荐并缴纳保证金成为经销商会员，无需购买商品，只需发展下线经销商，根据直接或者间接发展下线人数获得推荐奖金，晋升级别成为股权会员，享受股权分红。2. 经销商会员或消费者在金乔网经销商会员处购物消费满 120 元以上，向宝乔公司支付消费金额 10% 的现金，即可注册成为返利会员参与消费额双倍返利，可获一倍现金返利和一倍的金乔币（虚拟电子货币）返利。3. 金乔网在全国各地设立省、地区、县（市、区）三级区域运营中心，各运营中心设区域代理，由经销商会员负责本区域会员的发展

和管理，享受区域范围内不同种类业绩一定比例的提成奖励。

2011 年 11 月，被告人叶青松经他人推荐加入金乔网，缴纳三份保证金并注册了三个经销商会员号。因发展会员积极，经金乔网审批成为浙江省区域总代理，负责金乔网在浙江省的推广和发展。

截至案发，金乔网注册会员 3 万余人，其中注册经销商会员 1.8 万余人。在全国各地发展省、地区、县三级区域代理 300 余家，涉案金额 1.5 亿余元。其中，叶青松直接或间接发展下线经销商会员 1886 人，收取浙江省区域会员保证金、参与返利的消费额 10% 现金、区域代理费等共计 3000 余万元，通过银行转汇给叶经生。叶青松通过抽取保证金推荐奖金、股权分红、消费返利等提成的方式非法获利 70 余万元。

【要旨】

组织者或者经营者利用网络发展会员，要求被发展人员以缴纳或者变相缴纳“入门费”为条件，获得提成和发展下线的资格。通过发展人员组成层级关系，并以直接或者间接发展的人员数量作为计酬或者返利的依据，引诱被发展人员继续发展他人参加，骗取财物，扰乱经济社会秩序的，以组织、领导传销活动罪追究刑事责任。

【指控与证明犯罪】

2012 年 8 月 28 日、2012 年 11 月 9 日，浙江省松阳县公安局分别以叶青松、叶经生涉嫌组织、领导传销活动罪移送浙江省松阳县人民检察院审查起诉。因叶经生、叶青松系共同犯罪，松阳县人民检察院作并案处理。

2013 年 3 月 11 日，浙江省松阳县人民检察院以被告人叶经生、叶青松犯组织、领导传销活动罪向松阳县人民法院提起公诉。松阳县人民法院公开开庭审理了本案。

法庭调查阶段，公诉人宣读起诉书指控被告人叶经生、叶青松利用网络，以会员消费双倍返利为名，吸引不特定公众成为会员、经销商，组成一定层级，采取区域累计计酬方式，引诱参加者继续发展他人参与，骗取财物，扰乱经济社会秩序，其行为构成组织、领导传销活动罪。在共同犯罪中，被告人叶经生起主要作用，系主犯；被告人叶青松起辅助作用，系从犯。

针对起诉书指控的犯罪事实，被告人叶经生辩解认为，宝乔公司系依法成立，没有组织、领导传销的故意，金乔网模式是消费模式的创新。

公诉人针对涉及传销的关键问题对被告人叶经生进行讯问：

第一，针对成为金乔网会员是否要向金乔网缴纳费用，公诉人讯问：如何成为金乔网会员，获得推荐奖金、消费返利？被告人叶经生回答：注册成为金乔网会员，需缴纳诚信保证金7200元，成为会员后发展一个经销商就可以获得奖励1250元；参与返利，消费要达到120元以上，并向公司缴纳10%的消费款。公诉人这一讯问揭示了缴纳保证金、缴纳10%的消费款才有资格获得推荐奖励、返利，保证金及10%的消费款其实质就是入门费。金乔网的经营模式符合传销组织要求参加者以缴纳费用或者购买商品、服务等方式获得加入资格的组织特征。

第二，针对金乔网利润来源、计酬或返利的资金来源，公诉人讯问：除了收取的保证金和10%的消费款费用，金乔网还有无其他收入？被告人叶经生回答：收取的10%的消费款就足够天天返利了，金乔网的主要收入是保证金、10%的消费款，支出主要是天天返利及推荐奖、运营费用。公诉人讯问：公司收取消费款有多少，需返利多少？被告人叶经生回答：收到4000万左右，返利也要4000万，我们的经营模式不需要盈利。公诉人通过讯问，揭示了金乔网没有实质性的经营活动，其利润及资金的真实来源系后加入人员缴纳的费用。如果没有新的人员加入，根本不可能维持其“经营活动”的运转，符合传销活动骗取财物的本质特征。

同时，公诉人向法庭出示了四组证据证明犯罪事实：

一是宝乔公司的工商登记、资金投入、人员组成、公司财务资料、网站功能等书证。证明：宝乔公司实际投入仅300万元，没有资金实力建立与其宣传匹配的电子商务系统。

二是宝乔公司内部人员证言及被告人的供述等证据。证明：公司缺乏售后服务人员、系统维护人员、市场推广及监管人员，员工主要从事虚假宣传，收取保证金及消费款，推荐佣金，发放返利。

三是宝乔公司银行明细、公司财务资料、款项开支情况等证据，证明：公司收入来源于会员缴纳的保证金、消费款。技术人员的证言等证据，证明：网站功能简单，不具备第三方支付功能，不能适应电子商务的需求。

四是金乔网网站系统的电子数据及鉴定意见，并由鉴定人出庭作证。鉴定人揭示网络数据库显示了金乔网会员加入时间、缴纳费用数额、会员之间的推荐（发展）关系、获利数额等信息。鉴定人当庭通过对上述信息的分析，指出数据库表格中的会员账号均列明了推荐人，按照推荐人关系排列，会员层级呈金字塔状，共有68层。每个结点有左右两个分支，左右分支均有新增单数，则可获得推荐奖金，奖金实行无限代计酬。证明：金乔网会员层级呈现金字塔状，上线会员可通过下线、下下线会员发展会员获得收益。

法庭辩论阶段，公诉人发表公诉意见，指出金乔网的人财物及主要活动目的，在于引诱消费者缴纳保证金、消费款，并从中非法牟利。其实质是借助公司的合法形式，打着电子商务旗号进行网络传销。同时阐述了这种新型传销活动的本质和社会危害。

辩护人提出：金乔网没有入门费，所有的人员都可以在金乔网注册，不缴纳费用也可以成为金乔网的会员。金乔网没有设层级，经销商、会员、区域代理之间不存在层级关系，没有证据证实存在层级获利。金乔网没有拉人头，没有以发展人员的数量作为计酬或返利依据。直接推荐才有奖金，间接推荐没有奖金，没有骗取财物，不符合组织、领导传销活动罪的特征。

公诉人答辩：金乔网缴纳保证金和消费款才能获得推荐佣金和返利的资格，本质系入门费。上线会员可以通过发展下线人员获取收益，并组成会员、股权会员、区域代理等层级，本质为设层级。以推荐的人数作为发放佣金的依据系直接以发展的人员数量作为计酬依据，区域业绩及返利资金主要取决于参加人数的多少，实质属于以发展人员的数量作为提成奖励及返利的依据，本质为拉人头。金乔网缺乏实质的经营活动，不产生利润，以后期收到的保证金、消费款支付前期的推荐佣金、返利，与所有的传销活动一样，人员不可能无限增加，资金链必然断裂。传销组织人员不断增加的过程实际也是风险不断积累和放大的过程。金乔网所谓经营活动本质是从被发展人员缴纳的费用中非法牟利，具有骗取财物的特征。

法庭经审理，认定检察机关出示的证据能够相互印证，予以确认。被告人及其辩护人提出的不构成组织、领导传销活动罪的辩解、辩护意见不能成立。

2013年8月23日，浙江省松阳县人民法院作出一审判决，以组织、领导传销活动罪判处被告人叶经生有期徒刑七年，并处罚金人民币150万元。以组织、领导传销活动罪判处被告人叶青松有期徒刑三年，并处罚金人民币30万元。扣押和冻结的涉案财物予以没收，继续追缴二被告人的违法所得。

二被告人不服一审判决，提出上诉。叶经生的上诉理由是其行为不构成组织、领导传销活动罪。叶青松的上诉理由是量刑过重。浙江省丽水市中级人民法院经审理，认定原判事实清楚，证据确实、充分，定罪准确，量刑适当，审判程序合法，驳回上诉，维持原判。

【指导意义】

随着互联网技术的广泛应用，微信、语音视频聊天室等社交平台作为新的营销方式被广泛运用。传销组织在手段上借助互联网不断翻新，打着“金融创新”的旗号，以“资本运作”“消费投资”“网络理财”“众筹”“慈善互助”等为名从事传销活动。常见的表现形式有：组织者、经营者注册成立电子商务企业，以此名义建立电子商务网站。以网络营销、网络直销等名义，变相收取入门费，设置各种返利机制，激励会员发展下线，上线从直接或者间接发展的下线的销售业绩中计酬，或以直接或者间接发展的人员数量为依据计酬或者返利。这类行为，不管其手段如何翻新，只要符合传销组织骗取财物、扰乱市场经济秩序本质特征的，应以组织、领导传销活动罪论处。

检察机关办理组织、领导传销活动犯罪案件，要紧扣传销活动骗取财物的本质特征和构成要件，收集、审查、运用证据。特别要注意针对传销网站的经营特征与其他合法经营网站的区别，重点收集涉及入门费、设层级、拉人头等传销基本特征的证据及企业资金投入、人员组成、资金来源去向、网站功能等方面的证据，揭示传销犯罪没有创造价值，经营模式难以持续，用后加入者的财物支付给先加入者，通过发展下线牟利骗取财物的本质特征。

【相关规定】

《中华人民共和国刑法》第二百二十四条之一

《最高人民检察院、公安部关于公安机关管辖的刑事案件立案追诉标准的规定（二）》第七十八条

部分新闻链接

1. 人民日报 2018 年 7 月 13 日报道《最高检发布三起指导性案例　明确新型金融犯罪法律适用标准》

2. 新华社 2018 年 7 月 13 日报道《最高检：新型金融案件不断增多　呈现五大发案特点》

3. 中央广播电视总台央视新闻频道（CCTV-13）2018 年 7 月 13 日报道《最高检：惩治金融犯罪　维护金融安全》

4. 光明日报 2018 年 7 月 13 日报道《当心！这些“金融创新”背后有陷阱 ——检察官教你识别新型网络传销》

5. 法制日报 2018 年 7 月 13 日报道《最高检发布第十批指导性案例　发布会首次邀请地方办案检察官分享办案体会》

6. 北京青年报 2018 年 7 月 13 日报道《最高检：一年半内近 5 万人涉金融犯罪被公诉　新型金融案件不断增多　犯罪手段呈现网络化、专业化发展趋势》

不断创新发展　形成检察公益诉讼新格局

最高人民检察院通报 2018 年检察公益诉讼工作情况

发布时间：2018 年 12 月 25 日 10:00

发布内容：通报 2018 年以来检察公益诉讼工作情况，发布最高人民检察院第十三批指导性案例及检察公益诉讼十大典型案例

发布地点：最高人民检察院

主 持 人：最高人民检察院新闻发言人　肖玮

出席嘉宾：最高人民检察院副检察长　张雪樵
最高人民检察院检察委员会委员、法律政策研究室主任　万春
最高人民检察院公益诉讼检察厅（筹）负责人　胡卫列[1]

---

① 现任最高人民检察院第八检察厅厅长。

主题发布

肖 玮

各位记者朋友，大家上午好。欢迎参加最高人民检察院新闻发布会。今天我们邀请到出席发布会的嘉宾是：最高人民检察院副检察长张雪樵，检察委员会委员、法律政策研究室主任万春，公益诉讼检察厅（筹）负责人胡卫列。

今天发布会的主题是“检察公益诉讼工作深入发展，实现办案全覆盖”。议程主要有四项：一是通报今年来全国检察机关公益诉讼工作情况；二是围绕公益诉讼主题发布最高人民检察院第十三批指导性案例；三是发布检察公益诉讼十大典型案例；四是回答记者提问。

现在进行第一项议程。请最高人民检察院张雪樵副检察长通报 2018 年全国检察机关公益诉讼工作情况。

张雪樵

各位记者朋友，大家上午好！检察公益诉讼工作全面推开以来，呈现了快速发展的趋势，特别是今年 11 月，全国基层检察院全部消灭立案空白和诉前程序办案空白，实现了公益诉讼办案的“全覆盖”。下面，我向大家通报 2018 年全国检察机关开展公益诉讼工作情况。

一、基本情况

2018年1月至11月，全国检察机关共立案公益诉讼案件89523件，提出检察建议和发布公告78448件、提起诉讼2560件。

（一）进一步提高政治站位，形成公益检察新格局

今年7月6日，习近平总书记主持召开中央深改委第三次会议，决定设立最高人民检察院公益诉讼检察厅，为更好履行检察公益诉讼职责提供组织保障。

最高人民检察院新一届党组多次召开会议进行研究部署，强调要把公益诉讼工作作为“一把手”工程切实抓好。今年3月以来，张军检察长先后40余次就公益诉讼转变工作理念、加大办案力度和完善体制机制等作出批示，强调公益诉讼是新时代检察工作创新发展的着力点，刑事、民事、行政及公益诉讼检察职能要全面、平衡、充分履行。

各地检察机关积极落实最高人民检察院工作部署，持续聚焦“美丽中国”“健康中国”“法治中国”战略，主动对接和服务生态文明试验区建设、打好污染防治攻坚战、长江经济带发展等重大举措，结合实际深入开展公益诉讼工作。

（二）进一步坚持理念引领，破解公益保护难题

一是践行双赢多赢共赢监督的理念，充分运用政治智慧、法律智慧、监督智慧开展监督，各级检察机关积极主动向党委、人大、政府汇报公益诉讼工作，北京、天津、重庆等22省（直辖市、自治区）党委主要负责同志作出批示，吉林、安徽、海南、江西等23省（自治区、直辖市）党委、政府或“两办”联合下发支持检察机关依法开展公益诉讼工作的文件，促进行政机关履职纠错、依法行政，形成公益保护合力。

二是树立精准监督的理念。在办案中更加注重办案的质量和监督的精准性，通过优化监督实现强化监督，不搞粗放式办案，不片面追求办案的数量规模和办案效果的统计数据，以实实在在的办案效果促进公益诉讼稳步健康发展。

三是树立智慧借助的理念。最高人民检察院与生态环境部会签了干

部双向挂职交流协作意见，邀请环保部门专业人员参与办理公益诉讼案件工作。同时，充分发挥专家学者、专职律师、有法律背景的人大代表、政协委员等社会力量的作用，借助“外脑”促进办案，帮助检察机关提升办案专业素质和能力。

（三）进一步突出工作重点，聚焦公益保护难点

以环境资源、食品药品等领域为重点，共办理生态环境和资源保护领域公益诉讼案件 48847 件，占 54.56%，是试点期间的 7.5 倍；共办理食品药品领域公益诉讼案件 29916 件，在案件总数中的占比从试点期间不到 1% 增长到 34.02%，是试点期间的 360 倍。

最高人民检察院下发《关于充分发挥检察职能作用助力打好污染防治攻坚战的通知》，部署开展“保障千家万户舌尖上的安全”检察公益诉讼专项监督活动。

湖北、重庆两地检察机关部署开展长江流域生态保护公益诉讼专项行动，两地共立案 897 件，提出诉前检察建议 799 件，向法院提起诉讼 41 件。北京市海淀区检察院针对“百度外卖”“美团”等网络餐饮服务存在的问题发出检察建议，促使食药监部门开展专项整治活动，共下线问题商户 3218 家。

（四）进一步争取各方支持，公益保护协作向纵深发展

最高人民检察院与最高人民法院于今年 3 月共同出台检察公益诉讼司法解释，解决了试点以来办案实践中的诸多分歧问题；会同生态环境部等九个中央部委召开座谈会，联合会签《关于在检察公益诉讼中加强协作配合打好污染防治攻坚战的意见》等规范性文件。各地检察机关与相关行政机关、人民法院和监察委等建立沟通协调机制。

（五）进一步完善配套机制，促进公益保护落地

一是综合运用一体化办案机制。加强检察机关内部的横向配合和纵向指导，进一步探索规范和完善线索发现移送、调查取证等工作机制，安徽、福建、陕西、海南等地检察机关探索成立公益诉讼办案指挥中心，浙江等地成立公益诉讼举报中心。

二是充分发挥督办督导机制作用。今年以来，最高人民检察院对

“秦岭别墅事件”等 42 件公众关注的热点事件发函督办，对 35 起破坏长江生态环境公益诉讼案件线索挂牌督办，有效督促相关责任主体履职整改。

三是探索建立公益诉讼办案区域协调机制。最高人民检察院召开长江经济带检察工作座谈会，举办服务长江经济带检察论坛，探索沿江 11 省市建立跨省级行政区划公益诉讼工作机制。最高人民检察院和水利部统一领导、河南省检察院和黄河水利委员会共同组织“携手清四乱保护母亲河”专项行动，推动黄河流域 9 省（区）检察机关、河长办合力解决黄河流域乱占、乱采、乱堆、乱建等“四乱”问题。

（六）进一步规范诉前程序，提高公益保护质效

今年 1 月至 11 月，诉前程序案件占比高达 96.84%，诉前程序行政机关整改率达到 94.42%，比试点期间提高 17.3 个百分点，进一步彰显诉前程序制度设计价值。北京、天津、上海三个直辖市和兵团行政机关整改率达 100%。各级检察机关通过诉前圆桌会议、听证会等形式，积极创新方式方法，切实提高诉前程序质效。福建省福州市长乐区检察院针对某镇政府怠于履行生活垃圾整治职责案，组织召开诉前程序圆桌会议，妥善解决 4000 余吨垃圾污染问题。

（七）进一步强化典型示范，巩固公益保护效应

各级检察机关办案中注重类案监督，强化案例指导，通过办理一批有影响、有特色的典型案件，真正起到办理一案、警示一片、教育一面的办案效果。陕西省定边县检察院针对定边协和医院等 5 家医院直排医疗污水的问题，通过诉前检察建议督促有关行政机关依法履职，不仅使涉案医院违法排放医疗污水的行为得到整改，而且推动了全县医疗废物的专项整治。

（八）进一步推进专业化建设，充实公益保护力量

最高人民检察院先后举办 8 期公益诉讼全国培训。河南抽调 400 名非民行条线的业务骨干进行为期两个月的民行和公益诉讼脱产培训。同时，各地推进智慧检察，注重打造“互联网 + 公益诉讼”新模式，将大数据信息平台、无人机取证等手段运用到办案中，不断提升线索发现和

调查取证能力。

二、主要成效

（一）公益保护效果更加明显

一是助力打赢污染防治攻坚战，有效保护生态环境。通过办案督促挽回被毁损的耕地、林地、湿地、草原200余万亩，督促关停违法企业8900余家。最高人民检察院派员对江苏洪泽湖“8·17”事件等进行实地督办，江苏、安徽两省检察机关通过办案督促相关行政机关依法行政，目前相关单位已累计清除洪泽湖水域圈圩、围网养殖21.55万亩，实施渔民上岸工程8676户，并规划建设洪泽湖湿地“水上生态修复牧场”9.3万亩。

二是有效保障和改善民生。各地检察机关从食品安全、饮用水安全等关系到人民群众切身利益方面入手，认真开展“保障千家万户舌尖上的安全”专项监督活动。湖南省检察院与省食品安全委员会等九部门联合开展“中小学校园及周边食品安全护苗行动”，共立案294件，发出诉前检察建议247件，有效保障中小学师生“舌尖上的安全”。

三是有效挽回经济损失。各级检察机关通过办理公益诉讼案件挽回直接经济损失239亿余元，其中，收回国有土地出让金165.9亿元，收回人防易地建设费10亿元。福建省惠安县检察院督促县国土资源局依法履行职责案件中，违法企业应缴土地出让金12.7亿元，国土局已追缴到位4.8亿元。

（二）公益保护体系更加完善

一是公益保护主体体系更健全。检察机关通过公益诉讼激活现有公益保护制度充分发挥作用，进一步提升了行政执法效力和司法公信力，推动解决了很多行政执法机关多年想解决而解决不了的问题。黑龙江省委、省政府邀请检察机关参与煤炭行业淘汰落后产能化解过剩产能专项整治工作，省检察院对生产能力在15万吨以下的387个小煤矿进行全覆盖调查，办理行政公益诉前程序案件10件，向省监察委移送有关公职人员涉嫌违法犯罪卷宗162册，向公安机关移送涉嫌刑事犯罪卷宗14册。湖北省黄石市磁湖生态环境因存在14年的违章建筑遭受破坏，市国土局主动上门要求监督，检察机关依法向有关行政机关发出诉前检察建议，成功破解了这一困扰地方多年的难题。

二是公益保护对象范围更丰富。《英雄烈士保护法》实施后，检察公益诉讼保护对象从物质利益拓展到精神层面。有的地方在安全生产、互联网等领域积极探索实践，积累了宝贵经验。在监督对象层级上不断提升，福建省检察院先后直接办理3起案件，督促省食品药品监督管理局、省经济和信息化委员会、省医疗保障管理委员会依法履行职责。

三是公益保护规范机制更完善。在民事、行政诉讼法相关规定和“两高”关于检察公益诉讼司法解释的基础上，最高人民检察院进一步细化出台公益诉讼办案指南，增强程序规范的可操作性。北京、黑龙江等省级检察院制定行政公益诉讼办案规定，山东省检察院制定《行政公益诉讼诉前会议实施办法》。

（三）公益保护认同更加广泛

随着实践不断深入，党委政府、社会各界和广大人民群众对检察公益诉讼的认同不断深化。今年全国“两会”上，140余位代表、委员提出建议、提案，要求检察机关充分发挥公益保护职能作用。全国人大常委会将57位代表提出的7件建议作为“全面推进检察机关提起公益诉讼工作”重点建议进行督办。在河北省委政法委召开的公益诉讼工作推进会上，张家口市委书记回建同志汇报以检察公益诉讼制度为抓手，推动社会治理法治化转型的工作情况。

检察公益诉讼还引起了国际社会的关注和好评。在最高人民检察院与欧洲环保协会共同举办的“环境司法保护”培训班上，联合国副秘书长兼联合国环境规划署执行主任埃里克·索尔海姆、法国宪法委员会主席洛朗·法比尤斯等高度评价了中国检察公益诉讼制度和环境检察保护司法实践，认为“立法授权检察机关提起公益诉讼，打造了一套强有力的对行政机关依法行政的监督体系”，“中国检察机关在环境保护工作中取得的成绩令人赞叹，也为其他国家和地区环境治理提供了有益借鉴”。

进入新时代，检察公益诉讼肩负着更重大的责任、更光荣的使命。

下一步，检察机关将深入贯彻中央决策部署，持续加大办案力度，更加突出问题导向，更加注重办案质效，为切实维护国家利益和社会公共利益作出新的更大贡献！

肖　玮

下面进行第二项议程。请万春主任发布最高人民检察院第十三批指导性案例。

万　春

当前，检察机关公益诉讼工作快速发展。为进一步推进公益诉讼工作，最高人民检察院围绕公益诉讼主题发布第十三批指导性案例。下面，我简要介绍一下相关情况。

一、第十三批指导性案例的简要案情和指导意义

（一）简要案情

1. 陕西省宝鸡市环境保护局凤翔分局不全面履职案

该案基本案情：陕西长青能源化工有限公司在甲醇项目试生产期满后未停止生产，造成燃煤锅炉大气污染物排放值持续超标。陕西宝鸡市环境保护局凤翔分局虽有罚款等一定履职行为，但未依法全面履职到位，违法生产行为及颗粒物超标排放持续存在。凤翔县人民检察院在发出《检察建议书》未实现应有效果的情况下，依法提起行政公益诉讼，法院判决凤翔分局未依法全面履行环境监管职责的行为违法。

该案例主要阐明：行政机关在履行环境保护监管职责时，虽有履职行为，但未依法全面运用行政监管手段制止违法行为，检察机关经诉前

程序仍未实现督促行政机关依法全面履职目的的，应当向人民法院提起行政公益诉讼。通过这一案例，明确了行政机关不依法全面履职的具体涵义和判断标准，为今后开展公益诉讼工作提供了参考和依据。

2. 湖南省长沙县城乡规划建设局等不依法履职案

该案基本案情：威尼斯城房产公司开发的房产项目将原定项目建设性质、规模、容积率等作出重大调整后，未重新报批环境影响评价文件即开工建设。行政部门虽有处罚行为但未能制止违法建设。长沙市人民检察院经调查核实后，依法发出检察建议，并根据执法成本较小社会效益较大的原则提出了可行的解决方案，最终督促行政机关依法履职，房产公司违法建设行为被制止并接受处罚，取得良好的社会效果和法律效果。

该案例主要阐明：检察机关通过检察建议实现了督促行政机关依法履职、维护国家利益和社会公共利益目的的，不需要再向人民法院提起诉讼。

3. 曾云侵害英烈名誉案

该案基本案情：曾云在微信群公开发表言论，侮辱谢勇烈士名誉，造成了较为恶劣的社会影响。江苏省淮安市人民检察院经诉前程序征求谢勇烈士近亲属意见后，对曾云行为提起民事公益诉讼，依法追究了曾云侵权责任。

该案例是首例检察机关英烈保护民事公益诉讼案例，为检察机关开展类似工作提供了实践依据。

该案例主要阐明：对侵害英雄烈士的姓名、肖像、名誉、荣誉，损害社会公共利益的行为人，英雄烈士近亲属不提起民事诉讼的，检察机关可以依法向人民法院提起公益诉讼，要求侵权人承担侵权责任。

（二）第十三批指导性案例的指导意义

1. 紧密围绕中心工作体现检察担当

第十三批指导性案例中的前两个案例聚焦检察机关发挥公益诉讼职能服务打好污染防治攻坚战这一主题，分别从大气污染防治和生态环境保护的角度生动展现了检察机关运用法治力量规范、保障和促进生态文明建设，服务经济社会发展的责任担当。曾云侵权案，明确宣示了英雄烈士名誉不容侵犯，有力彰显了检察机关维护社会主义核心价值观的特殊使命。

2. 集中反映检察工作新理念

陕西凤翔案，集中展示了检察机关树立正确的办案监督理念，通过依法提起诉讼，督促行政机关依法全面履职，确保国家利益和社会公共利益得到保护的司法过程。湖南长沙案，检察机关着眼于切实维护国家利益和社会公共利益的目标，在依法提出检察建议后，又和行政机关、政府部门加强联系沟通，从实际情况出发提出了切实可行的整改方案，体现了检察机关在履行法律监督职责中“双赢多赢共赢”的工作理念。

3. 凸显检察工作特色和检察职能发挥

新形势下，最高人民检察院指导性案例体例作出重大调整，检察工作特色更加鲜明，反映检察职能作用更加充分。陕西凤翔案，集中展示了检察机关如何依据法律规定，督促凤翔分局全面履职的工作过程。湖南长沙案，重点说明检察机关发出检察建议后，不是一发了之，而是持续跟进，并与行政部门以及地方政府进行反复协调沟通，促进相关建议落实。曾云侵权案，说明了在维护英雄烈士名誉等权利中检察机关的法律地位。这些工作，清晰立体呈现出检察机关在维护国家利益和社会公益中的特色作用和职能发挥。

二、最高人民检察院发布第十三批指导性案例的作用

（一）进一步推进公益诉讼检察工作

当前，公益诉讼检察工作快速发展，成为检察机关履行法律监督职责新领域。最高人民检察院发布公益诉讼主题指导性案例，就是要大力推动各级检察机关不断加大公益诉讼检察工作力度，贡献更多优质检察产品和法治产品，不断满足人民群众对民主、法治、公平、正义、安全、环境等方面日益增长的美好生活需求。

（二）吁请社会各界进一步关注支持检察机关公益诉讼工作

公益保护是系统工程，需要各类国家治理主体和社会主体共同参与。

检察机关开展公益诉讼工作，需要各级党委人大政府和社会各界的大力支持。发布公益诉讼指导性案例，旨在呼吁社会各界进一步重视支持检察机关公益诉讼工作，推进公益诉讼检察工作更好服务经济社会发展和社会治理需要。

（三）回应公益诉讼开展中的法律适用疑难问题

指导性案例具有针对性强、灵活及时等特点，在指导规范检察工作中具有独特作用。当前各级检察机关积极开展公益诉讼工作，在取得成绩的同时，也面临一些亟待解决的法律疑难问题。第十三批指导性案例在广泛调研的基础上，选取典型案例回应了实践中如何判断行政机关依法全面履职、如何根据行政成本较小社会效益较大原则提出检察建议、英烈保护民事公益诉讼如何履行诉前程序等疑难问题，对检察机关开展公益诉讼业务工作提供了重要参照。

（四）以案释法开展普法宣传教育

指导性案例是生动的法治教材，也是最好的普法素材。最高人民检察院发布公益诉讼指导性案例，旨在通过优秀案例传递检察好声音，讲述检察好故事，落实检察环节“谁司法谁普法”的普法责任，让人民群众通过案例更好了解、支持公益诉讼检察工作，形成社会主义法治建设的强大合力。

肖　玮

下面进行第三项议程。请胡卫列厅长发布检察公益诉讼十大典型案例。

胡卫列

一、简要案情

（一）重庆市石柱县水磨溪湿地自然保护区生态环境保护公益诉讼案

重庆市石柱县西沱工业园区与水磨溪湿地自然保护区存在重叠，对湿地生态环境造成破坏。重庆市检察院检察长亲自承办该案，并到石柱县政府现场送达和宣告检察建议书，提出修复整改的具体要求。

（二）湖北省黄石市磁湖风景区生态环境保护公益诉讼案

居民在磁湖风景区搭建、养殖等行为持续 14 年未被有效制止，破坏了风景区生态环境。黄石市国土局和下陆区城管局主动请求检察机关通过行政公益诉讼介入。检察建议发出后，五家行政机关召开联席会议，制定联合执法行动，存续 14 年之久的难题终被解决。

（三）北京市海淀区网络餐饮服务第三方平台食品安全公益诉讼案

入网餐饮服务提供者违法经营、网络餐饮服务第三方平台管理制度不严格、行政机关对网络平台监管不到位。检察机关通过发挥公益诉讼职能作用，督促行政机关依法履职，有效净化了网络餐饮环境。

（四）宁夏回族自治区中宁县校园周边食品安全公益诉讼案

中小学校附近商店内存在销售三无产品、未办理食品经营许可证、部分商店经营者未办理健康证或健康证过期等情况。检察机关通过公益诉讼诉前程序督促市场监督管理局对校园及其周边食品安全履行监督管理职责。

（五）福建省闽侯县食用油虚假非转基因标识公益诉讼案

闽侯县域内四家食用调和油生产商存在偷工减料、非转基因虚假标识的现象，检察机关通过行政公益诉讼工作，督促监管部门依法履职，促成问题整改。

（六）湖南省湘阴县虚假医药广告整治公益诉讼案

湘阴县电视台自2017年以来持续播放虚假药品广告，检察机关通过发挥公益诉讼监督职能，有力整治了医药用品虚假宣传，也有效防止了行政部门监管缺位现象的发生。

（七）浙江省宁波市“骚扰电话”整治公益诉讼案

宁波市广告推销电话数量多，频度高，干扰了广大人民群众日常的工作和生活，影响了急救等特种服务电话的正常使用。检察机关通过调查取证，及时对通信管理部门发出检察建议，对这一现象进行打击遏制，起到了良好成效。

（八）辽宁省丹东市振兴区人民检察院诉丹东市国土资源局不依法追缴国有土地出让金行政公益诉讼案

丹东市俊达房地产公司未依法缴纳土地出让金，国土资源局也未依法收缴。在检察建议无效的情况下，检察机关提起行政公益诉讼，请求判令行政机关依法履职，得到了法院的支持。

（九）江西赣州市人民检察院诉郭某等人生产、销售硫磺熏制辣椒民事公益诉讼案

郭某采用添加剂硫磺熏制辣椒，超过国家标准上限20多倍。检察机关在履行公告程序后，依法向人民法院提起民事公益诉讼，要求侵权人承担侵权责任，同时主张惩罚性赔偿。法院支持了检察机关诉讼请求。

（十）安徽省芜湖市镜湖区检察院诉李某等人跨省倾倒固体废物刑事附带民事公益诉讼案

工业污泥跨省非法转移和处置，造成长江生态环境严重污染。检察机关运用刑事附带民事公益诉讼的方式，督促刑事被告人及相关公司履行治理、赔偿等义务，促进生态环境的及时修复。

二、主要特点

（一）突出办案重点，聚力服务大局、保障大局

十个典型案例不仅涵盖检察公益诉讼传统的四大领域，同时呈现了

诉前程序案件、民事、行政公益诉讼案件、刑附民公益诉讼案件等不同环节的典型案例，反映出各级检察机关紧紧围绕中央重大决策部署，以环境资源、食品药品等领域为重点，突出办理了一批人民群众反映强烈、社会各界高度关注的公益诉讼案件。

（二）突出服务职能，关注民生福祉

食品药品安全是与老百姓生活最直接、最接近，与每个人都息息相关的问题。“千家万户舌尖上的安全”是每个人的幸福生活的基本保障。此次发布的十起典型案件中，有五起都是食品药品领域的案件，涉及网络餐饮、校园周边食品、转基因食品、虚假药品广告等，从中也反映出，检察公益诉讼工作坚持以人民为中心，高度关注民生，立足服务健康中国的战略实施。

（三）突出监督理念，注重“三个效果”有机统一

首先，践行了双赢多赢共赢的监督理念。此次发布的案例中，不仅有重庆市检察院检察长落实公益诉讼“一把手工程”、亲自承办并送达检察建议书的案例，也有湖北黄石多个行政机关主动请求检察机关通过公益诉讼解决地方治理难题的案例，充分体现了行政机关对检察公益诉讼由被动应付到主动争取支持的思想转变，形成了各方共同保护公益的合力。其次，坚持了精准监督的理念。如辽宁省丹东市振兴区检察院在检察建议和庭审过程中，正确理解和适用政府会议纪要，明确了行政机关履职尽责的判断标准，最终得到了行政机关的理解支持，实现了法律效果、政治效果、社会效果的有机统一。

（四）突出创新发展，不断探索完善公益诉讼制度

根据立法精神和社会需要，此次发布的案例中加入了网络餐饮、骚扰电话等通过互联网、电信设备侵害公益的热点问题，积极探索了发挥检察公益诉讼职能作用的新路径。同时，发布了一起江西省赣州市检察院办理的食药领域民事公益诉讼案件，针对公益诉讼中是否可以提出惩罚性赔偿请求的问题予以了明确，这些对于进一步强化公益诉讼改革探索、丰富和完善检察公益诉讼制度具有一定的指导和借鉴意义。

现场答问

检察日报记者　闫晶晶

检察公益诉讼工作很快在全国范围内实现全覆盖，是很了不起的成绩。请问最高人民检察院和地方检察机关采取了哪些措施推进这项工作？

胡卫列

张军检察长高度重视公益诉讼办案工作，多次就解决公益诉讼空白问题作出指示，并亲自提出具体部署和要求。在最高人民检察院和各地检察机关的积极努力下，随着 2018 年 11 月 23 日海南省三沙群岛检察院向三沙市社会事业与后方基地管理局发出诉前检察建议，全国基层检察院全部解决立案空白和诉前程序办案空白，实现公益诉讼办案全覆盖。

我们主要采取了以下措施：

一是加强组织领导。督促各地落实张军检察长“把公益诉讼作为一把手工程来抓”的要求，加强统筹谋划和组织协调。内蒙古自治区检察院检察长就解决办案空白问题约谈四个盟市检察院的检察长。

二是以专项带动突破。将专项活动作为消灭空白的抓手，围绕人民群众身边的食品安全、农药残留、虚假宣传等问题，部署开展“保障千家万户舌尖上的安全”检察公益诉讼专项监督活动，取得良好成效。

三是推广可复制经验。对完成消灭办案空白任务较好的内蒙古、黑龙江、河南、四川等省的经验做法进行总结提炼，供各地学习借鉴。

四是进行实地督办。针对铁检系统办案空白院较多的情况，9月21日在西安召开专门会议，张雪樵副检察长出席并讲话，剖析问题症结，明确任务要求和具体措施；10月下旬，派出督导组赴青海、新疆等任务比较重的地区实地督导，进一步动员部署、压实责任、研究对策、帮助解决具体问题。

法制日报记者　董凡超

公益诉讼工作全面推开之后，各地办案结构与试点期间相比是否发生一些变化，呈现出哪些特点？除了常见的四大类型公益诉讼案件，在全面推开过程中，是否有探索其他类型的案件，下一步还会向哪些方面延伸？

胡卫列

与试点期间相比，各地办案情况出现了一些新的特点：

一是办案数量持续快速增长。1—6月共立案22343件，办理诉前程序案件18359件；三季度立案32345件、诉前27662件，是前6个月的1.45倍和1.5倍；10月立案16154件、诉前13690件，11月立案18681件、诉前18737件，环比分别增长13.53%、26.94%。

二是食品药品领域案件量增幅较大。1—11月，共立案食品药品领域公益案件29916件，从试点期间占比不到1%，增长到占33.42%。

三是刑事附带民事公益诉讼案件占比较高。1—11月起诉案件中，刑事附带民事公益诉讼 1954 件，占 76.33%。

四是行政公益诉讼诉前整改比例大幅度提高，从试点期间的 80% 左右跃升至 94.42%。

对民事诉讼法、行政诉讼法规定的检察公益诉讼案件范围，即生态环境和资源保护、食品药品安全、国有财产保护、国有土地使用权出让等领域，我们坚持作“等”内的理解和掌握。对于个别“等”内“等”外理解有分歧，但又严重侵害公益、群众反映强烈、普通诉讼又缺乏适格主体的情况，一些地方检察机关在当地党委、人大、政府和法院等的支持下，进行了审慎而又积极的探索。

一是用足用活现有法律制度，对于领域外侵害公益的民事案件，检察机关采取支持起诉的方式参与诉讼，积累办案经验。

二是对于中央政策有明确要求的领域，加强与相关部门的沟通协调，开展探索实践。如《中共中央国务院关于推进安全生产领域改革发展的意见》提出“研究建立安全生产民事和行政公益诉讼制度”。中央深改委审议通过的设立互联网法院的方案明确规定，互联网法院可以受理“检察机关提起的互联网公益诉讼案件”。这些都给检察机关进行探索提供了政策指引。

三是对于其他领域侵害公益的突出问题，检察机关在做足做实相关工作后，也开展了探索。如宁波海曙区检察院对骚扰电话严重影响公众正常生活，甚至影响急救电话等特种服务电话的情况，采取向市民发放调查问卷确定公益受损情况、对骚扰电话背后利益链进行调查取证、确认行政机关具有监管职责和监管手段、征求专家学者意见、向市委、市人大专题报告等多种方式做足做实相关工作后，向通信管理部门发出检察建议，督促其依法履行监管职责。此后，再次向公众发出调查问卷，有 84.8% 的受访者表示骚扰电话明显减少，取得了良好的社会效果。

法制网记者　赵　颖

我们了解到实际操作中诉前程序发挥了很大作用，相当一部分案件通过检察建议的形式进行监督，请问如何提升检察建议的刚性，保障监督到位呢？

胡卫列

确实如您所说，行政公益诉讼诉前检察建议取得良好成效，94% 以上的案件经过诉前检察建议就达到了保护国家利益和公共利益的目的，无须进入诉讼程序。在提升检察建议刚性方面，我们将继续坚持问题导向，以理念变革为引领，进一步完善检察机关办案程序，多措并举增强诉前检察建议的规范性、精准性，确保诉前检察建议取得更好成效。

一是树立正确办案理念，充分发挥诉前检察建议独特功能。牢固树立全面平衡充分发展的理念、双赢多赢共赢的理念、精准监督的理念，以理念的变革引领行政公益诉前办案创新发展。通过诉前检察建议的办理，充分发挥诉前程序协同性、督促性的特点，从检察监督的角度帮助行政机关破解管理难题，提高治理能力，完善治理体系。

二是加强规范化建设，健全符合检察公益诉讼特点规律的诉前程序体系，对行政公益诉讼诉前程序的立案、调查、制发检察建议、送达、跟进监督、行政机关履职标准、检察建议与诉讼请求的衔接等内容作出具体规定。

三是强化分类指导，提高检察建议质量。梳理汇总不同领域行政机关违法行使职权或者不作为的易发高发环节、违法特点规律，进一步明确检察机关调查、审查应关注的重点问题，对地方检察机关办案提出指导性意见。注重检察建议文书的规范性和权威性，增强检察建议内容的精准性和实效性。

四是注重跟进监督。提起公益诉讼是检察建议取得实效的保障手段。检察机关向行政机关发出检察建议后，行政机关的整改可能是一个复杂、长期的过程，检察机关可以在跟进监督过程中采取诉前圆桌会议、召开听证会等形式，帮助行政机关出谋划策，协同解决有关问题。

人民日报记者　彭　波

全面开展公益诉讼工作以来，检察机关在办案方面还存在哪些问题和困难？如何才能更好解决这些问题？

胡卫列

检察机关在办案过程中还存在不少问题，主要有以下几个方面：

一是案件范围比较窄。一些涉及公共利益的重要领域，如互联网、安全生产领域侵害公益的现象越来越突出，这些问题涉及面广，危害大，人民群众反映强烈，但目前都没有纳入检察公益诉讼的范围。

二是检察机关调查权缺乏保障。虽然今年年初发布的“两高”检察公益诉讼司法解释对检察机关调查收集证据作出原则性规定，但并没有规定具体调查手段，也缺乏保障机制相关内容。

三是在损害鉴定方面，污染环境、危害食品药品安全等损害后果往往需要通过专业司法鉴定来确定，但从全国情况看，司法鉴定机构少、费用高、周期长已成为制约检察机关办理公益诉讼案件的一个瓶颈。

针对案件范围问题，党的十八届四中全会后，中央层面的一些重要文件规范都包含了公益诉讼的内容，有待于通过修订相关法律来落实。在近年的两会上，不少人大代表、政协委员提出应该扩大公益诉讼的范围。我们相信，随着各方面条件的逐步成熟，公益诉讼的范围也将会逐步扩大。我们将就案件范围窄的问题及时向全国人大常委会进行汇报，争取理解支持，逐步、有序推动修订民事诉讼法、行政诉讼法或者对相关条款进行立法解释。

针对调查权保障问题，今年 11 月 26 日第十三届全国人大常委会第六次会议表决通过的人民检察院组织法修订草案，明确规定了检察机关的调查核实权。这对于在检察公益诉讼中强化法律监督职能、依法规范调查取证具有重要意义。下一步，我们将联合有关部门共同制定司法解释，对公益诉讼办案中调查取证的方式、程序和保障措施等内容作出具体规定。

针对鉴定难的问题，今年 11 月 22 日，最高人民检察院会同生态环境部等九部委召开了加强协作配合服务打好污染防治攻坚战座谈会，并在会后会签了《关于在检察公益诉讼中加强协作配合依法打好污染防治攻坚战的意见》（以下简称《协作意见》），将要正式印发。《协作意见》对解决公益损害司法鉴定问题提出了解决方案。

一是针对司法实践中存在的司法鉴定委托难等问题，适当吸纳相关行政执法机关的鉴定检测机构，加快准入一批诉讼急需、社会关注的生态环境损害司法鉴定机构。

二是探索完善鉴定收费管理和经费保障机制。会同司法部、生态环境部、国家发改委等部门指导地方完善司法鉴定收费政策。与相关鉴定机构协商，探索检察机关提起生态环境损害公益诉讼时先不预交鉴定费，待人民法院判决后由败诉方承担。与有关部门协商，探索将鉴定评估费用列入财政保障。

三是依法合理使用专家意见等证据。检察机关在办案过程中，涉及案件专门性问题难以鉴定等情况，可以结合案件其他证据，并参考行政执法机关意见、专家意见等予以认定。

法制晚报记者　朱健勇

请问检察机关办理的三件指导性案例取得了哪些具体的效果？

万　春

三件公益诉讼指导性案例都是近年来检察机关办理的比较新颖，具有典型性，取得了良好的政治效果、社会效果和法律效果的案例，具体可以概括为三个方面：

一是有效纠正了违法行为。陕西凤翔案中，检察机关提起公益诉讼促使行政机关最大限度地采取法律赋予的监管执法手段督促企业整改，使持续存在的污染问题得到解决。湖南长沙案，长沙市检察院提出检察建议后积极开展有效工作，督促行政部门落实检察建议要求，对房产企业违法行为依法处罚，纠正了房地产公司违法建设行为。

二是促进了行政机关依法履职。陕西凤翔案开庭审理后，全省各环保相关部门都开展了自查，对行政机关相关监管工作起到了很好的促进作用。湖南长沙案中，通过长沙市检察院的工作，增强了三个行政机关依法行政的观念。当然，我们看到，当前检察机关办理的行政公益诉讼案件中，大多数行政机关对检察机关开展公益诉讼工作都是理解、支持、配合的。可以说，通过公益诉讼检察工作，检察机关与行政机关加强沟通协调，实现了维护国家利益和社会公共利益的共同目的。

三是获得了人民群众和社会各界的广泛认可。湖南长沙案，长沙市检察院提出有效解决违法现状的方案，获得了各方面的认可并促进了问题的圆满解决。江苏淮安案，谢勇烈士年仅21岁，在灭火救援中为保护战友壮烈牺牲，淮安数千市民挥泪送别烈士。曾云的不当言论，严重亵渎公众情感。检察机关依法提起民事公益诉讼，有效抚慰了谢勇烈士亲人、战友的情感，平复了公众情绪，向全社会传递了尊敬英烈、崇尚英雄的强烈信号。可以说，检察机关的公益诉讼工作，对推动全社会形成捍卫英雄荣光的良好风尚，弘扬社会主义核心价值观发挥了积极作用。

新京报记者　何　强

我国公益诉讼涉及领域类型多、专业性强、技术要求高，而检察机关无法同时具备各类专业人才，下一步检察机关在提升这一方的力量、水平以及专业人才培养方面有何具体举措？

胡卫列

专业人才短缺确实是目前的一个短板。这方面，我们有以下考虑：

一是加强组织机构保障。根据中央全面深化改革委员会第三次会议的要求，最高人民检察院以强化法律监督、提高办案效果、推进专业化建设为导向，推动建立检察公益诉讼专门机构和办案组织。

二是苦练“内功”，提高业务能力水平。加大业务培训力度，最高人民检察院专门组织八批公益诉讼专项培训，并在国家检察官学院的所有培训班次中都增加公益诉讼培训内容。各地也加大了培训力度，河南省检察院组织了两期公益诉讼业务全脱产培训，每期两个月，每期两百人。

三是内联外引，积极整合力量。加强公益诉讼部门与公诉、控申、警务等部门的协作配合，形成工作合力。从地方检察机关、人民法院、有关行政机关遴选一批专业人才，配齐配强公益诉讼办案力量。

四是善于借助“外脑”，树立智慧借助理念。探索建立特约检察官助理制度，建立与行政机关干部双向挂职交流机制。最高人民检察院与生态环境部签署了互派干部挂职交流合作协议，双方每年将互派两批业务骨干挂职交流，充分发挥有关行政机关和行政人员的专业优势，邀请具有司法从业资格的行政人员任命为检察官助理，实行任期制，在任期间参与相关专业案件的办理，帮助检察人员提升办案专业化水平，促进检察机关提升公益诉讼办案质量。

中央广播电视总台央视记者　程　琴

检察机关提起公益诉讼在世界的法治文明中创造出了一种中国模式，将会产生越来越深入、广泛的制度性价值。请问，在接下来的检察公益诉讼工作中将重点抓好哪几个方面呢？

张雪樵

谢谢广播电视总台记者的提问。公益诉讼这项制度源于国外，但是大陆法系和英美法系的国家只设置了检察机关提起民事公益诉讼制度。检察机关对行政机关提起行政公益诉讼制度，无论是从制度规定还是到司法实践，应该说是中国的首创。这是检察机关新的职能，刚开局。刚才向大家通报了，2017 年 7 月 1 日全面实施到今年一年多的时间，取得了很大进展，总体开局良好，但是还有很多的问题需要继续探索，总结经验。

比如，行政机关履行职责的认定问题还需要进一步形成共识。刚才万春主任发布的三个案例实际上明确了这个问题。检察机关能不能监督、监督到什么程度，有三个层次的判断标准：一是违法行为有没有被制止。陕西凤翔案中，违法企业还在生产，排放颗粒物超过标准的，还要监督。二是公共利益有没有得到保护。如长沙案中，若交了罚款，但是楼还在建，还在损害公共利益，还是要监督。三是在公共利益没有得到有效保护的前提下，行政机关有没有全面履行监管职责，有没有穷尽法律赋予的监管手段。

在理论方面也存在一些空白点。提起行政公益诉讼，是对公权力的监督，属于公法领域的调整，与普通的行政诉讼不一样。但立法就那么一款，司法解释也还不充分，理论方面对不少问题还存在不同认识，如法律监督机关和行政机关的法律关系，在诉讼程序中检察机关处于什么样的诉讼地位、应该赋予怎么样的权利、承担什么样的义务。我们走在无人区。世界上没有任何一项制度，可以让我们去借鉴或者照搬。

怎么样把这项制度丰富发展完善好，还有很长的路要走。总体考虑，从以下两个方面着力：

一是要进一步加大办案力度，努力践行张军检察长强调的“在监督中办案，在办案中监督”，特别要强化“四个意识”，切实践行“两个维护”。要认真贯彻落实好中央关于打好污染防治攻坚战等决策部署，牢固树立以办案为中心的发展理念，结合中央环保督查“回头看”等专项活动，围绕大气污染、水污染、土壤污染和农村环境综合治理等方面的违法行为开展监督。法律规定的公益诉讼的领域，如食品安全、环境保护等是我们办案的重点，人民群众反映强烈的、媒体报道关注的热点事件也要进行试点探索。如对个人信息保护、大数据安全、互联网侵权等热点问题，也要加强研究，积极探索检察公益诉讼发挥职能作用的路径。

二是要进一步深化改革探索。公益诉讼改革依然在路上。作为世界范围内的一个新制度，要丰富完善好中国特色的社会主义公益诉讼制度，首先要认真学习贯彻习近平总书记在改革开放 40 周年大会上的讲话精神，在全面依法治国的时代背景下，公益诉讼改革应该体现三个要素：

一要凸显社会治理的法治化。二要体现国家治理体系和能力的现代化。一般的诉讼，只解决原被告两人的利益纷争，不能解决第三方的问题，但是公益诉讼是通过办理一个案件，推动治理一片，推动整个区域治理，这就是治理能力的现代化。三要凸显执政兴国的中国化方案。检察机关作为维护法律统一实施的监督机关，如何引导、促进公民、社会、企业、当事人尊法守法，怎么把法律落实到人民内心的深处，让法律成为人民的信仰，这就是在党的领导下，在符合中国国情的政治体制的优势下，通过改革探索要去解决的问题。通过实践探索，不仅使这项制度在中国落地生根，而且要成为世界司法文明的典范。这也是响应、落实习近平总书记提出的中国在2035年左右建设成社会主义现代化强国的伟大目标的具体实践。

肖 玮

因为时间关系，提问就到这里。党的十八届四中全会部署了“探索建立检察机关提起公益诉讼制度”的改革任务，几年来，检察公益诉讼工作扎实开展、深入推进，从顶层设计到试点先行，再到立法授权，直到现在的全面覆盖，这其中离不开各位媒体朋友特别是在座各位的宣传报道和大力支持，在此我们表示衷心的感谢。希望大家继续关注关心这项工作，广泛宣传公益诉讼办案“全覆盖”的新经验新成效，为检察机关依法保护国家利益和社会公共利益提供更有力的舆论支持。

2018年即将过去，感谢大家一年来对检察工作的支持和帮助。新的一年让我们携起手来，共同报道好、传播好新时代检察新产品、新故事，用新时代旋律唱响检察好声音，奏响法治新乐章！提前预祝各位记者朋友新年快乐、身体健康、工作顺利！

指导性案例

最高人民检察院第十三批指导性案例

陕西省宝鸡市环境保护局凤翔分局不全面履职案

（检例第 49 号）

【关键词】

行政公益诉讼　环境保护　依法全面履职

【要旨】

行政机关在履行环境保护监管职责时，虽有履职行为，但未依法全面运用行政监管手段制止违法行为，检察机关经诉前程序仍未实现督促行政机关依法全面履职目的的，应当向人民法院提起行政公益诉讼。

【基本案情】

2014 年 5 月，陕西长青能源化工有限公司（以下简称长青能化）年产 60 万吨甲醇工程项目建成，并经陕西省环境保护厅审批投入试生产至 2014 年 12 月 31 日。2014 年 11 月 24 日，陕西省发布《关中地区重点行业大气污染物排放限值》地方标准，燃煤锅炉颗粒物排放限值为 20mg/m^3，自 2015 年 1 月 1 日起实施。长青能化试生产期间，燃煤锅炉大气污染物排放值基本处于地方标准 20mg/m^3 以上，国家标准 50mg/m^3 以下。

2015 年 1 月 1 日，长青能化试生产期满后未停止生产且燃煤锅炉颗粒物排放值持续在 20mg/m^3 以上 50mg/m^3 以下。

2015 年 7 月 7 日，陕西省宝鸡市环境保护局凤翔分局（以下简称凤翔分局）向长青能化下达《环境违法行为限期改正通知书》，责令其限期改正生产甲醇环保违规行为，否则将予以高限处罚。长青能化没有整改到位，凤翔分局未作出高限处罚。2015年11月18日，凤翔分局向长青能化下达《行政处罚决定书》，限其于一个月内整改到位，并处以5万元罚款。但该企业并未停止甲醇项目生产，颗粒物超标排放问题依然没有得到有效解决，对周围大气造成污染。

【诉前程序】

2015年11月下旬，陕西省宝鸡市人民检察院在办案中发现凤翔分局可能有履职不尽责的情况，遂指定凤翔县人民检察院开展调查。凤翔县人民检察院查明：长青能化超期试生产且颗粒物超标排放，而凤翔分局虽对长青能化作出行政处罚，但未依法全面履职。2015年12月3日，凤翔县人民检察院向凤翔分局发出《检察建议书》，建议其依法履职，督促长青能化上线治污减排设备，确保环保达标。

2016年1月4日，凤翔分局书面回复凤翔县人民检察院称：2015年12月24日对长青能化下达《责令限制生产决定书》，责令该公司限产。2015年12月30日作出《排污核定与排污费缴纳决定书》，对长青能化2015年10月至12月间颗粒物超标排放加收排污费。

针对凤翔分局回复意见，凤翔县人民检察院进一步查明：凤翔分局作出责令限制生产决定、加收排污费等措施后，长青能化虽然按要求限制生产，但其治污减排设备建设项目未正式投入使用，颗粒物排放依然超过限值。

【诉讼过程】

鉴于检察建议未实现应有效果，2016年5月11日，凤翔县人民检察院向凤翔县人民法院提起行政公益诉讼。凤翔县人民法院受理后，认为符合起诉条件，但不宜由凤翔县人民法院管辖。经向宝鸡市中级人民法院请示指定管辖，2016年5月13日，宝鸡市中级人民法院依法裁定本案由宝鸡市陈仓区人民法院管辖。2016 年 11 月 10 日，宝鸡市陈仓区人民法院对本案公开开庭审理。

（一）法庭调查

出庭检察人员宣读起诉书，请求：1. 确认凤翔分局未依法全面履职的行为违法；2. 判令凤翔分局依法全面履行职责，督促长青能化采取有效措施，确保颗粒物排放符合标准。

凤翔分局答辩状称其对企业采取了行政处罚、责令限制生产等措施，已经全面履行职责。诉讼前，长青能化减污设备已经运行，检察机关不需要再提起诉讼。

法庭举证、质证阶段，围绕凤翔分局是否依法全面履行法定职责，出庭检察人员出示了凤翔分局行政职责范围的依据，2015 年 1 月 1 日至 2016 年 5 月 8 日长青能化颗粒物排放数据等证据。证明截至提起诉讼前，长青能化湿电除尘系统没有竣工验收并且颗粒物依然超标排放，持续给周围大气环境造成污染问题没有彻底解决。

凤翔分局针对起诉书，提交了对长青能化日常监管的表格及 2015 年 7 月以来对长青能化作出的各类处罚文书等证据材料，证明已经依法全面履行了对相对人的环境监管职责。

针对凤翔分局提出的证据，出庭检察人员认为，其只能证明凤翔分局对长青能化作出了行政处罚，但不能证明依法全面履职并实现了履职目的。诉讼前，长青能化排放仍存在不达标的情况。

（二）法庭辩论

出庭检察人员指出，凤翔分局未依法全面履职主要表现在三个方面：

一是凤翔分局未依法监管相对人严格执行建设项目环境保护设施设计、施工、使用“三同时”的规定。长青能化的环境保护设施虽然与建设项目同时设计、同时施工，但并未同时使用。

二是凤翔分局初期未采取有效措施对长青能化违法排放颗粒物的行为作出处理。自 2015 年 1 月 1 日起，长青能化颗粒物排放浓度均超过 20mg/m^3 的标准，最高达 72mg/m^3。凤翔分局却未采取有效行政监管措施予以处置，直到 2015 年 7 月 7 日才对颗粒物超标排放违法行为作出《环境违法行为限期改正通知书》。

三是凤翔分局未依法全面运用监管措施督促长青能化纠正违法行为。长青能化在收到《环境违法行为限期改正通知书》后两个月内未按要求整改到位，凤翔分局未采取相应措施作出高限处罚。

凤翔分局答辩称：已履行了法定职责，多次对长青能化作出行政处罚，颗粒物超标排放是由于地方标准的变化。2016 年 3 月 27 日，长青能化减污设备已经运行，检察机关无需提起诉讼。

针对凤翔分局答辩，检察机关提出辩论意见：对于长青能化的排污行为，凤翔分局虽有履职行为，但履职不尽责。一是作出的 5 万元罚款不是高限处罚。二是按照相关规定，在地方标准严于国家标准的情况下，依法应当执行地方标准。三是 2016 年 3 月 27 日，长青能化减污设备已经上线运行，但颗粒物排放数据仍不稳定，仍有不达标的问题。四是诉讼中，凤翔分局于 2016 年 5 月 16 日才作出按日连续处罚的行政处罚，对长青能化违法行为罚款 645 万元。

2016 年 8 月 22 日，长青能化减污设备经评估正式投入运行，经第三方检测机构的检测，长青能化颗粒物排放已持续稳定符合国家和地方排放标准。2016 年 12 月 20 日，检察机关撤回了第二项诉讼请求，即督促长青能化采取有效措施，确保颗粒物排放达到国家标准和地方标准。

（三）审理结果

2016 年 12 月 28 日，陕西省宝鸡市陈仓区人民法院作出一审判决，确认被告凤翔分局未依法全面履行对相对人长青能化环境监管职责的行为违法。

【指导意义】

诉前程序是检察机关提起公益诉讼的前置程序。办理公益诉讼案件，要对违法事实进行调查核实，围绕行政机关不依法履职或者不全面履职行为的客观表现、主观过错、与国家利益或者社会公共利益遭受侵害后果的关系以及相关的法律依据、政策要求、文件规定等全面收集、固定证据，在查清事实的基础上依法提出检察建议，督促行政机关纠正违法、依法履职。行政机关未在检察建议要求的期限内依法全面履行职责，国家利益或者社会公共利益仍然遭受侵害的，检察机关应当依法向人民法院提起公益诉讼。

对行政机关不依法履行法定职责的判断和认定，应以法律规定的行政机关法定职责为依据，对照行政机关的执法权力清单和责任清单，以是否全面运用或者穷尽法律法规和规范性文件规定的行政监管手段制止违法行为，国家利益或者社会公共利益是否得到了有效保护为标准。行政机关虽然采取了部分行政监管或者处罚措施，但未依法全面运用或者穷尽行政监管手段制止违法行为，国家利益或者社会公共利益受侵害状态没有得到有效纠正的，应认定行政机关不依法全面履职。

【相关规定】

《中华人民共和国环境保护法》第十五条第二款

《中华人民共和国大气污染防治法》第五条、第七条、第四十三条、第九十九条

《中华人民共和国行政处罚法》第五十一条

《中华人民共和国行政诉讼法》第二十五条第四款

《环境保护主管部门实施按日连续处罚办法》第五条、第十条

《建设项目环境保护管理条例》第十五条、第二十条第一款

《建设项目竣工环境保护验收管理办法》第十四条、第十七条第三款

《火电厂大气污染物排放标准》

《关中地区重点行业大气污染物排放限值》

湖南省长沙县城乡规划建设局等不依法履职案

（检例第 50 号）

【关键词】

行政公益诉讼　生态环境保护　督促履职

【要旨】

检察机关通过检察建议实现了督促行政机关依法履职、维护国家利益和社会公共利益目的的，不需要再向人民法院提起诉讼。

【基本案情】

2013 年 6 月，长沙威尼斯城房地产开发有限公司（以下简称威尼斯城房产公司）开发的威尼斯城第四期项目开始建设。该项目将原定项目建设的性质、规模、容积率等作出重大调整，开工建设前未按照《中华人民共和国环境影响评价法》的规定重新报批环境影响评价文件。2016 年 8 月 29 日，湖南省长沙县行政执法局对威尼斯城房产公司作出行政处罚决定，责令该公司停止第四期项目建设，并处以 10 万元罚款。威尼斯城房产公司虽然缴纳了罚款但并未停止建设。截至 2018 年 3 月 7 日，

该项目已经建成1—6栋。7—8栋未取得施工许可证即开始进行基坑施工（停工状态），9栋未开工建设。

【提出检察建议】

2017年7月20日，湖南省长沙市人民检察院在参与中央环保督查组督查过程中，发现长沙县城乡规划建设局、长沙县行政执法局不依法履行职责致使国家和社会公共利益受损的线索。报告湖南省人民检察院后，湖南省人民检察院将案件线索交长沙市人民检察院办理。

长沙市人民检察院调查发现，2003年4月22日至2017年3月14日，威尼斯城第四期项目建设用地位于参照饮用水水源一级保护区保护范围内。2017年3月14日后，根据湖南省人民政府调整后的饮用水水源保护区划定，该建设项目用地位于饮用水水源二级保护区保护范围内。经调查核实，长沙市人民检察院认为长沙县城乡规划建设局等三行政机关不依法履行职责，对当地生态环境、饮用水水源安全造成重大影响，侵害了社会公共利益。其中：

长沙县城乡规划建设局明知威尼斯城第四期项目必须重新申报环境影响评价文件，但在未重新申报的情况下，发放建设工程规划许可证和建筑工程施工许可证，导致项目违法建设，给当地生态环境造成重大影响。

长沙县行政执法局明知威尼斯城第四期项目环境影响评价未申报通过、未批先建的情况下，在作出责令停止建设，并处以罚款10万元的决定后，未进一步采取措施，导致该项目1—6栋最终建设完成，同时对该项目7—8栋无建筑工程施工许可就开挖基坑的违法行为未责令恢复原状，造成重大生态环境影响。

长沙县环境保护局明知威尼斯城第四期项目环境影响评价未申报通过，却在该项目1—6栋建设工程规划许可证申请表上盖章予以认可，造成违法建设行为发生，给当地生态环境造成重大影响。

2017年12月18日、2018年3月16日，长沙市人民检察院先后分别向长沙县城乡规划建设局、长沙县行政执法局和长沙县环境保护局发出检察建议：一是建议长沙县行政执法局依法对威尼斯城房产公司未依法停止建设，仍处于继续状态的违法行为进行处罚，责令对违法在建工程恢复原状。二是建议三行政机关在职责范围内依法处理威尼斯城第四期项目环境影响评价、建设工程规划许可和建筑工程施工许可等问题。三是建议三行政机关依法加强对该项目行政许可的审批管理和执法监管，杜绝类似违法行为再次发生。

检察机关发出检察建议后，与长沙县行政执法局等三机关以及长沙县人民政府进行了反复协调沟通，促进相关检察建议落实。三机关均按期对长沙市人民检察院检察建议进行了书面回复。2018年4月10日，长沙县行政执法局根据检察建议的要求对威尼斯城房产公司作出行政处罚决定：责令该公司立即停止第四期项目建设；对7—8栋基坑恢复原状，并处罚款4365058.67元。威尼斯城房产公司接受处罚并对7—8栋基坑恢复原状。长沙县城乡规划建设局、长沙县环境保护局根据检察建议的要求加大对该项目的监管力度，对类似行政审批流程进行规范，对相关责任人员进行追责，给予四名工作人员相应的行政处分。

2018年2月9日，长沙县人民政府就纠正违法行为与长沙市人民检察院沟通并对相关问题提出处置意见。因该案涉及饮用水水源地保护区调整，长沙市人民检察院依法向长沙县人民政府发出工作建议，建议该县及时向上级机关申报重新划定饮用水水源地保护区范围；对该项目监管和执法中暴露出来的相关违法违规问题依法依规进行处理；加强对建设项目审批的管理和监督、对招商引资项目的管理，进一步规范行政许可、行政审批行为，切实防止损害生态环境和资源保护行为的发生。

2018 年 5 月 17 日，长沙县人民政府就工作建议向长沙市人民检察院作出书面回复，对威尼斯城第四期项目违法建设的处置提出具体的工作意见和实施办法。长沙市人民检察院认为，威尼斯城第四期项目违法建设对当地生态环境和饮用水水源地造成重大影响，损害社会公共利益，考虑到该项目 1—6 栋已经销售完毕，仅第 6 栋就涉及 320 户，涉及众多群众利益，撤销该项目的建设工程规划许可证和建筑工程施工许可证并拆除建筑，将损害不知情群众的利益。经论证，采取取水口上移变更饮用水水源地保护区范围等补救措施，不影响威尼斯城众多业主的合法权益和生活稳定，社会效果和法律效果较好。根据长沙市人民检察院的建议，长沙县人民政府上移饮用水取水口。2018 年 5 月 31 日，新建设的长沙县星沙第二水厂取水泵站已经通水。2018 年 10 月 29 日，经湖南省人民政府批准，长沙市人民政府对饮用水水源地保护范围进行了调整。

【指导意义】

检察机关办理公益诉讼案件，应当着眼于切实维护国家利益和社会公共利益的目标，加强与行政机关沟通协调，注重各项实际措施的落实到位。充分发挥诉前程序的功能作用，努力实现案件办理政治效果、社会效果和法律效果的有机统一。对于一个污染环境或者破坏生态的事件，多个行政机关存在违法行使职权或者不作为情形的，检察机关可以分别提出检察建议，督促其依法履行各自职责。依据法律规定，有多种行政监管、处罚措施可选择时，应从最大限度保护国家利益或者社会公共利益出发，建议行政机关采取尽量不减损非侵权主体的合法权益、实际效果最好的监管处罚措施。

【相关规定】

《中华人民共和国环境保护法》第六十一条

《中华人民共和国水污染防治法》第六十六条
《中华人民共和国环境影响评价法》第三十一条
《中华人民共和国行政诉讼法》第二十五条第四款
《环境行政处罚办法》第十一条

曾云侵害英烈名誉案

（检例第51号）

【关键词】

民事公益诉讼　英烈名誉　社会公共利益

【要旨】

对侵害英雄烈士的姓名、肖像、名誉、荣誉，损害社会公共利益的行为人，英雄烈士近亲属不提起民事诉讼的，检察机关可以依法向人民法院提起公益诉讼，要求侵权人承担侵权责任。

【基本案情】

2018年5月12日下午，江苏省淮安市消防支队水上大队城南中队副班长谢勇在实施灭火救援行动中不幸牺牲。5月13日，公安部批准谢勇同志为烈士并颁发献身国防金质纪念章；5月14日，中共江苏省公安厅委员会追认谢勇同志为中国共产党党员，追记一等功；淮安市人民政府追授谢勇同志“灭火救援勇士”荣誉称号。

2018年5月14日，曾云因就职受挫、生活不顺等原因，饮酒后看到其他网友发表悼念谢勇烈士的消息，为发泄自己的不满，在微信群公开发表一系列侮辱性言论，歪曲谢勇烈士英勇牺牲的事实。该微信群共有成员131人，多人阅看了曾云的言论，有多人转发。曾云歪曲事实、侮辱英烈的行为，侵害了烈士的名誉，造成了较为恶劣的社会影响。

【诉前程序】

2018 年 5 月 17 日，江苏省淮安市人民检察院以侵害英雄烈士名誉对曾云作出立案决定。

检察机关围绕曾云是否应当承担侵害英烈名誉的责任开展调查取证。经调查核实，曾云主观上明知其行为可能造成侵害烈士名誉的后果，客观上实施了侵害烈士名誉的违法行为，在社会上产生较大负面影响，损害了社会公共利益。

检察机关依法履行民事公益诉讼诉前程序，指派检察官赴谢勇烈士家乡湖南衡阳，就是否对曾云侵害烈士名誉的行为提起民事诉讼当面征求了谢勇烈士父母、祖父母及其弟的意见（谢勇烈士的外祖父母均已去世）。烈士近亲属声明不提起民事诉讼，并签署支持检察机关追究曾云侵权责任的书面意见。

【诉讼过程】

2018 年 5 月 21 日，淮安市人民检察院就曾云侵害谢勇烈士名誉案向淮安市中级人民法院提起民事公益诉讼。6 月 12 日，淮安市中级人民法院公开开庭审理本案。

（一）法庭调查

淮安市人民检察院派员以公益诉讼起诉人的身份出庭，并宣读起诉书，认为曾云发表的侮辱性语言和不实言论侵害了谢勇烈士的名誉，损害了社会公共利益。

公益诉讼起诉人出示了相关证据材料：一是批准谢勇同志烈士称号的批文、追授谢勇同志“灭火救援勇士”荣誉称号的文件等，证明谢勇同志被批准为英雄烈士和被授予荣誉称号。二是曾云微信群的聊天记录截图、证人证言等，证明曾云实施侵害谢勇烈士名誉的行为，损害社会公共利益。三是检察机关向谢勇烈士近亲属发出的征求意见函、谢勇烈士近亲属出具的书面声明等，证明检察机关履行了诉前程序。

曾云表示对检察机关起诉书载明的事实和理由没有异议。

（二）法庭辩论

公益诉讼起诉人发表出庭意见：

一是曾云公开发表侮辱性言论，歪曲英雄被追认为烈士的相关事实，侵害了谢勇烈士的名誉。证据充分证明曾云发表的不当言论被众多网友知晓并转发，在社会上产生了负面影响，侵害了谢勇烈士的名誉。

二是曾云的行为损害了社会公共利益。英雄事迹是社会主义核心价值观和民族精神的体现。曾云的行为置社会主义核心价值观于不顾，严重损害了社会公共利益。

三是检察机关依法提起民事公益诉讼，意义重大。检察机关对侵害英烈名誉的行为提起公益诉讼，旨在对全社会起到警示教育作用，形成崇尚英雄、学习英雄、传承英雄精神的社会风尚。

曾云承认在微信群发表不当言论对烈士亲属造成了伤害，愿意通过媒体公开赔礼道歉，并当庭宣读了道歉信。

（三）审理结果

2018年6月12日，淮安市中级人民法院经审理，认定曾云的行为侵害了谢勇烈士名誉并损害了社会公共利益，当庭作出判决，判令曾云在判决生效之日起七日内在本地市级报纸上公开赔礼道歉。

一审宣判后，曾云当庭表示不上诉并愿意积极履行判决确定的义务。2018年6月16日，曾云在《淮安日报》公开刊登道歉信，消除因其不当言论造成的不良社会影响。

【指导意义】

《中华人民共和国英雄烈士保护法》第二十五条规定："英雄烈士没有近亲属或者近亲属不提起诉讼的，检察机关依法对侵害英雄烈士的姓名、肖像、名誉、荣誉，损害社会公共利益的行为向人民法院提起诉讼。"英雄烈士的形象是民族精神的体现，是引领社会风尚的标杆。英雄烈士的姓名、肖像、名誉和荣誉等不仅属于英雄烈士本人及其近亲属，更是社会正义的重要组成内容，承载着社会主义核心价值观，具有社会公益性质。侵害英雄烈士名誉就是对公共利益的损害。对于侵害英雄烈士名誉的行为，英雄烈士没有近亲属或者近亲属不提起诉讼时，检察机关应依法提起公益诉讼，捍卫社会公共利益。

检察机关履行这类公益诉讼职责，要在提起诉讼前确认英雄烈士是否有近亲属以及其近亲属是否提起诉讼，区分情况处理。对于英雄烈士有近亲属的，检察机关应当当面征询英雄烈士近亲属是否提起诉讼；对于英雄烈士没有近亲属或者近亲属下落不明的，检察机关可以通过公告的方式履行告知程序。

检察机关办理该类案件，除围绕侵权责任构成要件收集、固定证据外，还要就侵权行为是否损害社会公共利益这一结果要件进行调查取证。对于在微信群内发表侮辱、诽谤英雄烈士言论的行为，要重点收集微信群成员数量、微信群组的私密性、进群验证方式、不当言论被阅读数、转发量等方面的证据，证明侵权行为产生的不良社会影响及其严重性。检察机关在决定是否提起公益诉讼时，还应当考虑行为人的主观过错程度、社会公共利益受损程度等，充分履行职责，实现政治效果、社会效果和法律效果的有机统一。

【相关规定】

《中华人民共和国英雄烈士保护法》第二十二条、第二十五条、第二十六条

《中华人民共和国民法总则》第一百八十五条

《中华人民共和国侵权责任法》第十五条

《中华人民共和国民事诉讼法》第五十五条第二款

《最高人民法院、最高人民检察院关于检察公益诉讼案件适用法律若干问题的解释》第五条

典型案例

检察公益诉讼典型案例

一、诉前程序典型案例

1. 重庆市石柱县水磨溪湿地自然保护区生态环境保护公益诉讼案

【关键词】

行政公益诉讼诉前程序　长江经济带生态保护　省级院提办　大检察官承办

【要旨】

在自然保护区规划建设工业园区，对湿地生态环境造成了破坏，地方政府应根据《中华人民共和国自然保护区条例》的规定，积极履行生态环境监管职责，对造成的生态环境破坏承担修复责任。

【基本案情】

2009 年 4 月 7 日，重庆市石柱县政府批复建立水磨溪湿地自然保护区，国家环保部将该保护区列入了《2011 年全国自然保护区名录》。2011 年 6 月 2 日，石柱县政府批复同意《西沱镇总体规划》，规划并开工建设西沱工业园区。监督检查中发现，工业园区一至三期规划共重叠湿地保护区面积 336.285 公顷，占湿地保护区总面积比例为 20.85%，工业园区的建设和运营占用部分滩涂，较大程度地、不可逆转地改变了工业园区与保护区重叠区域的生态系统的结构、性质与功能，对湿地生态系统和保护区内动物有一定影响。

【调查和督促履职】

该案系最高人民检察院挂牌督办案件，各界普遍关注，社会影响较大。为办理好挂牌督办案件，重庆市检察院决定提办该案，检察长亲自承办，带领专案组迅速开展调查核实工作，查清案件事实，拟定监督方案。并在检察机关作出监督意见后，亲自到石柱县政府现场送达检察建议，公开宣告，进行释法说理，提出修复整改的具体要求。

石柱县政府按照检察建议的要求，迅速开展修复整改工作。当前，保护区内须拆除、退出的38个项目已拆除并覆土完毕37个，另1个项目已签订厂房收购协议，于今年12月底前整体搬迁。

【指导意义】

保护好石柱县水磨溪湿地自然保护区生态环境，是重庆市检察机关开展“保护长江母亲河”公益诉讼专项行动的重要内容，更是保护长江经济带生态环境的具体举措。作为重庆市检察机关参与和保障打好污染防治攻坚战的总负责人，检察长带头办案，对检察建议当场公开宣告，并进行释法说理，有利于督促行政机关依法履职、积极整改。石柱县政府收到检察建议后积极履行环境监管和生态修复职责，科学制定整改和修复方案，集中力量迅速推进整改修复工作。目前自然保护区生态修复工作按照整改计划有序推进，被破坏的生态环境得到有效修复，社会公共利益得以维护。该案也成为检察长带头办案，把公益诉讼做成“一把手工程”的范例。

在办案过程中，检察机关切实加强与被监督对象的沟通交流，严格跟踪落实反馈机制，有力督促被监督对象依法履行职责，并主动为相关企业提供法律服务，帮助企业搬迁及转型升级，为地方经济发展出谋划策，实现了保护生态环境、服务民营企业、保障地方经济发展的双赢多赢共赢效果。

2. 湖北省黄石市磁湖风景区生态环境保护公益诉讼案

【关键词】

行政公益诉讼诉前程序　行政机关主动要求监督　行政机关职能交叉

【要旨】

对于多个行政机关因职能交叉导致权限不清的执法难题，检察机关可以通过行政公益诉讼诉前建议的方式，督促相关职能部门共同努力，推动问题解决，实现多赢共赢。

【基本案情】

磁湖位于湖北省黄石市市区，水域面积约10平方公里。1997年，磁湖风景区经省政府批准定为省级风景名胜区。2004年，为改善和美化磁湖风景区建设，黄石市政府依法征收了位于磁湖西岸团城山公园教堂附近的15.5亩鱼塘和1.6亩菜地，并对相关人员作出了征地补偿。杭州东路社区居民张某，在未取得规划审批和用地手续的情况下，仍持续在已被征收的土地上擅自搭建建筑物，并在鱼塘中围栏投肥养殖。该违法行为一直持续到2018年仍未被有效制止，严重破坏了磁湖风景区的整体规划，对磁湖的水质造成了污染，破坏了磁湖水域的生态环境。

【调查和督促履职】

2018年5月，黄石市检察院发现该线索后，指定西塞山区检察院管辖。经调查，要拆除违法建筑和收回被占用的鱼塘涉及的行政机关众多，包括黄石市园林局、市规划局、市国土局、市水利水产局、下陆区城管局等，而且各部门之间存在着管理权限不清、多头难管的问题。2018年5月，黄石市国土局和下陆区城管局主动与市检察院对接，请求检察机关通过行政公益诉讼介入，促成行政机关形成执法合力，彻底破解这一困扰多年的执法难题。5月中下旬，西塞山区检察院向市园林局等五家行政单位分别发出检察建议，督促其依法履职，对张某的违法行为进行处理，采取治理措施消除对磁湖风景区的不利影响。

收到检察建议后，五家行政机关召开行政执法联席会议，制定联合执法行动。7 月 26 日，下陆区城管局联合黄石市国土局、规划局、园林局以及水利水产局开展联合执法，经过 150 余名执法人员连续 5 个多小时的作业，存续 14 年之久的违法建筑和投肥养鱼用的渔网全部被依法拆除。

【指导意义】

自被确定为公益诉讼试点地区后，黄石检察机关不断加大对公益诉讼的推进和宣传工作，得到了市委、市政府以及其他行政机关的大力认可和支持。行政机关在充分认识到公益诉讼的职能作用后，主动要求检察机关介入。检察机关通过公益诉讼职能作用的发挥，向五家行政机关发出诉前检察建议，促成了行政机关的联合执法，打破了持续 14 年之久的“五龙治水”的僵局，破解了行政执法难题。

本案中，检察机关通过公益诉讼工作，不仅消除了磁湖生态环境问题的沉疴顽疾，而且让行政机关深刻地体会到，检察公益诉讼与行政执法行为在目标上是一致的，公益诉讼既是监督，也是助力，是实现行政机关、司法机关、社会公益多赢共赢的有效途径，对市政府全面开展长江大保护“碧水、绿岸、洁产、畅流”四大行动起到了积极的推动作用，赢得了人民群众的赞赏。

3. 北京市海淀区网络餐饮服务第三方平台食品安全公益诉讼案

【关键词】

行政公益诉讼诉前程序　网络餐饮服务监管　专项整治

制度化建设

【要旨】

对于入网餐饮服务提供者违法经营、网络餐饮服务第三方平台管理制度不严格、行政机关对网络平台监管不到位等问题，检察机关可通过发挥公益诉讼检察职能作用，督促行政机关依法履行监管职责，净化网络餐饮环境。

【基本案情】

北京市海淀区检察院在履职中发现，经营地位于海淀区的“百度外卖”“美团”“百度糯米”等网络餐饮服务第三方平台上，入网餐饮服务提供者存在违法提供网络餐饮服务的行为，主要表现在违反我国电子商务法相关规定，从事无许可经营行为、不具有实体经营门店、未按要求进行信息公示和更新等。同时，网络餐饮服务第三方平台提供者对上述违法行为未履行审查、监测义务，以及公示、及时更新信息义务。海淀区食品药品监督管理局对以上问题存在监管漏洞，依法履职有待加强。

【调查和督促履职】

海淀区检察院分别针对网络餐饮服务第三方平台提供者及入网餐饮服务提供者违法并侵害公共利益的行为，依法向海淀区食品药品监督管理局发出诉前检察建议，要求其依法履行监督职责，督促违法平台及商家尽快整改。该局收到检察建议后，迅速组织核查处置工作，并组织开展了为期两个月的网络餐饮食品安全专项整治工作。通过召开专题部署会、约谈网络订餐平台负责人、集中开展线上线下核查处置、对网络餐饮平台进行全面整改等方式，共下线问题商户 3218 家，规范各种信息公示问题 5203 家、立案 14 件（网络订餐平台未落实主体责任的违法行为 5 件，未按规定公示食品经营许可证 7 件，无证经营 1 件，网络超范围经营 1 件）。在办案过程中，海淀区检察院与区食品药品监督管理局着眼于长效机制建设，积极推进第三方平台“阳光餐饮”进程，此外，区食品药品监督管理局针对行政公益诉讼监督出台了全市首份《北京市海淀区食品药品监督管理局人民检察院检察建议书办理办法（试行）》，确保办理程序规范化、制度化。

【指导意义】

“民以食为天，食以安为先”。随着我国互联网经济的迅猛发展，“互联网＋餐饮服务”等新兴业态快速增长。网络餐饮服务促进了餐饮业的发展，方便了人们的生活，但其中存在的违法行为和管理漏洞不容忽视。在公益诉讼工作中，检察机关与行政机关目标一致，通过行政公益诉讼诉前检察建议，两者能够形成合力，共同解决群众反映强烈的社会问题。作为“百度外卖”“美团”“百度糯米”等网络餐饮服务第三方平台的经营地之一，海淀区食品药品监督管理局责任重大，在收到检察机关检察建议后，其积极采取措施，下线问题商户3000余家，成效显著。海淀区检察院与区食品药品监督管理局共同建设的“阳光餐饮”第三方平台，对于切实维护全区乃至全国网络餐饮服务健康发展均具有重要意义。

4. 宁夏回族自治区中宁县校园周边食品安全公益诉讼案

【关键词】

行政公益诉讼诉前程序　校园周边食品安全　全面整治

【要旨】

针对校园周边商店、小卖部售卖“三无”食品及相关食品卫生安全隐患等顽疾，检察机关可通过公益诉讼诉前程序督促相关行政部门履行监督管理职责，切实保障未成年人“舌尖上的安全”。

【基本案情】

中宁县某小学学生因购买校园周边小商店的食品而引发中毒事件引发社会关切。中宁县检察院在履职中发现全县40余所中、小学校附近60家商店、小卖部，不同程度存在销售超保质期、无生产日期、来源不清的食品、饮料等问题，一些商店还存在未办理食品经营许可证、部分商店经营者未办理健康证或健康证过期等情况。中宁县市场监督管理局对校园周边食品卫生安全依法具有监督管理责任。

【调查和督促履职】

通过实地检查、调查询问、调查取证，中宁县检察院于2018年6月向中宁县市场监督管理局发出诉前检察建议，要求该局依法履行职责，加强校园及周边食品安全监督检查力度，杜绝不符合安全标准的食品出现在校园周围及全县其他地区，及时督促未办理食品经营许可证及健康证的经营者办理相关证照，对检察院发现的问题饮料查清后依法处理。

收到检察建议后，中宁县市场监督管理局迅速行动，开展城乡接合部、学校食堂、校园周边等专项整治活动，重点对粮、油、奶制品、豆制品、饮品等进行监督检查和专项治理。先后检查食品经营单位2348户（次），检查食品加工单位292家，对卫生条件不达标的16家经营户下达责令整改通知书；查获、没收23个品种的过期、无标签标识等不合格食品1325袋153公斤；对843家餐饮单位、72所供餐学校、35所幼儿园、4659名从业人员进行了检查，下达责令整改通知书224份。对中宁县检察院发现的问题饮料，中宁县市场监督管理局按照饮料包装物上标识的生产地址，查到了该饮料的生产加工点，发现该加工店负责人在未办理任何证照的情况下从事饮料生产、加工活动，且生产的产品无生产日期、保质期等标识标签，执法人员现场对已生产的问题饮料及用于制作饮料的原料、包装物进行了扣押，并将该加工点予以查封，对此加工点的负责人进行了行政处罚。

本案的办理有效督促了中宁县市场监督管理局对本县食品生产、零售、批发行业的日常监管。在检察机关的监督推动下，中宁县市场监管局对此次校园周边食品安全问题开展的专项整治，不仅注重规范食品经营单位和经营者的经营行为，还注重加强对从业者健康状况的监管、对线索问题深入摸排打击，实现了全方位整治和净化，营造了安全、可靠的校园周边食品经营环境。

【指导意义】

本案中，检察机关及时回应社会关切，对青少年缺乏判断能力的校园周边食品安全问题开展有效监督，督促行政机关及时、全面依法履职，严防“三无”食品对青少年造成的健康威胁。检察机关发出诉前检察建议所指出的问题覆盖全面、线索明确清晰，对行政机关起到了很好的监督指导作用，最终取得了全面整改、全员整顿的良好成效，真正达到了办理一案、警示一片、教育一面的办案效果。

5. 福建省闽侯县食用油虚假非转基因标识公益诉讼案

【关键词】

行政公益诉讼诉前程序　食用油虚假非转基因标识

【要旨】

检察机关针对调查中发现的食用油安全、偷工减料、非转基因虚假标识等问题，可通过行政公益诉讼工作，督促监管部门依法履行职责，促成问题整改。

【基本案情】

2018 年 4 月，央视《每周质量报告》曝光了闽侯县域内四家食用调和油生产商存在偷工减料、非转基因虚假标识等现象。

这些食用调和油生产商通过在普通植物油勾兑出的低端油中添加低价大豆油等方式降低成本，以低价油冒充高价油，并在产品标签中虚假标注原料配比、虚假标识非转基因，以转基因原料冒充非转基因原料，严重损害了社会公共利益。

【调查和督促履职】

央媒曝光后，闽侯县检察院立即深入闽侯县市场监督管理局、福州高新区市场监督管理局等部门调查了解相关情况，并监督其对涉案企业开展检查。2018 年 4 月，针对调查中发现的食用油安全、偷工减料、非转基因虚假标识等问题，分别向闽侯县市场监督管理局、福州高新区市场监督管理局等部门发出检察建议，督促其依法履行监管职责，对涉事企业违法生产经营依法予以查处，依法采取没收涉案企业违法生产经营的食用油及违法所得、处以罚款等措施。

闽侯县市场监督管理局、福州高新区市场监督管理局迅速行动，成立专案组；对涉案产品展开调查，对涉事企业从原料采购、生产过程、购销台账、库存产品和未使用的标签等进行全面清查；对涉案企业依法予以行政处罚，落实食品安全主体责任，督促食用油问题整改。目前，央媒曝光闽侯县内的四家涉嫌生产标签不合格食用油的生产企业现已基本整改完毕，共没收封存约 9700 瓶、召回销毁 46 箱违法生产经营的食品油，涉案金额累计 26 万余元，共处罚款 224.8 万元。

【指导意义】

食用油是百姓关注的重点食品类型，转基因食品更是关系民生的敏感话题，检察机关针对调查中发现的食用油安全、偷工减料、非转基因虚假标识等问题及时监督行政机关履职是维护公共利益的应有担当。本案是全国率先通过公益诉讼诉前程序规范转基因食品标识的案例，通过规范标识，使转基因食用油信息更透明，有助于提升市场监管质量，也保障了消费者知情权、选择权。

6. 湖南省湘阴县虚假医药广告整治公益诉讼案

【关键词】

行政公益诉讼诉前程序　虚假医药广告

【要旨】

虚假医药广告不仅误导观众消费，更有可能导致患者错过最佳治疗时间，同时对合格正规医药制品也起到恶意竞争和排挤作用。检察机关通过发挥公益诉讼监督职能，督促负有监督管理职责的行政机关依法履职，维护社会公共利益。

【基本案情】

湘阴县电视台自2017年以来持续播放“鼻清堂”“九千堂五色灵芝胶囊”“百寿安益康胶囊”“苗老八远红外磁疗巴布贴”“腰息痛胶囊”等药品广告。该系列药品广告时长6至12分钟不等，在广告中变相使用国家领导人名义推荐产品，使用“当天服用，当天见效，只需90天，从头好到脚”“同时治疗80多种疾病”等宣传用语，称能有效应对心脑血管疾病、糖尿病、腰椎病、风湿骨病等多种疾病，聘请了本地多位慢性腰腿病患者、前列腺炎患者、中风患者、风湿患者做代言人推荐上述药品。

【调查和督促履职】

湘阴县检察院在履职中发现，该系列药品广告的播放违反了我国法律法规关于不得在广告中使用国家领导人形象，不得以专家、患者形象作疗效证明，不得以任何节目的形式发布，单条广告时长不得超过一分钟，广告播出内容不得与审核内容不一致等禁止性规定，存在严重损害公共利益的问题。湘阴县检察院立案审查后分别向县食品药品工商质量监督管理局、县文体广电新闻出版局发出诉前检察建议，建议县食品药品工商质量监督管理局严格依法履行职责，责令停止发布广告，责令广告主在相应范围内消除影响，并处以罚款；对广告经营者、广告发布者没收广告费用，并处以罚款。建议县文体广电新闻出版局责令县电视台停止播放违法广告，给予警告或并处罚款。

收到检察建议后，县食品药品工商质量监督管理局、县文体广电新闻出版局立即责令湘阴县电视台停播违法广告，湘阴县电视台于2018年4月30日停止播放此类广告。县食品药品工商质量监督管理局对湘阴县电视台作出行政处罚，对广告主的行政违法行为立案查处。

【指导意义】

虚假医药广告多存在任意扩大产品适应症范围、绝对化夸大药品疗效等情形，严重欺骗和误导消费者，轻则致使消费者财产受损，重则导致消费者延误病情，甚至危及生命安全。本案中，检察机关通过发挥公益诉讼监督职能，督促负有监督管理职责的行政机关依法履职，有力整治了医药用品虚假宣传，有利于防止行政部门监管缺位现象的发生，维护了人民群众尤其是农村居民和老年人的生命健康和财产安全。

7. 浙江省宁波市“骚扰电话”整治公益诉讼案

【关键词】

行政公益诉讼诉前程序　骚扰电话　公益侵害

【要旨】

检察机关针对干扰人民群众工作生活的“骚扰电话”（广告推销电话），通过调查研究、多样取证等方式及时对具有监管责任的通信管理部门发出检察建议，对这一现象进行打击遏制，取得良好成效，有效维护了社会公共利益。

【基本案情】

电话推销因成本低，成为房产销售、金融保险等领域常用营销方式，针对不特定的手机用户强行推送各类广告，数量多，频度高，干扰了广大人民群众日常的工作和生活，已成为“骚扰电话”。2018 年上半年，宁波市发生 120 热线被骚扰事件。截至 5 月下旬，120 急救电话累计接到楼盘推销电话 1600 余个，其中最多一天接到 90 多个，均为“0574—2”开头的联通电话号码，严重影响宁波市急救中心的正常工作秩序。

【调查和督促履职】

2018 年 5 月，宁波市海曙区检察院在履职中发现，广告推销电话扰民损害了不特定多数人的利益。为明确界定广告推销电话对公众的骚扰程度，海曙区检察院委托第三方机构开展问卷调查，结果显示，平均 90% 的受访者认为广告推销电话已成为“骚扰电话”，对居民正常生活和工作产生较大或很大影响，侵犯了公众利益，希望行政管理部门要加强约束和监管。同时，该院向海曙区 400 余名人大代表、政协委员发放实名调查问卷，反馈结果与公众调查结果一致。

根据《中华人民共和国电信条例》相关规定，宁波市通信管理局依法应当对宁波市电信和互联网等信息通信服务实行监管，对本区域内的广告推销电话扰民行为加以约束。但通信管理部门认为“骚扰电话”定义不明，缺乏法律处罚依据，没有积极履职。对于“骚扰电话”是否属于侵害公共利益的行为，是否属于公益诉讼的范围，海曙区检察院邀请浙江省内多位法学专家进行专题研讨和论证，一致认为“骚扰电话”对人民群众的生活环境造成了严重侵害，应当属于行政诉讼法规定的行政公益诉讼的范围。为此，海曙区检察院成立专案组，进行了调查，收集了逾 2000 个骚扰电话号码，查清了通信运营商—营销公司—群呼平台三者之间的利益链，并于 2018 年 7 月向宁波市通信管理局发出检察建议。要求该局组织力量对当前“骚扰电话”扰民的现实情况、形成原因进行分析研究，采取有效措施加以制止，向上级主管部门和立法机构提出相应的政策建议，以改进和完善现行的电信业务管理办法。

2018 年 7 月底，宁波市通信管理局及浙江省通信管理局法规处工作人员带领三大运营商宁波分公司的负责人到海曙区检察院，就检察建议作了回复。宁波市通信管理局制定了专项整改方案，通过加强电信业务和通信资源管理、增强技术防范力量、控制“骚扰电话”传播渠道、清理骚扰性硬件对“骚扰电话”进行整治。三大运营商宁波分公司也根据各自的业务情况采取了暂停经营性外呼业务、严控中继线业务、对无法提供安全承诺的平台停止服务等措施加以整改。2018 年 11 月，海曙区检察院再次委托第三方机构对骚扰电话治理情况进行社会调查。调查结果显示，1800 名受访者中，81.1% 的受访者表示满意，有 84.8% 的受访者表示，前阶段呈泛滥之势的 2 和 5 固定电话号段骚扰电话已基本消失，治理效果明显，治理工作亦得到了广大居民的认可。

办案过程中，海曙区检察院主动向党委和上级检察机关汇报本案工作开展情况，得到了浙江省委书记、宁波市委书记、浙江省检察院检察长等领导的批示支持认可。《检察日报》、中央人民广播电台中国之声《新闻纵横》相关栏目对该事件进行跟踪报道。本案的办理还得到人民网、新华网等 10 余家国家级网络媒体、新浪、搜狐等各大综合门户网站的刊登转载，得到众多网民好评、点赞。

【指导意义】

针对“骚扰电话”治理是否在法律规定的检察机关提起公益诉讼领域之内的问题，司法实务和理论界均存在不同理解。海曙区检察院通过委托第三方开展社会调查，向人大代表、政协委员实名调查等形式，广泛征求民意，以具体的数据充分反映广大人民群众的心声，有效证明了“骚扰电话”侵害社会公共利益的实质。习近平总书记强调，“检察官作为公共利益的代表，肩负着重要责任。”坚持以人民为中心，牢牢把握人民群众对美好生活的向往，立足检察职能，针对侵害不特定对象工作和生活环境的行为，积极探索开展公益诉讼工作，切实维护公共利益，符合公益诉讼的立法规定，也是检察机关的应尽职责。

在与通信管理部门沟通过程中，海曙区检察院始终强调，检察监督不是刁难挑错，而是为了共同推动解决骚扰电话这个难题，共同努力回应民生关切。行政机关通过积极回应检察监督，依法履职、有效保障人民权益，能够赢得人民群众的认可和支持，树立政府公信力。最终，通信管理部门和三大基础电信运营商根据检察建议要求，积极采取整改措施，促使宁波“骚扰电话”治理取得较好成效，宁波市民满意度显著提升，充分体现了检察机关开展公益诉讼工作双赢多赢共赢的理念。

“骚扰电话”治理是一项系统工程，要继续研究完善部门之间的配合、联动机制，通过法律监督、行政监管多管齐下，实现综合治理、案件会商等制度化、长效化，同时要在全国范围内共同推进，让全国人民群众都能尽快享受到骚扰电话治理成效，享有一个清朗的通讯空间。

二、诉讼程序典型案例

8. 辽宁省丹东市振兴区检察院诉丹东市国土资源局不依法追缴国有土地出让金行政公益诉讼案

【关键词】

行政公益诉讼　追缴国有土地出让金　行政机关依法履职

【要旨】

对土地出让金的缴纳，应当依法依规。地方政府通过补充协议、会议纪要等方式允许土地出让金暂缓缴纳的期限不可突破国土资源主管部门有关规定。

【基本案情】

2005 年 7 月，丹东俊达房地产开发有限公司（以下简称“俊达公司”）以 66 万元竞得北府花园地块，2013 年 8 月，丹东市城乡规划局调整该地块规划设计条件，将总用地面积由 40.48 万平方米调整为 32.24 万平方米，规划容积率由 1.24 调整为 1.96。因调整后实际建筑面积增加，经丹东市国土资源局与俊达公司签订补充协议，约定需补缴土地出让金 2884.4 万元，2015 年 7 月 16 日，丹东市政府会议纪要明确同意俊达公司缓缴包括土地使用权出让金在内的各项费用。但直至 2018 年 1 月，俊达公司未依法缴纳出让金，丹东市国土资源局也未依法收缴。

【调查和督促履职】

丹东市振兴区检察院于 2018 年 1 月 17 日向丹东市国土资源局发出检察建议书，建议其向俊达公司追缴土地使用权出让金及违约金。国土资源局收到检察建议书后，仅向俊达公司发出了催缴通知书，并以执行市政府会议纪要为由，没有采取其他有效措施。2018 年 11 月 7 日，振兴区检察院提起行政公益诉讼。庭审过程中双方争议的焦点主要在于如何理解和适用市政府会议纪要。本案的会议纪要是在补充协议约定的期限届满之后作出，丹东市国土资源局在期限届满前并未依规履职，属于违法。同时，根据国土资源主管部门有关规定，缓缴的最长期限为一年，但本案在补充协议签订后一年内，丹东市国土资源局既没有作出相应的履职行为，也没有另外与俊达公司签订变更、补充协议，针对缓缴问题作进一步约定。

法院经审理后，依法当庭宣判，支持了检察机关全部诉讼请求。收到判决书后，丹东市国土资源局积极表达对检察机关行政公益诉讼的理解和支持，并表明积极履行职责，争取早日将土地使用权出让金追缴到位。

【指导意义】

检察机关在公益诉讼工作中，对政府会议纪要的理解和适用，直接影响对行政机关是否全面正当履职的判断标准。行政机关在以政府会议纪要等地方性文件作为履职依据时，应当从依法的角度落实，在法律规定的范围内，依法、全面履行职责，在效力和层级上都不可突破国家法律法规、行业规章等的规定。

9. 江西省赣州市检察院诉郭某等人生产、销售硫磺熏制辣椒民事公益诉讼案

【关键词】

非食用添加剂　惩罚性赔偿金　多方协调

【要旨】

侵权行为对社会公共利益造成严重侵害或侵害危险的，检察机关可以在履行公告程序后，依法向法院提起民事公益诉讼，要求侵权人承担侵权责任，同时可主张惩罚性赔偿。

【基本案情】

信丰县大阿镇民主村郭某从事辣椒生意期间，采用添加剂硫磺熏制辣椒以达到防霉、耐存储的目的。2017 年 8 月 18 日，信丰县公安局、大阿工商分局在郭某家中查获 14943.8 斤辣椒，现场扣押辣椒 5780 斤，同时对剩余的 9163.8 斤辣椒采取现场查封的方式，贴封条封存在郭某家中的仓库内。后郭某私自撕去封条，将封存在其仓库的 9163.8 斤辣椒销售流入市场。经信丰县食品药品检验所检验，在郭某家中提取的辣椒样品中，半干辣椒和湿辣椒中二氧化硫含量分别达到 4.40g/kg、4.65g/kg，均超过食品安全国家标准 0.2g/kg 的上限 20 多倍。

【调查和督促履职】

经调查核实，郭某将被查封在其仓库的 6862.8 斤半干辣椒和 2301 斤湿辣椒私自变卖，其将硫磺严重超标的辣椒销售给他人，足以对不特定多数人的身体健康造成重大侵害危险，损害社会公共利益。在办理本案过程中，对涉案干辣椒是否对不特定消费者造成侵害的关键问题，赣州市检察院在对公安机关、行政机关提供的已有证据“三性”存疑的情形下，积极引导侦查，制定调查提纲，先后多次直接到案发地调查，询问当事人、证人，补充完善相关证据，确保了案件基本事实证据到位。同时，根据本案的案件推进状况，赣州市检察院对发现的线索价值、事实认定难点、证据转化和成案情况反复研究，推敲诉讼请求、庭审预判等。此外，赣州市检察院注重多方沟通，及时请示汇报，争取上级检察机关支持；与法院密切沟通，就案件受理、检察机关的诉讼地位、诉讼请求、法律法规的理解适用等方面的问题反复磋商，达成一致意见，确保案件顺利进入诉讼程序。

赣州市检察院于 2017 年 10 月在《新法制报》上刊登公告，依法公告督促有权提起诉讼的适格主体就本案向法院提起民事公益诉讼，最终无社会组织提起民事公益诉讼。2018 年 6 月，赣州市检察院向市中级法院提起民事公益诉讼。诉讼请求为：1. 判令被告郭某支付其所生产、销售的不符合食品安全标准的硫磺熏制食用辣椒价款十倍的赔偿金；2. 判令被告承担现场扣押的 5780 斤硫磺熏制辣椒销毁费用，消除食品安全隐患；3. 判令被告在《赣南日报》或赣州广播电视台等市级以上媒体公开向社会公众赔礼道歉。

赣州市中级法院受理后于 2018 年 9 月 14 日公开开庭审理。庭审中，双方围绕被告是否承担民事侵权责任等争议焦点展开激烈辩论。公益诉讼起诉人在法庭调查、举证质证、法庭辩论、最后陈述等环节，围绕被告侵权行为及危害性的事实认定、法律适用等方面发表意见，出示了五组证据逐项进行了举证、质证，形成完整的证据链，对争议焦点进行了充分陈述和辩论。赣州市中级法院最终全部支持了检察机关诉讼请求。本案庭审中，省人大常委会内司委主任委员，部分省、市人大代表，省检察院副检察长、市检察院检察长，市中级法院院长、市食品药品监督管理局人员、全省三级检察人员、媒体记者旁听，庭审全程网络直播，取得了良好的政治效果、社会效果和法律效果。此外，检察机关在走访市场、政府的过程中，积极宣讲检察公益诉讼重大意义和具体职能，赣州市检察院还结合本案专门制作了一期微信广泛宣传相关食品安全法律法规，为公益诉讼开展创造良好的舆论环境。

【指导意义】

侵权责任法、食品安全法和消费者权益保护法都对消费者个人的惩罚性赔偿诉讼请求作出明确规定，但对公益诉讼中，起诉主体是否可以提出惩罚性赔偿诉讼请求没有明确。惩罚性赔偿有利于提高违法者的违法成本，减少其再违法犯罪的机会，也能对其他的违法者起到警示作用。赣州市检察院深入研究公益诉讼职能，在引导办案、固定证据、多方协调方面作出大量努力和尝试，注重做好前期工作，克服多重阻力困难，最终使各方争议达成一致，取得案件的胜诉结果，为当地公益诉讼工作打开了局面。

10. 安徽省芜湖市镜湖区检察院诉李某等人跨省倾倒固体废物刑事附带民事公益诉讼案

【关键词】

刑事附带民事公益诉讼　长江经济带环境保护　跨省倾倒

固体废物　生态环境修复

【要旨】

检察机关在依法严惩污染环境犯罪的同时，可以运用刑事附带民事公益诉讼的方式，督促刑事被告人及相关侵权行为人履行治理、赔偿等义务，促进生态环境的及时修复。

【基本案情】

2017年1月，李某在无固体废物处置资质的情况下，成立某环保服务公司，与黄某、张某等人共同实施工业污泥的跨省非法转移和处置。2017年10月中下旬，李某从江苏、浙江等9家企业收集工业污泥共计2500余吨，黄某通过联系运输船主高某、沈某、张某，先后两次将污泥运至安徽铜陵长江边，吴某、林某、朱某、查某联系浮吊老板潘某，将污泥直接倾倒于铜陵市江滨村江滩边，造成长江生态环境严重污染。经鉴定，倾倒的污泥等固体废物中含有重金属、石油溶剂等有毒、有害物质，倾倒区域的地表水、土壤和地下水环境介质均受到了不同程度的损害，造成包括应急监测、应急清运和应急处置等公私财产损失共计790余万元，生态环境修复费用约310余万元。此外，被告人李某、黄某、张某等人还涉嫌非法倾倒4410余吨工业污泥未遂。

【调查和督促履职】

案件发生后，检察机关提前介入此案，完善固定了长江生态环境受污染、破坏的证据。同时引导公安机关调查取证，有力证实了涉案企业主观上存在过错，客观上存在违法违规的行为。2018年7月16日，芜湖市镜湖区检察院以被告人李某等12人犯污染环境罪向法院提起公诉，同时对上述被告人及9家源头企业提起了刑事附带民事公益诉讼，要求其共同赔偿因非法倾倒污泥造成环境污染所产生的应急处置、环境损害修复、鉴定评估费用等各项赔偿共计1302万余元。2018年10月15日，芜湖市镜湖区法院作出一审判决：以污染环境罪判处各被告人有期徒刑六年至一年零六个月，并处罚金20万元至1万元不等。判处涉案9家源头企业与各被告人在各自非法处置污泥的数量范围内承担相应的环境侵权损害赔偿责任，并在省级媒体上向社会公开赔礼道歉。目前，涉案9家企业赔偿金1302万元已经全部支付到位。

【指导意义】

加强长江流域生态环境保护，是检察机关依法全面履行法律监督职能的必然要求，也是检察工作服务和保障打赢污染防治攻坚战的重要内容。当前长江沿线破坏生态环境类型多样，跨省市倾倒固体废物案件时有发生，行为手段隐蔽，危害后果严重。在长江流域生态环境保护中，通过刑事附带民事公益诉讼的提起，综合发挥刑事、民事、行政检察和公益诉讼多元职能作用，既依法严惩危害长江生态环境犯罪，又充分履行了公益诉讼职能，加强了长江生态环境公益保护，同时通过责令涉事企业和个人承担环境损害赔偿金，为生态修复提供了保障。通过办案实现了惩治犯罪与修复生态、纠正违法与源头治理、维护公益与促进发展相统一。

部分新闻链接

1. 人民日报 2018 年 12 月 27 日报道《聚焦环境资源、食品药品等领域，今年前 11 月立案近 9 万件　基层检察院公益诉讼全覆盖》

2. 新华社 2018 年 12 月 25 日报道《今年前 11 个月全国检察机关立案公益诉讼案件近 9 万件》

3. 中央广播电视总台央视中文国际频道（CCTV-4）2018 年 12 月 25 日报道《最高检：2018 年检察公益诉讼办案量大幅上升》

4. 中央广播电视总台央视社会与法频道（CCTV-12）2018 年 12 月 27 日报道《热线发布　最高检：发布 2018 年全国检察公益诉讼工作情况》

5. 中央广播电视总台央视新闻频道（CCTV-13）2018 年 12 月 26 日报道《最高检通报 2018 年公益诉讼推进情况　环境资源食药领域办案量占比高》

6. 中央广播电视总台央广《新闻纵横》2018 年 12 月 26 日报道《最高检发布公益诉讼十大典型案例，其中五起涉食药领域》

7. 法制日报 2018 年 12 月 26 日报道《最高检发布第 13 批指导性案例及检察公益诉讼十大典型案例　检察机关积极审慎探索公益诉讼新领域》

8. 新京报 2018 年 12 月 25 日报道《最高检发布公益诉讼指导性案例　侵害消防烈士名誉案入选》